JN080093

ASC叢書4

2050年のスポーツ
スポーツが変わる未来／変える未来

一般社団法人スポーツと都市協議会 監修　伊坂忠夫・花内誠 編著

晃洋書房

Sports in 2050

は じ め に

　「そもそも今回のオリンピック，こういう状況の中で，一体，何のためにやるのか。(中略) 関係者が，しっかりとしたビジョンと理由を述べることが，私は極めて重要だと思う」。2021年の初夏，尾身茂新型コロナウイルス感染症対策分科会長が，オリンピック開催前に発言されている姿をテレビで観ながら，私はオリンピック，そしてスポーツへ吹き始めた逆風をはじめて感じていた。

　今回のオリンピックでは「ワクチンを接種しよう」「医療従事者に感謝を」「団結してコロナに立ち向かおう」というようなメッセージを，IOC (国際オリンピック委員会) やTOCOG (公益財団法人東京オリンピック・パラリンピック競技大会組織委員会) は出すのだろうと私は思っていた。リプレイなど試合映像のつなぎ目で流すフィラー映像に，こうしたメッセージを入れて流すことで，東京から世界に向けて，コロナによって分断された，様々な国の様々な人々を勇気づけることが可能になるのではないか。それが尾身会長の言う「ビジョンと理由」になるのではないか。当然，「どうして東京が感染拡大のリスクを冒してそんなメッセージを出さねばならないのか」という反論もあるかもしれない。それでも世界中の人々に「ワクチンを接種しよう」「医療従事者に感謝を」「団結してコロナに立ち向かおう」というメッセージを伝える機会としてオリンピックをやる意義はあるはずだと考えていた。

　もちろん，ブランド管理の観点では，安易にブランドメッセージを変更することは愚策である。特に「オリンピック＝世界平和」というブランドメッセージに変更を加えることは難しい。しかし，今回の東京大会は1年延期というこれまでにない状況であり，それに合わせたコミュニケーションをしても良いのではないか。国連やWHO (世界保健機関) といった国際機関では世界の人々へメッセージを伝える決定的な手段を持たない。オリンピックが自らの持つ影響

力を利用して世界にメッセージを発すること，それは，むしろオリンピックの価値を高めることになるのではないか。そして，それはスポーツの価値も高めるチャンスですらあるかもしれないと思っていた。

1 TOKYO2020後の日本のスポーツ

その後どうなったかは，みなさんもご存じのとおりである。オリンピック，パラリンピックはバブル方式で開催された。無観客の中，出場選手のパフォーマンスはテレビで観る人々を感動させ，従来通り世界平和のメッセージが伝えられた。しかし，コロナ禍の世界では，その世界平和のメッセージを受け取る余裕があったかと言われると些か心許ないかもしれない。

それは，バブルの中で世界平和を謳うスポーツ界と，コロナ禍で喘ぐ人々の世界が，2つに分かれてしまった村上春樹が描く小説のようにすら感じる。冒頭の尾身会長の発言はスポーツ界に対してコロナ禍の世界という，もうひとつの世界からの投げ掛けだったと捉えることができる。

日本においてはスポーツを良いもの，更には神聖なものとして捉えている人達が多数派であり，そういった人たちに支えられて日本のスポーツ界は発展してきたが，今まででもスポーツやオリンピックに対してアンチの姿勢を示す人は一定数いた。しかし，尾身会長が投げかけた問いは，スポーツやオリンピックに対してアンチの姿勢を示す人からのメッセージではなく，コロナ禍で喘ぐ世界から発せられた普通の人たちからの問いだった。それが，私が感じた逆風の正体だ。コロナ禍の東京オリンピックが終わった後，スポーツを手放しで良いもの，神聖なものとする人たちは一定数に留まるようになるのではないか。決して大多数が反対派になったわけではないが，これまでは「まぁいいじゃないか」とスポーツを支持していた人たちが，「なぜ，そのスポーツをやるのか？」という問いを発するようになったのではないだろうか。

2021年以降のスポーツを取り巻く環境は，オリンピック終了後の反動によるスポーツへの投資減だけでなく，これまで説明しなくてもスポーツを支持していた人たちへ，きちんと説明をする必要が生じる世界になったことをスポー

関係者は認識しておいた方が良いだろう。

2 ビジョンとプラン

　もっとも，必ずしもそれをマイナスと捉える必要はない。きちんと納得できる説明ができれば彼らは，そのスポーツを支持してくれるはずである。問題は，これまで説明をする機会を持たなかったスポーツ側が，きちんと説明をできるかという点である。

　ただ，日本のスポーツ界の多くは実業団スポーツのバックボーンも持っており，「事業」「経営」を経験している人材も多い。実業界では「なぜその事業をするのか」という問いは当たり前のことであり，それに対する「ビジョン」と「プラン」を用意するのは周知のことであろう。

　本書の前作 ASC 叢書 3 『スポーツビジネスの「キャズム」』では，初期採用者と初期多数派の間にスポーツをする人とスポーツを応援する人の間の価値観の違いから生じるマーケティング上の谷 (キャズム) が存在するのではないかという問いを扱った。そして，その谷を超えるためには，スポーツをする人の価値観である「バスケットボールが面白い」や，「ラグビーの発展の為に」というスポーツ種目の価値観ではなく，そのスポーツが社会に何をもたらすのかというスポーツを観る人の価値観を提示することの重要性が明らかになった。

　TOKYO2020 以降のスポーツは，そのスポーツが社会に何をもたらすのかという「ビジョン」と，どうやってそれを実現させるのかという「プラン」を示すことが重要になるはずだ。

　オリンピックやワールドカップでの成績の目標だけでなく，そのスポーツと社会のあるべき未来をビジョンとしてどう描くのか。まずはそれが，TOKYO2020 以降のスポーツ関係者の第一歩である。

3 建築家の描くスポーツの未来

　ここに槇文彦・真壁智治編著の『アナザーユートピア──オープンスペースから都市を考える』(NTT 出版，2019年) という 1 冊の本がある。槇氏，真壁氏

に加え，気鋭の建築家，都市計画家16名が論説を寄せるとても読み応えのある 1冊である。

この本の冒頭で，槇氏は「2070年の新国立競技場跡」という未来を提示している。「2070年の新国立競技場跡」は，建築家 槇文彦氏が『新建築』2015年9月号に掲載したエッセイ「Another Utopia」に出てくるフィクションである。

槇氏は，「酷暑で多くの参加選手たちが競技を拒否した2020年五輪の会場となった新国立競技場は2070年の数年前に撤去され，競技用トラックと1万人くらいの芝生の観客席が樹木に囲まれて残されている。」「一番ヒットしたのは，大人も子どもも楽しめる，世界に類を見ない参加型のスポーツ広場にしたことだ。蹴鞠とサッカー，羽根つきとバドミントンなど，スポーツの歴史もここで教えてくれる。」「もうひとつ嬉しいことは2020年のオリンピックのために撤去された集合住宅が，新しい姿で再建されたことである。」と書いている。

槇氏が，この文章を書いた2015年9月は，国立競技場の建て替えを巡って議論が盛んになっていたタイミングである。以下，経緯を振り返っておく必要がある。

国立競技場の建て替えは，2012年11月に公募コンペによりザハ・ハディド案が選出されていたが，コストの大幅な膨らみや周囲に威圧感を与えるほどの巨大さに批判が集まり，事態の収束に向けて下村博文文科相が2015年5月18日に計画の簡素化を発表。「開閉式屋根の設置は五輪後に」「可動式観客席（1万5000席）を仮設に変更し五輪後には取り外す」などとし，7月7日，有識者会議（第6回）にて，予定通りの10月着工への施設内容やスケジュールなどを承認した。しかし，そのわずか10日後の7月17日，安倍晋三首相が記者団に，計画の白紙化と予定していたラグビーW杯（2019年9月）の新国立での開催断念を表明し，8月14日の関係閣僚会議（第3回）にて，「基本的考え方」（8項目）を決定。これに沿う「新整備計画」の策定を月内に，「公募型プロポーザル方式」でのデザイン公募開始を9月初めに目指すと発表した。新計画は8月28日に発表され，公募を9月1日に開始し事業者を12月末に選定するという目標も出され，12月22日，関係閣僚会議に諮り，大成建設・梓設計・隈研吾のチームが「優先交渉

権者」として決定された。

　槇氏が「2070年の新国立競技場跡」を描き発表したのは，まさにザハ案の廃案から隈研吾案が決定するまでの数か月の間である。槇氏は，この文章を「オープンスペースから都市を考える」ディスカッションへの誘いとして書いているのだが，開閉屋根を持ちアリーナ化した巨大なスタジアムが周囲を飲み込んでいくようなザハ案へのアンチテーゼとして，開かれた場所（オープンスペース）としてのスタジアムを提示しているようにも思える。

　その開かれた場所でのスポーツのイメージが，前述の「競技用トラックと1万人くらいの芝生の観客席」「大人も子どもも楽しめる，世界に類を見ない参加型のスポーツ広場」となって描かれているが，槇氏は，スポーツやスポーツ施設のあり方に対する批判を目的として書いたわけではないだろう。

4　2070年の旧国立競技場跡はユートピアかディストピアか

　しかしながら，スポーツに携わる者の端くれとして，私は槇氏の描く2070年のスポーツの姿に少なからずショックを受けた。2070年の「新国立競技場跡」でのスポーツの姿は，トップスポーツではなく，参加型スポーツが「一番ヒットした」と書かれている。

　2070年にトップスポーツはどうなっているのだろう。

　東京の中心にあった国立競技場は，2070年にはどこにあるのだろう。

　なぜ，東京の中心から国立競技場が無くなっているのだろう。

　そもそも国立競技場という存在はあるのだろうか。

　国がスポーツに関与すること自体が無くなっているのかもしれない。

　槇氏が「一番ヒットしたのは参加型のスポーツ広場」と書いているのは，参加型ではないスポーツは2070年には衰退しているのか。なぜ，衰退してしまったのか。

　日本のスポーツと世界のスポーツはどうなっているのだろうか。

　槇氏が「アナザーユートピア」として描いた2070年の新国立競技場跡でのスポーツの姿は，スポーツ界にとってユートピアなのか。それともディストピア

なのか。

　スポーツやスポーツ施設のあり方を考える我々（スポーツ関係者）は，槇氏が提示するこの「2070年の新国立競技場跡」という未来に対して応えるだけのものを持っているだろうか。

　槇氏のエッセイ「Another Utopia」は，『ディスカッションへの誘い』の章で終える。

　　　たとえば技術者，ランドスケープアーティスト，都市計画家，あるいは先述した文化人類学，社会学，自然環境，都市歴史学などの領域の研究者の意見もさらに聞いてみたいと思っている。（中略）他のところでもしてきたように，現在我々の都市，建築のジャンルで必要なのはディベートなのではないだろうか。

　　　このエッセイが，そうしたディベートの発起点になることを望んでいる。

　槇文彦氏の問題提起は，18人の共著者を迎え，『アナザーユートピア──オープンスペースから都市を考える』という本になった。

　残念ながら18人の中にスポーツ関係者はいない。建築界のノーベル賞とも呼ばれるプリツカー賞を受賞している槇氏に，なぜスポーツ関係者を議論に加えないのかと異を唱えるつもりはない。槇氏はオープンスペースから都市を考えるディスカッションをしたいので，国立競技場の未来，ましてやスポーツの未来を語りたいのではないことはわかっている。

　しかし，スポーツ関係者はスポーツ関係者としてスポーツの未来をディベートする必要があるだろう。そうでなければ，槇氏が描いた2070年の国立競技場跡のように，スポーツ関係者以外が描いた未来を無批判に受け入れるしかないではないか。自らの未来について自ら語る権利と義務が，今スポーツに携わる人々にはある。その思いが，本書のテーマ「2050年のスポーツ」の出発点である。

　　　　　　　　　　　　　　　　　　　　　花内　誠

Contents

I

スポーツが変わる未来

第 **1** 章

スポーツが変わる未来

1 コロナで消えたゴールデンスポーツイヤーズとポストコロナのスポーツ

2019年から2021年の3年間は日本のスポーツ界において「ゴールデンスポーツイヤーズ」あるいは「奇跡の3年間」と呼ばれ，この3年間で行われるラグビーワールドカップ，オリンピック・パラリンピック，ワールドマスターズゲームズを契機に整備されたスポーツ施設などのハードや，選手育成などのソフトをレガシー(遺産)として，わが国のスポーツは飛躍的に成長し，スポーツGDPが2025年には3倍（2015年比）になると期待されていた。しかしながら，2019年のラグビーワールドカップは成功裡に大会が終了したものの，その後新型コロナの影響で，オリンピック・パラリンピック(2020)，ワールドマスターズゲームズ（2021）は，予定通りの開催ができず，想定は大きく崩れた。

コロナ禍は，地震や気候変動による風水害に加えて疫病としての災害と考えても良いだろう。ゴールデンスポーツイヤーズの思惑が潰えた日本のスポーツ界は，今後どうなるのだろうか。コロナ禍という災害の後，復興することができるのだろうか。

防災の専門家である加藤孝明東京大学教授は，震災などの災害復興の6つの法則を以下のように示している。[1]

災害復興の6つの法則
1　どこにでも通じる処方箋は無い
2　災害・復興は社会のトレンドを加速させる
3　復興は従前の問題を深刻化させて同時に噴出させるだけである

3

4　復興で用いられた政策は，過去に使ったことがあるもの，少なくとも考えられたことがあるもの

5　成功の必要条件：復興の過程で被災者，被災コミュニティの力が引き出されていること

6　成功の必要条件：復興に必要な4つの目のバランス感覚＋α　（外部の目）
　　・時間軸で近くを見る目と遠くを見る目
　　・空間軸で近くを見る目と遠くを見る目

　コロナ禍は未だ終息してはいないが，終息した後に日本のスポーツ，さらには日本社会が復興するためには，どうしたらいいのか。今から準備しておく必要がある。なぜなら，加藤教授が提示するように，「復興で用いられる政策は，過去に使ったことがあるもの，少なくとも考えられたことがあるもの」になるはずで，我々は少なくとも復興に向けて今から考えておくことが必要である。

　復興策を考える際に成功の必要条件として，加藤教授は，4つの目（時間軸と空間軸それぞれで遠近の4つ）のバランス感覚＋α（外部の目）をあげている。本書は外部の目として，＋αの部分を考える試みを目指したい。

　さらに言うならば，時間軸で近くを見る目では，「ゴールデンスポーツイヤーズ」の想定が崩れた日本のスポーツをどうしていくのか？　という視点は，スポーツ庁とその委員会などの関係者が政策を打ち出してくれるはずである。本書では，時間軸で遠くを見る目で，日本のスポーツはどうなっていくのだろうか？　という視点で未来を語っていくことで，バランスをとっていきたい。

　では，どのくらい遠くの時間軸を考えておけばいいだろう。

　遠くの時間軸と考えれば，数年先ではない。2030年でも，まだ近すぎて発想が現状からの積み重ねでフォアキャストに制限されてしまうかもしれない。「はじめに」で述べた槇氏の「アナザーユートピア」のように2070年がいいのだろうか？　それでは，遠すぎて真実味が薄れそうな気もする。

　本書では2050年を，ひとつの節目として考えてみることとした。2050年は，カーボンニュートラル（2050），シンギュラリティ（2045），中華人民共和国建国

100周年（2049）など，様々な節目が2050年頃に訪れると予測されており，世界的にも節目と考えられている年である。政府も「ムーンショット型研究」（内閣府）として，多くの領域での研究が進められている。スポーツにおいても一部研究が進められているが，スポーツ全体での研究が進められているわけではない。

　そもそも，未来はひとつではない。スポーツ庁や日本スポーツ協会が描く未来があったとしても，その通りの未来が訪れるとは限らない。それは，このコロナ禍に見舞われたゴールデンスポーツイヤーズが実証している。いくつもの未来を Speculative に Design してみること。想定されるいくつもの未来を思索しておくことは，未来の選択肢を増やすことになる。それは，加藤教授が復興の6条件にあげた「復興で用いられた政策は，過去に使ったことがあるもの，少なくとも考えられたことがあるもの」を用意しておくことにもなるという条件を満たすひとつのアクションとなるはずである。

2 Good future, Bad future

　2021年の秋にテレビドラマ『日本沈没』（TBS系）が放送されていた。「日本が沈没する」という不都合な未来を唱える学者を無視しようとする政府関係者の中で，小栗旬演じる環境省の官僚が「日本が沈没する」という真実を確信し，国民を救うために奔走するというドラマである。原作の『日本沈没』は1973年に刊行された小松左京のSF小説である。約50年前に書かれた作品であるが，2021年の現在に読み返してみても面白い。もちろん1970年代の小説と，2021年の現代のテレビドラマでは様々な違いがあるが，「日本が沈没する＝国が無くなってしまう。」という未曽有の危機に，国とは何か。国家とは何か。国土とは何か。そして，人間はそれをどう考え，どう向き合うべきなのかという問いを突き付ける点は変わらない。

　テレビドラマの中で，香川照之演じる不都合な未来＝Bad future を語る学者は歓迎されない。公的な場では明るい未来が描かれ，不都合な未来は語られにくいのは，ドラマの中だけではなく，現実の世界でもあるのかもしれない。

だとすれば，Bad future も話しやすい場を作っておくことは，バランスをとるためにも重要と感じる。本書では Bad future についても意識して書いてもらっている。そうすることで，未来の選択肢が広がり，災害などに際しての対応が早くなると考えている。

3 29年前の未来〜1992年の社会とスポーツ

人によって感じ方は違うと思うが，私のような年代の人間には，2050年 (29年後) を随分先のことと感じるが，1992年 (29年前) は意外と最近のことにようにも思える。2021年に「2050年の未来」を考える手掛かりとして，1992年に「2021年の未来」をどう考えていたかを思い出してみよう。

1992年の日本はバブル崩壊の真っただ中である。日経平均株価は，1989 (平成元) 年12月29日終値の最高値38,915円87銭をつけたのをピークに，翌1990 (平成2) 年1月から暴落に転じ，湾岸危機と原油価格高騰や公定歩合の急激な引き上げが起こり，1990 (平成2) 年10月1日には一時20,000円割れと，わずか9か月あまりの間に半値近い水準にまで暴落した。1993 (平成5) 年末には，日本の株式価値総額は，1989年末の株価の59%にまで減少した。[2)]

第二次大戦後，高度成長を続けてきた日本の経済成長が止まった時期である。その後現在に至るまで，世界の経済成長と比べて日本の経済成長は微増に留まり，日本人の平均所得も伸びなやんでいる。振り返れば，バブルに象徴される高度成長から，少子高齢化を迎える低成長時代に切り替えるタイミングであったのかもしれない。しかし，それまでの人口増，高度成長を前提にしてきた日本社会は，政府の政策や企業の投資も高度成長時代の施策を基本としており，日本人はまだまだ高度成長時代で培った生活習慣や考え方から抜け出すことはできず，バラ色の未来を信じていたとも言える。

スポーツ界に目を転じれば，1992年はJリーグの開幕 (1993年5月15日) 直前である。当時は野球が圧倒的な人気スポーツであり，巨人戦は全試合 (130試合) 地上波全国ネットで放送されていた。8月には甲子園大会で当時星稜高校の松井秀喜が明徳義塾戦で5打席連続敬遠され，是非を巡って大変な話題となって

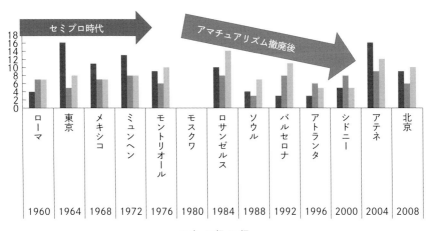

図 1-1 日本のメダル獲得数 1

出典：JOC ホームページより筆者作成

いた。日本シリーズでは，セントラルリーグを制した野村克也監督率いるヤクルトスワローズを，西武ライオンズが 4 勝 3 敗で下し，1982年〜1992年の11年間で 8 回日本一になる黄金時代を築いていた。野茂英雄がドジャースに入団するのは1995年であり，まだ MLB は遥かかなたの存在であったし，オリンピックで野球が正式種目となったが，まだプロ選手は参加できずアマチュア選手のみが参加していた。

　1992年に行われたバルセロナオリンピックでは，男子バスケットボールでマジック・ジョンソンやマイケル・ジョーダンが参加したドリームチームがすべての試合を圧勝するなど，すでにオリンピックをはじめ世界的にスポーツ界はステート・アマ，企業アマの時代からプロ選手の時代に移行していたが，日本のスポーツ界は，企業アマという東アジア独自の形態が有利になって，オリンピックでのメダル獲得数が多かった1960〜70年代の成功体験から抜け出せず，プロ選手への対応が遅れていた（図1-1）。

　特に世界的なスポーツ種目であるサッカーは，その影響を強く受けていた。1968年のメキシコオリンピックで銅メダルを獲得したが，ワールドカップへの

出場もなく，オリンピックもことごとく地区予選で敗退し続け本大会への出場ができていなかった。

　アジア地区予選で日本のライバルである韓国は，1987年にリーグ参加チームがすべてプロクラブになった。危機感を感じていた日本サッカー協会は韓国に約5年遅れ参加チームがすべてプロクラブのJリーグを立ち上げることになった。

　1992年の9月5日から11月23日には，Jリーグ開幕を前に前哨戦として，翌年からJリーグを戦う10チームがナビスコカップを戦った。全48試合で53万3345人の観客（1試合平均1万1111人）を集めていたが，プロ野球以外はゴルフ，ボウリング，相撲，ボクシング，プロレスといった個人種目が中心だった日本のプロスポーツで，サッカーというチームスポーツが，日本社会に受け入れられるのか。1992年当時は，まだ疑心暗鬼でいた。

4 1992年の Good future〜停滞する日本経済とプロ化に湧く日本のスポーツ界

　1993年5月15日に開幕したJリーグは，開幕戦をNHKがニュース枠を飛ばして生中継をするという異例の扱いを受けて，一大ブームを巻き起こした。バブル崩壊後，低迷する日本経済と比べてJリーグブームは明るい未来を感じさせ，注目を集めることになった。

　日本サッカー協会はJリーグブームを好機に，各チームのホームタウンの設備充実や，代表マーケティングを成功させ，増えた収入で各年代の育成強化を図った結果，競技力の向上に成功した。その結果，1970年代，1980年代にはワールドカップにもオリンピックでも本大会に出場できなかったサッカー日本代表は，1994年のワールドカップアメリカ大会こそ出場を逃したが，1996年アトランタオリンピック，1998年ワールドカップフランス大会以降は毎大会本大会への出場を果たした。

　他種目でもアマチュアリズム撤廃後，企業アマ＝実業団スポーツの優位性が崩れた種目は低迷するが，選手がプロ化するなど，徐々に世界のスポーツ界の変化に順応して，オリンピックのメダル数など日本のスポーツ界の競技成績は

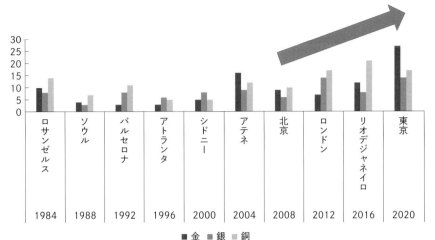

図 1 - 2　日本のメダル獲得数 2

出典：JOC ホームページより筆者作成

復調し，特に2020東京オリンピック開催決定後は，政府から強化費が補助され大きく競技成績を伸長させることになった（図1-2）。

　Jリーグの成功事例は現在でも「プロ化」という曖昧な定義で語られるが，よく考えられたいくつかの戦略が上手くいった結果と私は考えている。

　多くの人がイメージする「プロ化」は，「古い実業団アマから新しい地域プロへ」という内容で，チーム名から企業名を外したことかもしれない。この動きは，Jリーグの初代チェアマンだった川淵三郎が，プロ野球の巨人軍オーナーである渡辺恒雄との紙面論争を仕掛け，プロ野球を旧体制にみせて，Jリーグ＝サッカーが，新たな時代を切り拓くというイメージを強く植え付けた。

　さらに創設当初のJリーグは，サッカーの面白さを訴えるよりも，「Jリーグ百年構想」などの理念を打ち出すことで，顧客ターゲットを「サッカーが好きな人」から「地域を愛する人」へ変え，広げることに成功した。それまで「ファン」と呼ばれていた人たちを「サポーター」と呼び名を変え，サッカーを応援することは自分たちの町を良くしていくことだと自分事に変えていくことを目指していた。

Ｊリーグ百年構想

・あなたの町に，緑の芝生におおわれた広場やスポーツ施設をつくること。
・サッカーに限らず，あなたがやりたい競技を楽しめるスポーツクラブをつくること。
・「観る」「する」「参加する」。スポーツを通じて世代を超えた触れ合いの輪を広げること。[3]

　子どもたちが自動車を気にしながら道路で遊んでいる町が，のびのびと芝生のグラウンドで遊べる町になるのではないか。Ｊリーグができたことで，スポーツだけでなく日本の町までも変えてくれるのではないだろうか。1990年代のスポーツ界は Good future を十分に感じさせていた。

5　1992年の Bad future〜減少した職場・民間スポーツ施設

　Ｊリーグが始まって約30年，2021年になってみると，百年構想によって芝生化された学校を時々見かけるようになった。しかしまだ，私の母校は土のグラウンドのままだし，1990年代に期待していたほど，町が変わったという実感はない。

　どのくらいの学校が芝生化されているのだろうか。Ｊリーグホームページによると，当初16年で約５％の学校が芝生化されたとある。その後の発表は見当たらないが，もし当初のペースで芝生化されていくとするとＪリーグ創設100年後には31.25％の学校が芝生化されていることになる。微妙な数字である。百年構想を実現させるなら，百年後には100％とはいかなくても，せめて半数超え，できれば８割９割芝生化されて，子どもたちが芝生で遊べるようにして欲しい。もっと加速できないだろうか。

　一方で，スポーツ施設は1985年以降減少している。スポーツ庁の体育・スポーツ施設現況調査によると，スポーツ施設の総数は1985年をピークに年々減り続けている。特に減少が著しいのが職場スポーツ施設である。2010年代には施設数が発表されないほど減少してしまった（図1-3）。

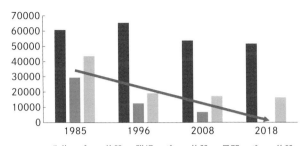

図1-3　1990年代から減少する職場スポーツ施設

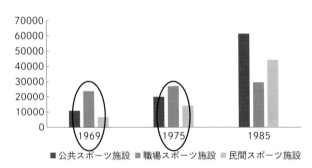

図1-4　1970年代までは職場スポーツ施設が担う

出典：体育・スポーツ施設現況調査（スポーツ庁）より筆者作成

　1960年から70年代のアマチュアリズムが盛んだった時代に日本がオリンピックで好成績をあげることができたのは，欧米には珍しい企業アマ＝実業団スポーツが盛んだったことが原因の1つである。明治維新後に遅れて世界の産業化に加わり，さらに第二次大戦の敗戦により焦土と化した日本は，国や自治体による公共の福祉は最低限にして，産業を復興させることに注力した。その代わりに産業界は得た利益を企業年金や，社宅，そして実業団スポーツなどの従業員福祉に使い，従業員の高いロイヤリティとモチベーションを得ることでさらに産業を発展させるという方法をとっていた。これらの社会形態は，大企業が福祉を肩代わりする「アジア型資本主義モデル」と呼ばれ，1980年代に「ジャパンアズ No 1」と呼ばれるほどの経済発展を実現させた。[4]

　実際，前述の体育・スポーツ施設現況調査でも，1970年代までは公共スポー

ツ施設よりも職場スポーツ施設の数の方が多かった（図1-4）。

　職場スポーツ施設が減少した原因は様々あるだろう。特にバブル崩壊後の日本経済では企業に余裕がなくなり，職場スポーツを維持することができずに，実業団スポーツの廃部が相次いだ。職場スポーツ施設の一部は地域の公共スポーツ施設として継続されたが，多くは企業の余剰不動産として売却され，マンションやショッピングモールとして再開発された。Ｊリーグの創設は，それらが起きる直前に実業団から地域に経営母体を移した絶妙のタイミングだったということもできる。

　しかし，アジア型資本主義モデルから生じた実業団型スポーツの代表であるプロ野球を古いスポーツとして，欧州型資本主義モデルから生じた地域プロスポーツの代表としてＪリーグを新たなスポーツかつ世界標準の様にみせるという形で川淵三郎が渡辺恒雄に論争を挑んだことが，スポーツメディアで拡散され続けた結果，実業団スポーツを否定してしまうことになってしまったこともこれらの動きを加速させたのではないか。

　もし，Ｊリーグが廃部や職場スポーツ施設の減少を見通して実業団から地域プロスポーツへ転換したのなら，企業の持つ職場スポーツ施設をどうにか残す施策をセットにしたはずである。Ｊリーグのプロ化は，サッカーという種目が世界的にプロフェッショナル中心で行われているという特殊性から世界と戦える競技力向上のために行われたのであり，その未来はGood futureとして描かれた。しかし，職場スポーツ施設が減少するというBad futureは誰も予想しておらず，その結果，職場スポーツ施設を残すか，もしくは公共スポーツ施設や民間スポーツ施設に移行させる手を打てなかったのではないだろうか。それはＪリーグ関係者の責任とは言えないだろう。スポーツメディアやジャーナリスト，有識者もほぼ全員が，実業団スポーツは世界に通用しない旧体制でありＪリーグを見習って地域プロ化するべきだという論調であった。Ｊリーグの創設時は責任企業制度があり，各チームの母体企業があり，内情的には企業スポーツと言っても良い状況だった。実業団スポーツと地域プロスポーツの対比は，あくまでも新しいスポーツとしてのイメージを打ち出しただけで，Ｊリー

グが実業団スポーツを否定していたわけではないだろう。しかし，予想以上に
Jリーグの新しさはメディアと国民に受け入れられて，実業団スポーツは肩身
の狭い思いをすることになってしまった。実業団は常に廃部の危機にさらされ，
プロ化の動き自体が廃部につながることになるため実業団スポーツ関係者はプ
ロ化の動きに乗れなくなってしまう。Jリーグ開幕の後，バスケットボールの
2リーグが統合してBリーグができるまで，約25年間サッカー以外の日本の
スポーツ界がプロ化できなかった遠因となったのではないだろうか。

　スポーツに関係するすべての人の中で，一人でもこうしたBad futureを考
え警鐘を鳴らしていれば，少しでもスポーツ施設の減少を回避する方策を打て
たかもしれない。

6 │ 1992年からみたら2021年は Good future か Bad future か

　サッカーは，ワールドカップに出場できるようになり，オリンピックのメダ
ル数が増えエリートスポーツの競技成績は伸びた。一方で，スポーツ施設が減
少し特に職場スポーツ施設は大きく減少した。ウェルビーイングスポーツ（グ
ラスルーツやレクリエーションなど）の機会は減少しているのかもしれない。

　1992年から2021年の間は「プロ化」の年代だった。それをまとめれば，

　① トップスポーツの競技力向上

　② 民間資本の導入

　③ 企業スポーツの地域化

が図られた。意図したわけではないが，企業スポーツを否定する意識が醸成さ
れてしまい，企業はスポーツ資産を処分し，日本の職場・民間スポーツ施設が
減少した。一方で，企業に変わるスポーツの担い手として期待されていた「地
域」はまだ十分な力も体制も整っておらず，未だにプロスポーツは親会社頼み
のチームも多い。スポーツ界は，もっと上手く企業のスポーツ資産を地域に引
き継ぐ施策を考えておく必要があった。

　「プロ化」の29年間は，トップスポーツの競技力向上と，ウェルビーイング
スポーツの機会の減少を招き，スポーツが「2極化」した時代とも考えられる。

２極化してしまったスポーツは，競技スポーツはスポーツエリートによる「感動エンタテインメント」として取り扱われてしまい，一般人の自分事から離れてしまった。もともと1900年代初頭に社会問題を解決するツールとしての位置づけを持っていたスポーツの姿は，2021年では忘れられてしまったと言える。

　それは，「はじめに」でも引用したオリンピック開催前にコメントされた尾身茂新型コロナウイルス感染症対策分科会長の「そもそも今回のオリンピック，こういう状況の中で，一体，何のためにやるのか。(中略) 関係者が，しっかりとしたビジョンと理由を述べることが，私は極めて重要だと思う」という発言へと通じる。2021年のオリンピックが開催理由を問われるように，２極化したスポーツに対して一般人は以前のように手放しで社会的価値を見出していない。これからのスポーツは，自らの存在意義を明確に説明する必要に迫られるようになってきている。

　1992年からみれば，2021年は Good future か Bad future かと問われれば，私はおおむね Good だと思っているが，評価は人によって異なるだろう。少なくとも企業スポーツの持つ資産をもっと上手く地域スポーツに転換する方策があったのではないか？　と悔しく思っている。

７ 2050年のスポーツ〜議論活性化のための簡単な整理とたたき台

　これから対応が迫られる社会変化はどんなものがあるだろうか。

　少子高齢化，人口減少による税収減，高齢者増による健康・医療費の増大，気候変動，災害に対する自助・共助・公助，防災，CO_2排出削減，デジタルトランスフォーメーション，リモートワーク，格差社会などなど，スポーツはこれらの社会変化によってどう変わるだろうか？

　たとえば「少子高齢化」は日本のスポーツ界の未来についてどんな影響があるのか。

　子どもが少なくなることは選手育成に影響を与えるに違いない。スポーツは人口減少社会にどう対応するのか？　例えば，選手育成モデルもこれまでの「ピラミッド型」(選抜) 選手育成モデルは，人口増が背景となって効果的に機能し

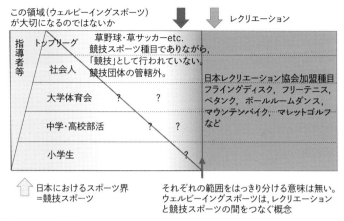

図1-5　選手育成ピラミッドとレクリエーションスポーツの間を埋める
　　　　ウェルビーイングスポーツ

てきた。ピラミッド型（選抜）選手育成モデルは，競技スポーツをやめる人が
前提であった。現実に「ピラミッド型」（選抜）選手育成モデルでは，途中多く
のプレイヤーがプレイを諦める。生涯スポーツと言いながら，中学から高校へ
の進学や，高校から大学への進学，さらには大学から就職を契機に「引退」す
るのが「ピラミッド型」選手育成モデルでスポーツ選手を育成強化してきた日
本のスポーツ界である。

　人口減少時代になると，底辺は狭く，ピラミッドが細くなる。その結果，競
技レベルが下がる可能性がある。人口減少社会の選手育成モデルは，今まで振
り落とし引退していた層を含めて上の階層に残していく工夫が必要になる。残
していくことで再びプレイヤーに戻る可能性があり，ピラミッドを細くさせな
い。それは競技一辺倒の選手育成モデルではなく，それを補完するウェルビー
イングのためのスポーツの機会を提供することに他ならないだろう（図1-5）。

　ウェルビーイングスポーツを拡充していくことは，育成だけでなく高齢化社
会にとっても重要である。高齢者が増える時代には，「健康寿命」が重要にな
る。長寿でも「寝たきり」「要介護」の高齢者ばかりになると，社会的にも負
担が大きい。できる限り寿命と健康寿命が近くし，元気な高齢者でいてもらう

ことが，今後の高齢化社会での重要な課題である。その対策には，要介護となる前の「フレイル」段階での適切な対策（適度な運動，コミュニティ社会活動）が必要とされている。高齢者に対するウェルビーイングスポーツの場をどうやって作り提供していくのか。2050年に向けて重要な課題である。

更には，女性の社会進出やLGBTQについても同様に考える必要がある。

1992年〜2021年が「プロ化」＝企業スポーツの地域化の時代だとすると，2021年〜2050年は学校スポーツの地域化の時代になるのかもしれない。

8 本書のテーマ「2050年のスポーツ」

本書は様々な視点から2050年のスポーツはどうなっているのか？ を描いておくことを目的にしている。少子高齢化だけでなく，環境問題や技術の進歩が社会を変えている2050年にはスポーツも変わっているだろうし，スポーツを取り巻くメディアなども変わっているだろう。第Ⅰ部では「スポーツが変わる未来」と称して，これらの未来像を各分野の専門家に描いてもらった。

そして，2050年にはスポーツは社会にどんな影響を与えることができるだろうか。コロナ分科会の尾身茂会長に指摘されたように「なぜ，オリンピック（スポーツ）をやるのか？」という問いに対して，スポーツはどんな回答を返せるのか。第Ⅱ部では「スポーツが変える未来」と称して，これらの未来像を描いてみたい。

本書はスポーツから見た「アナザーユートピア」である。

注
1) Takaaki Kato, Yasumin Bihattacharya, et al., Principles of Recovery: A Guidelines for Preparing for Future Disaster Recovering Journal of Disaster Research, Vol 8 (7), 737-745　2013, 7
2) 岩田規久男『景気ってなんだろう』筑摩書房〈ちくまプリマー新書〉，2008年
3) Ｊリーグホームページ　https://aboutj.jleague.jp/corporate/aboutj/100years/
4)『５つの資本主義』ブルーノ・アマーブル著，山田鋭夫・原田裕治訳，藤原書店，2005年

（花内　誠）

第 **2** 章

DX とスポーツ組織，ひと，社会

はじめに

2050年，私たち人間は，どんな社会で，どんな生活を望むのか。

スポーツは，今後どこで，どんな姿で，人々を集わせ楽しませるものになっていくだろうか。2007年に AI 元年を迎え，テクノロジーの勢いは増している。今後は，見えにくかったものを可視化すること，行き届かなかったところへのアクセシビリティを高めることを創造・開発の起点にして，スポーツを含んだ様々な連携が加速するだろう。これから30年後，未知の時空間がどこに向かうのか楽しみである。

本章では，社会心理学，産業・組織心理学という心理学の視点で，2050年の社会予測からスポーツのあり方を考え，同時に，スポーツから2050年の社会や人材のあり方も考えてみたい。スポーツとともにある社会環境，そして組織チームでは，一体どんな可能性を秘め，課題を含んでいるのだろうか。

01 | 2050年に向かう世界

1 環境の変化とスポーツ

2050年，運動・スポーツをする「場」，この地球環境は変化する。

1985年，オーストラリアで開催されたフィラハ会議 (地球温暖化に関する初めての世界会議) をきっかけに，二酸化炭素による地球温暖化の問題が大きく取り

上げられるようになった。そして，2021年に報告された『政府間レポートIPCC』で結論づけられたことは，"地球温暖化は，人間の活動が活発になったことによる"ということであった。[1]

この人間の営みは，スキーやスノーボードなどのウィンタースポーツ，オリンピックの存続を危ぶむ状況を生むに至っている。フランスのシャモニー（1924年史上初の冬季オリンピック開催地）では，今や環境保護団体の批判の中，ヘリコプターを使って約50トンの雪が運ばれる時代となった。

日本でも，白馬村などの地域が暖冬・小雪の影響を受けており，スポーツそのものはもちろん，それを愛するアスリートたち，そしてかかわる企業や人々の生活が犠牲になる世界がもうそこまで近づいている。このままいけば，2031年から2050年にかけて，スノーボードのできる日数が平均1〜2割程度も減り（中口，2010），スキー場の来客数と営業利益を大幅に減少させる。[2]

平地でも，スポーツを通して気候変動の深刻さを認識しつつある。例えば，2021年に開催された東京オリンピックでは，陸上女子マラソンのスタート時間が朝7時から1時間早められた。[3] また，"世界の気象災害：50年間で大幅増"というタイトルで，世界気象機関（WMO）からの報告が伝えられた。暴風雨や洪水，間伐などの世界の気象災害が過去50年間で5倍に増え，経済損失は3.6兆ドルを超えたというのである（BBC，2021）。

この気候変動は，今後，スポーツの実施場所や方法に影響するだろう。室外スポーツは制限，試合の中止もありえる。今のスポーツの形を維持するならば，スポーツ施設の再設計——湿度の高い環境下でも安全にプレイできるように，新しいルールの設定，練習時間の短縮など——を視野に入れることが必要になるかもしれない。

今後，スポーツをする場所の変化とともに，スポーツ自体（内容や形態）が変化，消滅する可能性すらありそうである。スポーツの持続可能性・発展についてどう考えようか。私たちは，スポーツを失うのだろうか，社会を変えるのだろうか。

2 人口動態の変化とスポーツ

日本でスポーツのあり方を考える際，少子高齢化という人口動態は欠かせない。

子どもたちの減少という人口構成の変化の一途を辿る中，移民政策か何かを推し進めない限り，チームスポーツの人数確保の問題は必至である。これが意味することは，全国高校野球のような地域対抗試合の開催はいずれ困難になるということである。

この予想される社会状況下にスポーツが適応しようとするならば，時間や攻守の回を減らす，スキルの違いによってポジションを決めるなど，スポーツの現行ルールや形態を変えることが必要である。現行のチーム構成ではなくなるが，こうした変更は，年齢や性別による体力の問題を解消し，属性混成のチームでの活動を生み出す。

これは，多年齢層の体力を維持させ，生涯ウェルビーイング・スポーツを盛り上げる基盤になりそうである。また，異世代に揉まれて競技力を早期に向上させることもあると考えると，これからさらに競技スポーツの裾野を広く育てる可能性を秘めている。

3 テクノロジーの発達とスポーツ

テクノロジーの発展は，人（「する人」）の動きを多方面でサポートしてくれるだろう。

上述したように，異なるスポーツ種目，異なる世代，異なる技術や情報をもつ人たちのかかわりを通して，同質のメンバーで交換する情報とは違う，新規な情報が得られる。このことが，スランプを突破させたり，競技力を向上させたりすることができるかもしれない。さらにそれに加えて，人の動きをよりスムーズに発揮させるようなウェア，負荷がかかりすぎている箇所やケガのリスク予測箇所を報せる機器が開発されたとする。そうなれば，技能・スキルの習得や向上がより効果的になされるだろう。

スポーツに直接かかわる事例ではないが，テクノロジーの活用によって，「す

る人」に今以上に大きな可能性を与える例を示したい。

　1つ目は，指揮者・西本智実氏のコンサート事例である。演奏者たちは，楽器パートによって3カ所別々の空間で演奏された。残響音や反響音を用いて，空間移動するような世界初の立体的音楽空間でのコンサートが実現した。「する人」たちは，分断された3つの空間にいて，聴衆には，異空間それぞれからの音だと感じさせることなく，むしろダイナミックな音楽の世界が届けられた。音響の技術，芸術の力の融合である。

　2つ目は，カフェで働く分身ロボット OriHime の例である。難病や障がいで外出困難な人々の就業の機会創出の方法として OriHime を活用した取り組みである。自宅の中であっても，ベッドの上にいても，自分の意思で社会とつながることができる。しかも，もっている身体の力がたとえわずかであっても，その力を使って分身ロボットを動かしてサービスを提供することができるのである。社会とつながり，仕事上の役割を自分が担っていることを実感できる場が創出される。

　これならば，テクノロジーの力を借りて，今まで不便で，できなかったことが便利にできるようになる。障がいをもっている人たちだけではなく，子育て中のお母さん，引きこもりがちな人や海外からの人も都合のよい時間や空間を「自分で選ぶこと」ができる。社会から切り離されたような思いに苛まれることなく，誰かのために「自分ができること」を見つけ出すチャンスを広げていく。そこで味わう「誰かの役に立つ実感」が，社会生活のインフラとしてさらに拡充されていきそうである。日常は大小さまざまな意思決定の連続であることを考えると，この実装事例は，成熟した時代にあって，人を前向きに動機づけ，なおかつやさしい技術と変革と言える。

02｜スポーツにテクノロジー／DX の時代

DX をキーワードに，その序章の取り組みは始まった。

　スポーツ界もまた，社会の営みの中で誰を前向きにする選択肢を増やそうと

している。

1 DX に取り組む

2050年の世界は，テクノロジーとともに創造される時空間である。DX（Digital Transformation）という概念は，エリック・スタルターマン教授とアンナ・クルーン・フォルス准教授が，2004年に論文 "Information Technology and The Good Life" で提唱したコンセプトを起源とする。デジタル技術がすべての人々の生活を，あらゆる面でより良い方向に質的に変化させる（transform）ことである。それは，単なるリソースのデジタル化だけでなく，そこから生み出される価値をもって，企業のビジネスモデルやプロセスを創造的にデザインし，強みを確立していく変革ストーリーである。

スタルターマン教授たちの論文の中で，DX に関わる者・探求する者たちは，デジタル技術が私たちの良い生活にどのように役立つのかを問い続け，検討し，考察しなければならないと主張されている。それと同時に，情報技術を無分別に受け入れることに警鐘を鳴らしており，これらの点に私たちは留意しておくべきである。

まだまだ発展途上にあるデジタル対応のレベルにありながらも，スポーツ界・各企業が DX にかかわって試行錯誤を繰り広げており，その挑戦に変革の勢いを感じる。その挑戦は，大きく2つに分類できる。1つは，スポーツイベントに DX を起こす挑戦であり，もう1つは，スポーツそのものに DX を起こす挑戦である。

2 スポーツイベント（あるいは，その運営）に DX

退屈さや不快感を覚える時間を有効活用する展開，その展開の中にスポーツのさらなるエンタテインメント性の高さが実現されている。

一人ででも「支える」ことができ，わくわくする自分の気持ちを表現する場と方法の提供で，試合そのものや選手にコミットさせるシステムやサービスが始まっている。例えば，パフォーマンスを見ている人たちの心臓と皮膚表面電

気活動を，ステージに表示させる取り組みがある（Sugawa, Furukawa, Cherny-shov, Hynds, Han, Padovani, Zheng, Marky, Kunze, & Minamizawa, 2021）。「同じ空間」にいる「見る人とする人」が一緒になって，1つの舞台の演出を行う。これまで受動的であった聴衆「見る人」たちが，創作活動にかかわる「する人」として参画できる新しい機会の提供と言える。人の動き，音楽，舞台演出を融合させた芸術性の創出でもある。

　他方，「異なる空間」にいる「見る人」たちが一緒になって，1つの試合会場の演出を可能にしたサービスがある。株式会社エーネクスの開発アプリ「オクエール」を使えば，家で中継映像を観ながら，くす玉やロケット風船などをスタンプ感覚で送ることができる。あるいは，好きなチームをフォローして，選手にイベント参加やプレゼントを行えるギフトのシステム（エンゲート株式会社の開発アプリ「エンゲート」）もある。このシステムは，「支える」という意思決定をファン自ら行い，その活用先が明確になっていることによって，本人のウェルビーイングを高める効用が期待される（c.f., Dunn, Aknin, & Norton, 2014）。

　今後は，実際の応援スタンドと自宅といった，空間を超えた一体感が味わえる環境の設計，その感覚を可能にする要素を探りたいところである。それと同時に，刺激豊かで，その強度も高い生活において，人の刺激閾値や人間の心のゆらぎはどのような影響を受けるのだろうか。刺激の感受性は，空間設計，対人関係設計，人の教育設計などのあり方を規定するようになるため，一定の考慮がなされるべき点である。このような取り組みが人間や社会にもたらす効果については，長期的に（世代を超えて）評価し理解しておきたい点である。

3 スポーツそのものにDX

　スポーツそのものにDXを起こすことも進んでいる。その動向に期待するとともにいくつかの問題提起をする。

（1）　選手と指導者のパフォーマンス向上

スポーツにテクノロジーが駆使されたならば，白熱した接戦のゲームが増え

て，スポーツを観る人のおもしろさがさらに増すことは間違いない。

　ただし，選手や子どもの技能の習得やパフォーマンスの向上に，テクノロジーの効力を十分に認めるには条件がある。1つの条件は，言うまでもなく，選手の身体的動作や試合内容を可視化した内容を使いこなす，データ分析活用力の向上である。もう1つの条件は，このこと以上に留意すべきことであるように思われる。それは，人間が本来もつ感覚の重視である。頻繁すぎるフィードバックを受けること，あるいは，練習や試合の後でもすべて確認できるという安心感は，人が本来もっている感覚，瞬時の判断力や勘づく力，持続的な学びの力を鈍らせる可能性がある。

　これからさらにテクノロジーは加速する。そして，ときとして人を惑わす。

　このことについて，少し紙面を割きたい。例えば，1980年代には，移動通信やパソコンが発達すれば「人間は楽になる，ゆとりの時間ができる」と言われた。しかし，実際はどうか。歴史という，もっとも大きな社会実験でみる限りにおいて，テクノロジーそのものは，人間に「ゆとりの時間」を生み出さなかった。あるいは，人間はそういう選択はしてこず，気づいたときには日本人はスマホの虜になり，日常の身体活動は低下していった。

　また，いつでも，どこでも情報を検索できるようになった結果，自分の頭で本質を見極める前に情報の検索・収集の素早さが問われる。誰かが公に書き込んでさえいれば正しいと信じ込みやすく，今の人間はだんだん"考える葦"でなくなっている。新しいことを想像し考え出すことは面倒で苦痛なことだと，自ら放棄しているようですらある。

　テクノロジーとともに人間の内的・知的活動（思考・判断）を活性化させることなく，自信や効力感，ウェルビーイングが高まることはない。本来，スポーツという活動は，遊びを原型としてみるように創造的な活動である。ゲーム展開を想像し，思考・判断を止めなかった選手やチームに競技力がもたらされ，勝つことの楽しさを知る。その推進の中で，指導者も理論に裏づけられた導きも磨かれていくかもしれない。こうしたスポーツ・テクノロジーと心身・思考のバランスのとり方や効果については，各領域からの知見に学び，融合されて

より良い方法で応用活用させていく必要がある。

　指導場面において，叡智が詰まっていながらうまく表現されにくいものに，指導者や選手の「暗黙知」がある。今後これを翻訳することができ，チームのマネジメントが多様かつ効果的に行えるサポートシステムの開発を期待する。データの分析と適切なフィードバックの提案を単に示すだけでなく，指導者が選手育成やチームマネジメントのスキルを向上させるシステム——指導者用の脳トレ——の開発である。どのような暗黙知の交換ならば，両者間の情報が一致しやすく，個々のウェルビーイングやチームの士気を高めうるのか。育成や技術・コツの伝承はもちろん，選手やチームの状況や指導者自身の持ち味を踏まえたチームプロセスの分析やチーム組成のトレーニングによって，自他の理解や葛藤解決につながることを望む。

（2）　正確で公正な審判

　2021年3月，アメリカ大リーグ（MLB）は，マイナーリーグで「ロボット審判」のテスト導入をする意向を示した。野球での正確な審判，公正な評価の実現に向けた一歩である。目の前の相手やものごとに白黒をつけることは，厄介で面倒なことも多い。それをロボットが決めてくれるのはありがたいことのように思われる。

　しかしその一方で，人間には，あいまいなところもあって不足や弱点もあるからこそ，もう少しできるようになろうと動機づけられることも多い。理不尽で不公正な対応を経験するから怒りを覚え，スポーツマンシップのふるまいに触れると，人磨きや教育の重要さを知るようになる。また，ドラえもんの道具やアイデアがすごいと賞賛し，ベイマックスのやさしさに触れてあたたかさを感じる（その意味で，岡田美智男教授による「弱いロボット」の開発とものづくり思想・哲学は示唆に富む）。

　すべてが心地よくポジティブな感情ばかりで過ごすよりも，ネガティブな感情を含んで多様な感情を経験し受け入れながら過ごすエモダイバシティ（emodiversity）の状態の人である方が，心身が健康であるということが報告さ

れている (Quoidbach, Gruber, Mikolajczak, Kogan, Kotsou, & Norton, 2014)。この感情の多様性に関する知見を考え併せると，厄介で困難な問題から逃れてしまい，人間の本来もつ力を発揮する機会を奪いすぎることがあってはいけないのかもしれない。スポーツは，間違いなく，エモダイバシティに満ちた経験の場である。その特長を認識して，今後の技術の導入と活用のあり方を考えたいものである。

03 | テクノロジーと孤独・孤立，つながりの問題

テクノロジーの発達は，しばしば人間から身体の動きを削ぐ。

人の活動範囲が狭くなるほど，人が集う機会も，思いがけず出会う縁も減少させる。この流れでいけば，スポーツはごく限られた人たちだけのものになっていくかもしれない。この状況の中で生じうることは，孤独・孤立の問題——かかわり困難者が増加することの懸念——である。ここでは，共感性の低下と狭いネットワークの2点で，孤独・孤立の問題が生じることを指摘しておきたい。

1 共感性の低下と孤独・孤立

チームづくりの根幹をなす共感性が低下している。

Konrath, O'Brien, & Hsing (2011) は，大学生の共感性について経時的なデータを示している。1990年代以降，そして2000年に入ってますます低下する傾向を強めている。この共感性低下の現象を生んだ背景には，パーソナルテクノロジー（例えば，windows95，2004年 Facebook の創設，2008年に iphone の発売開始）の利用と急速な普及，それに加えてボランティア活動への参加の減少があると考察されている。

今すでに，手元でほとんどのことが済まされようとしている時代である。このデータは，人が集う場に出かけず，人と一緒にいることで味わう感覚を経験しづらくなっていることを示唆している。相手を推察し行動する共感性の機能

を発揮できなくなれば，孤独・孤立の問題は避けられないだろう。

　この"かかわり困難"が窺われる傾向に関連して，ここで，地域とのかかわりと戦略に問題提起しておきたい。2050年に向けて，ボーダレス，流動性は高まり，日本においては少子高齢化がさらに進む社会と予想されている。この動向の中で，人は，今後も地域という括りにコミットするのか，という点である。

　先述した共感性低下のデータを踏まえると，人の志向は，パーソナルな方向に傾き，地域，そこにあるチームに愛着を持つことは困難になると予想される。地域への愛着とチームへの愛着は，必ずしも連動するものではなくなっていくことを想定しておいた方がよいかもしれない。人々の心理面の様相と変化を踏まえて，地域密着が，今後も効果的なスポーツ企業の戦略・手段でありうるのか，一考の余地はあるだろう。

2 狭い世界のしがらみと孤独・孤立

　世界は案外狭い。ところが，今は一段と狭くなった。

　その昔1960，70年ころ，社会心理学者スタンレー・ミルグラム (1967) は，有名人に6人目でたどり着くという「スモール・ワールド現象」を示す研究論文を発表した ("The small world problem")。複雑に見えていた世界が，実はこのシンプルな法則で成り立っていたのである。しかも今では，Facebook や Instagram などの SNS が発達したおかげでさらに狭く，平均3.5人目でつながる世界だと言う (Edunov, Diuk, Filiz, Bhagat, & Burke, 2016)。

　見方を変えると，シンプルでより狭い世界に変化していけば，人は，何かの拍子にすぐ孤独・孤立を経験するということでもある。OECD (井原訳 2005) によれば，日本人は，先進国の中でもっとも社会的に孤立していると言う。それに追い打ちをかけるように，COVID-19の経験は，目に見えないウイルスに世界中が巻き込まれ，生命の危機に直面した。活動空間や人とのかかわり，スポーツを楽しむ機会が自分の意思ではなく奪われた。生存や孤独・孤立の問題は，自分たち自身のことだったのだと実感した。

　加えてもう1つ言うならば，人間関係が狭い世界であるほど，つき合う人数

が減ってしがらみから解放されるようであるが，逆に，その関係性に縛られやすくなる。その狭いかかわりで，自分のウェルビーイングが左右されやすくなることを意味する（e.g., Sui, Wnag, Kirkman, & Li, 2016）。これは，限られた人たちとの間で大小さまざまな仲違いが生じたとき，そのネガティブなインパクトに自分がどれほど囚われてしまうかを想像すればすぐに理解できるだろう。

日本においては，人口動態で見てもつながりは確実に縮小する。今（から先）のスポーツが，孤独・孤立の問題，それに伴って多様な人々のウェルビーイング——心身，人間関係，コミュニティ，キャリア，経済などの各側面を含む——を高めるために，どんなアプローチと意味をもたらしていこうとするのか。今後も引き続き思案のしどころである。

DXが触媒となって，人どうしや異空間のつながりを創出し，どのような新たな幸せの形を味わえるようになるのか。この変革に挑戦していくときには，「スポーツやその環境が変わり，そこに関わる人の歩み，生き方が変わる」，ウェルビーイングを実感し合える変化を待ち望みたい。

04 宇宙とスポーツ

次の時代は，テクノロジーと人の心の充実を共生させていく時代である。テクノロジーが，人間の心や身体を拘束してきた世界から解放させるものであり，同時にまた，人間の心がそのようなテクノロジーを生む時代であればと思う。

その可能性を感じさせるものに，「宇宙」という空間がある。2017年5月，内閣府（宇宙政策委員会）は「宇宙産業ビジョン2030——第4次産業革命下の宇宙利用創造——」を発表した。新たなパラダイムチェンジが始まっている都市，宇宙利用ユーザーの広がり，民の活用によるイノベーションの進展への期待が膨らんでいる。それは，"日本経済の活性化・成長に向けて，宇宙利用産業も含めた宇宙産業全体の市場規模（現在1.2兆円）の2030年代早期の倍増を目指す"（内閣府，2021）という数値目標の大きさからも分かる。

宇宙に関する映画（例えば，「E.T.」や「オデッセイ」，「スターウォーズ」などのSF

映画），「宇宙戦艦ヤマト」や「銀河鉄道999」，「宇宙兄弟」などの漫画・アニメ，「星の王子様」，「宇宙戦争」，「銀河鉄道の夜」などの童話や小説はここに取り上げきれないほど数多く存在する。宇宙に憧れ，未知であるがゆえに様々な作品が生み出されてもきた。

　ただ眺めていたその宇宙空間を，私たち一般人も実際に味わうことができそうな勢いである（内閣官房まち・ひと・しごと創生本部事務局，2019）。日本は，衛星製造からロケット製造・打上げサービスまで，フルセットで宇宙産業を有する，世界的にみても稀有な国であると言う。その環境を活かして何を行うか。

　環境が異なれば，人間の経験が変わる。

　地球では，垂直ジャンプ1.5フィート（0.46m），滞空時間1秒間である。ところが，月であれば3mで4秒間の滞空時間，土星の第2惑星エンケラドゥスにおいては42.7m飛び上がり，1分間も空中に留まれる（Mosher, 2017）。このような物理的な環境下で過ごすとなれば，ダンクシュートゲームや広大なフィールドでのクリケット，宇宙トンネルでの駅伝や宇宙モービルなど，ロー・グラビティ（低重力）のニュースポーツが生み出されるだろう。

　経験が変われば，人間の認識が変わる。

　このような軽やかな世界の中でなら，人は，運動嫌いを生む理由（怖い，恥ずかしい，何をやってもダメという苦手意識）や運動はきつい・面倒といった諸々の思い込みが払拭されるかもしれない。もし，アバターを使った体験でも，人間の内面の成長が十分に可能であれば，地球では制限されていた私たちの力や選択肢がもっと広がる。

05 人間の問題を人間が解決するために

　本章で話を進めてきた内容は，いずれも人間の問題である。2050年をどんな社会にするかは，「人がどう考えるか」の連鎖による。

1 人間の妄想力と意思決定の連鎖

現在（2021年末）から歴史を遡ってみたとき，私たち人間のイメージする力，妄想力の大きさを知る。

テレビ越しに，「ウルトラセブン」のビデオシーバーを人々が目にしたのは，1970年ころのことである（1967年放送）。あったらいいなと眺めていた頃から3，40年ほど経った今，一般に販売されるようになった（例えば，Apple Watch バンド型「Wristcam」など）。健康に対する関心の高さを吸収し，自分の手元で日々の体調・身体活動状態の管理とサポートを可能にした（例えば，Fitbit など）。

ふたたび遡ってみると，ロボットの世界を描いた作品——日本初の国産ロボットアニメ「鉄腕アトム」（1963〜1966年），「がんばれ！！ ロボコン」（1974〜1977年），「ドラえもん」（テレビ放送1979〜2005年）——があった。未来はこんな世界になるのかと，半信半疑ながら，おもしろく不思議な空間が待っているかもしれないと楽しみになったものである。そして2014年，感情を認識できる人型ロボットとして Pepper が世の中に披露され，注目を浴びた。

ここまでと同じ3，40年という月日が経ったとき，すなわち2050年以降の社会は，現在，私たちが子どもたちと一緒に思い描く社会であり，あるいはそれをもっと超えているかもしれない。いずれにしても，今を生きる私たちのアイデアや妄想を追い求め，実装させるか否かの意思決定の組み合わせが，私たちの楽しく健康で，幸せな未来の一端を担う。

2 2050年に向かう人材とチーム・社会

2050年に向けて，真剣な妄想力とともにユニークな考えを生む人材，また，ユニークな考えに育て上げるチーム・環境を考察して締めくくりたい。

（1） 個人の創造マインド——好奇心という環境変動への適応力

未来に対して，好奇心豊かに動き，真剣に楽しめ（てい）るか。

「好奇心」は，新奇な環境刺激に心のベクトルが向くことである。人の活動とともにあり，「柔軟に適応する力」が養われていく。新しい社会づくりの源

泉は好奇心に支えられ，人間の心躍るわくわくする気持ちとどきどきする緊張感は不可欠である。自分が楽しみを感じないものに，他者を巻き込むことはできない。そして，より高い水準を目指し，強い想いで真剣に取り組むからこそ緊張を味わい，その緊張を解き放とうとして人は学ぶようになる。

　人々や環境，それらが合わさって生み出されるものごとは一層多様になる。どんな環境に直面しても，どんな仕事・課題でも楽しみを見出していけるだろうか。その楽しみの中で，自分が「したい」と望むことに近づこうと学び続け，ポジティブに解決しようとするとき，人も組織も，社会も前向きに動き始めることができる。

（2）　組織の共感マインド──一流の相棒者（たち）であること

　日本は，新しいテクノロジーに対して用心深く，着想・着手の始動段階でなかなか手ごわそうな印象である。

　われわれの研究調査グループで，2021年，日本，イギリス，アメリカ，中国の4か国を対象に，新しいテクノロジーに対する態度調査を行った（岡田・王・西原・山浦・向・塩澤・伊坂・辻，2021）。図2-1は，その調査項目のうちの1つ，"対人関係の良し悪しを知ることができる（新しい）技術が作られたら，活用してみたいと思いますか？"という問いについての集計結果である。

　その結果，日本は，ほかの3か国に比べて，新しいモノの導入・活用への抵抗感を示す傾向にあることが見て取れる。ものごとを用心深く精査して取り組むことは悪くない。が，日本が世界を経験し，発信力豊かな国であるためには，個々人が突飛に思える事柄こそいったん受け入れて，どう活かしうるかを考えることができる一流の共感的協働者でありたい。

　ノーベル化学賞を受賞した吉野彰氏は，ある講演会で，技術の複合化・融合化は異分野であること。そして，独創性と独創性をかけ合わせたとき，世界で一人しか思いつかないような独創性になると語った。活動的な個人のマインドを基盤に，互いの共感力が共振・共鳴し合えるつながりの場は欠かせない。

　よりマクロなレベルに展開するならば，ベンチャー企業が生み出され，持続

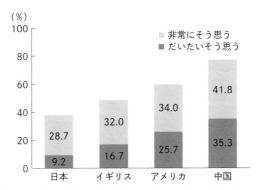

図2−1　"対人関係の良し悪しを知ることができる（新しい）技術が作られたら，活用してみたいと思いますか？"への賛同率

出典：岡田ほか（2021）の4か国国際調査データにもとづいて筆者が作図。
注：計 *N* = 2,000（日本 n = 1,000，イギリス n = 300，アメリカ n = 300，中国 n = 400）．4段階尺度で測定。

的に開発し供給していけるような「共感的な組織―社会連携の循環」を生む必要がある。そのために，企業は，一定の需要を存在させうるように"本当にできたらすごい"と挑戦・魅力をアピールしなければならないし，社会を構成する個々人にその挑戦・魅力を認識させる教育もまた必要になるだろう。

（3）　個人と組織の倫理観

　テクノロジーを創り出し，それを駆使するのは人間である。

　例えば，人の心が見えるようなテクノロジーがあると，私たちは，他者とかかわりやすくなるのか。そのように人の心を知って，悪用することも起こりえる（岡田・西原・山浦・王・塩澤・辻，2021）。ユニークなテクノロジーの開発であるほど，その活用範囲や内容の幅はさらに広がり，精度も上がる。それに伴って，どのような目的で，どのような場面で活用するのか，個人や組織の価値観や倫理観が問われる場面もまた増え広がるに違いない。

　スポーツとその環境が変わり，人の生き方が変わる――個々の確固たる信念

と協働チームのマネジメントがあってこそ，時代が新しく切り拓かれる。

　学生は問う。「やって"いい"のか」，「これで"いい"のか」と。──その答えは，「なぜ，やってはいけないのか」，「なぜ，それをやってみないのか」である。

謝辞
　図2-1に関わる研究調査は，内閣府　総合科学技術・イノベーション（CSTI）ムーンショット型研究開発事業　新たな目標検討のためのビジョン策定研究調査の助成を受けて行われた。
　また，本章30ページで紹介した吉野彰氏（旭化成株式会社　名誉フェロー）のご講演については，株式会社ユーザベースSPEEDA主催のセミナー　「ノーベル化学賞受賞者に学ぶ研究者の事業構想力」（2021年8月3日開催）でのご発言の一部を筆者にて要約したものである。
　この記載内容にあたり，吉野氏と株式会社ユーザベースSPEEDAの方々にはご理解とご高配を賜りました。記して謝意を表します。

注
1）産業革命以前（1850〜1900年を基準）と比べて，2011〜2020年平均で1.09度以上であることが報告された（ちなみに，2006〜2015年平均で0.87度の上昇であった。地球温暖化は進む一方である）。IPCCが2018年に臨時発行した『1.5度特別報告書』によれば，気温上昇を1.5度未満に抑えることが，人間が心身ともに安全・健康に暮らし，世界が抱える貧困などの社会課題を解決する上でも重要であると主張している。すなわち，この僅かに見える1.5度の上昇が意味することは大きく，現在の生活を維持するために人類が守らなければならない限界値というわけである。
2）富山県3カ所のスキー場2007〜2011年のデータをもとにした試算では，将来，"すべてのスキー場において来客数と営業利益は現状と比較して54%程度減少する"と予測されている（大田原・大西・佐藤・佐尾・森杉，2014）。
3）男子マラソンは，その翌朝7時にスタートした。スタート時の気温は26度，湿度80%，そして，ゴール時の気温は28度，湿度72%であった。出場106人中30人が棄権するという異例の事態であった。

引用文献
BBC（2021）. Climate change: Big increase in weather disasters over the past five

decades. https://www.bbc.com/news/science-environment-58396975 (accessed January 8, 2022)

Dunn, E. W., Aknin, L. B., & Norton, M. I. (2014). Prosocial spending and happiness: Using money to benefit others pays off. *Current Directions in Psychological Science*, 23 (1), 41-47.

Edunov, S., Diuk, C., Filiz, I. O., Bhagat, S., & Burke, M. (2016). Three and a half degrees of separation. *Research at Facebook*, 694.

Eyring, V., N. P. Gillett, K. M. Achuta Rao, R. Barimalala, M. Barreiro Parrillo, N. Bellouin, C. Cassou, P. J. Durack, Y. Kosaka, S. McGregor, S. Min, O. Morgenstern, & Y. Sun. (in press). Human Influence on the Climate System. In: *Climate Change 2021: The Physical Science Basis. Contribution of Working Group I to the Sixth Assessment Report of the Intergovernmental Panel on Climate Change* [Masson-Delmotte, V., P. Zhai, A. Pirani, S. L. Connors, C. Péan, S. Berger, N. Caud, Y. Chen, L. Goldfarb, M. I. Gomis, M. Huang, K. Leitzell, E. Lonnoy, J. B. R. Matthews, T. K. Maycock, T. Waterfield, O. Yelekçi, R. Yu & B. Zhou (eds.)]. Cambridge University Press. In Press. https://www.ipcc.ch/report/ar6/wg1/downloads/report/IPCC_AR6_WGI_Chapter_03.pdf (accessed January 8, 2022).

Konrath, S. H., O'Brien, E. H., & Hsing, C. (2011). Changes in dispositional empathy in American college students over time: A meta-analysis. *Personality and Social Psychology Review*, 15 (2), 180-198.

Milgram, S. (1967). The small world problem. *Psychology Today*, 2 (1), 60-67.

Mosher, D. (2017). Here's how high you could jump on other worlds in the solar system. INSIDER. https://www.businessinsider.com/jump-height-duration-across-solar-system-2017-1 (accessed November 27, 2021).

内閣府 (2021). 宇宙ビジネス拡大に向けた内閣府の取組（内閣府宇宙開発戦略推進事務局）令和3年3月18日. https://www8.cao.go.jp/space/vision/abstract.pdf (accessed November 28, 2021).

内閣府 (2017). 宇宙産業ビジョン2030 第4次産業革命化の宇宙利用創造. https://www8.cao.go.jp/space/vision/mbrlistsitu.pdf (accessed November 27, 2021).

内閣官房まち・ひと・しごと創生本部事務局 (2019). 生来に予想される社会変化 平成31年3月11日 (accessed November 28, 2021).

中口毅博 (2010). 地球温暖化がスキー場の積雪量や滑走可能日数に及ぼす影響予測——気象庁 ROM20 予測を用いて. 芝浦工大紀要人文系, Vol. 44-1, 71-76.

OECD編 井原辰雄（訳）(2005). 世界の社会政策の動向 能動的な社会政策による機会の拡大に向けて 明石書店.

岡田志麻・西原陽子・山浦一保・王　天一・塩澤成弘・辻　涼平（2021）．「こころを視て人を知る新しい技術の展望」人工知能，36（6），695-701．

岡田志麻・王　天一・西原陽子・山浦一保・向　英里・塩澤成弘・伊坂忠夫・辻　涼平（2021）．ムーンショット型研究開発事業新たな目標検討のためのビジョン策定「サイバー空間のコミュニケーションインフラ構築による孤独ゼロのウルトラダイバーシティ社会に関する調査研究」調査研究報告書　令和3年7月．

大田原望海・大西暁生・佐藤嘉展・佐尾博志・森杉雅史（2014）．地球温暖化による積雪量の変化がスキー場の営業に及ぼす影響——富山県を対象として——．土木学会論文集G（環境），70（5），I_21-I_29．

Quoidbach, J., Gruber, J., Mikolajczak, M., Kogan, A., Kotsou, I., & Norton, M. I. (2014). Emodiversity and the emotional ecosystem. *Journal of experimental psychology: General*, 143（6），2057-2066.

Stolterman, E., & Fors, A. C. (2004). Information technology and the good life. In Information systems research (pp. 687-692). Springer, Boston, MA.

Sugawa, M., Furukawa, T., Chernyshov, G., Hynds, D., Han, J., Padovani, M., Zheng, D., Marky, K., Kunze, K., & Minamizawa, K. (2021, February). Boiling Mind: Amplifying the Audience-Performer Connection through Sonification and Visualization of Heart and Electrodermal Activities. In *Proceedings of the Fifteenth International Conference on Tangible, Embedded, and Embodied Interaction* (pp. 1-10).

Sui, Y., Wang, H., Kirkman, B. L., & Li, N. (2016). Understanding the curvilinear relationships between LMX differentiation and team coordination and performance. *Personnel Psychology*, 69（3），559-597.

（山浦　一保）

第 **3** 章

2050年のスポーツ漫画

プロローグ

1 スティーブ＝ジョブズの伝説のスピーチ

"Connecting the dots"

2005年，米国スタンフォード大学卒業式の祝賀式典でスティーブ＝ジョブズが語った有名なスピーチの一文だ。日本語では「点と点をつなげる」といった表現になるだろうか。この"Connecting the dots"，過去の体験や経験が当時は思いもよらなかった展開として生かせる状況も表現しているようである。

歴史を振り返っても，ある時点で起こった出来事は「点」に過ぎなかったものが「線」になり，さらに時間が経過すれば「面」になっていくような事象がある。本書のテーマである2050年の未来，つまり今から約30年後の世界へ思いを馳せるアプローチとして2020年を起点したが1990年を「点」，2020年を「線」，2050年を「面」と捉えた一連の流れで予想し確度を上げていきたい。

この章のテーマは『2050年のスポーツ漫画』について，以上のアプローチで紐解いていくことにした。すると，意外にも未来はすでに始まっていることに気づかされる。

2 インターネット ⇒ SNS ⇒ メタバース

多くの有識者たちが様々な業界の未来予測をしているが，手法として用いられるのは「歴史から学ぶ」手法だ。前述のとおり，現在2021年から約30年後である2050年を予測するために，同じ期間である30年前にあたる1990年から2020年の間に起こった世の中の変化をベースに予測を立てていくこととした。

例えば，1990年は「インターネットの時代」の始まり。

多くの人にはまだ知られていなかった，国境を超えたネットワーク技術が後の世の中をガラリと変えてしまうのだが，この時点ではほとんど誰も気づいていなかった。今やインターネットは生活になくてはならないものとなり，さらに30年後の2020年は「SNS の時代」となっている。Twitter や Instagram，Facebook を通じて，自分の姿や日常などありとあらゆる情報を自らが発信できることが当たり前の時代となった。1990年の人間からみれば想像もできなかっただろう。

では，2050年はどうなのだろうか？

インターネットや SNS などのテクノロジーが日常に入り込んできたかつての30年間を考察すると，次は私たちがテクノロジーやネット側に入り込んでいく時代と想像できないだろうか。つまり，拡張現実（AR）や仮想現実（VR）が日常となり，リアルとバーチャルの世界を普通に行き来する未来，「メタバースの時代」がやってくると考えられないだろうか。メタバース×スポーツ漫画を皮切りに全部で５つの未来のテーマを考えていきたい。

01 メタバース×スポーツ漫画

メタバースとは「meta-（超越した）」と「universe（宇宙，万物）」の合成語で，コンピュータによって生成された AR（拡張現実）や VR（仮想現実）などのテクノロジーを用いて人々が交流できる仮想空間のことを指す。

AR（拡張現実）は「Augmented Reality（オーグメンテッド・リアリティ）」の略で，人が知覚している現実環境をコンピュータにより拡張する技術のことだ。実際に存在する風景や画像にCGを合成することで，知覚できる情報を拡張する。リアルな街を歩きながらポケモンを探すゲーム「ポケモンGO」をイメージしてもらえるとわかりやすいだろう。

　一方でVR（仮想現実）とは，「Virtual Reality（バーチャルリアリティ）」の略で，実際には存在しない環境を人間の五感を刺激することによって，あたかも本当に存在するかのように知覚させ，人工的に現実を作り出す技術のことだ。VRの例としては，「Oculusシリーズ」などのVRゴーグルを使ったゲームが有名である。

　最近ではメタバースをテーマにした映画作品も続々と増えている。たとえば，2018年にアメリカで公開された大ヒットSF映画『レディ・プレイヤー1』（スティーブン・スピルバーグ監督）がある。環境問題や気候変動によって荒廃した世界で，人々が自らの姿をアバターに変えて理想を叶えるVR世界「オアシス」に陶酔する様子が描かれている。

　オアシスの創設者の死後，ゲーム内に隠された3つの鍵を手に入れた勝者には莫大な遺産とオアシスの所有権を譲り渡すという遺言によって，全世界を巻き込んだ壮絶な争奪戦が始まるという物語だ。作品では17歳の主人公が争奪戦「アノラック・ゲーム」に挑戦し，様々な試練を乗り越えながら，意外な結末へと進んでいく。

　一方，国内作品では2009年に公開された細田守監督の映画『サマーウォーズ』はまさにメタバース的な世界観といえるだろう。今見返してもかなり先駆的な内容で，SF的な要素を入れながらも家族愛がベースになっているのが，細田監督の面目躍如であり，アニメ史に残る傑作といえる作品である。

　『サマーウォーズ』では，世界中の人々が集うインターネット上の仮想世界

OZ（オズ）が描かれている。ユーザーはパソコンや携帯電話・ゲーム機などを使って，独自に選んだアバターで OZ の世界を楽しむことができ，ショッピングやゲームだけでなく納税や行政手続きなどの様々なサービスを利用できるのだ。

　世界一安全と謳われるセキュリティによって守られていた OZ だったが，とあることがきっかけで謎の人工知能・ラブマシーンにシステムを乗っ取られてしまう。破壊されていく OZ の世界で，数学が得意な主人公たちがラブマシーンと戦い，世界を取り戻すというお話である。エンタテインメントとしてだけでなく行政をも取り込んでいる OZ は，近い将来の世界の姿を予測しているようである。

　最近では細田監督の最新作『竜とそばかすの姫』も公開されたが，作品では主人公がアバターを用いて，ネット上の仮想空間「U」で天才シンガーとして活躍する姿が描かれている。『サマーウォーズ』と近い世界観だが，違うのはアバターに対する考え方だろう。これまでの作品ではアバターは個人個人が好きなようにカスタムできるのが特徴だったが『竜とそばかすの姫』では，現実世界の人物の身体的特徴を投影したアバターがシステムによって自動生成で生まれる。しかも，身体的特徴だけでなく「U」の世界ではアバターが個人の持つ才能や能力を最大限に発揮できるよう設計されており，現実世界では過去のトラウマによる精神的理由で歌えなくなった主人公が魅力的な歌声でユーザーたちを熱狂させるのだ。近未来のアバター設計にモロに活かされそうな技術でもある。

　このように世界中のクリエイターたちが思い思いのメタバースの世界観を構築しており，特徴も様々である。近い未来では，そうした VR などの仮想世界にエンタテインメントや生活インフラ，ビジネスが集約されていくと予想される，というよりおそらく現実のものとなるだろう。生活インフラが実現すれば，当然スポーツもまたメタバースと掛け合わされる時代がやってくる。

実際にアメリカにある世界最高峰の男子プロバスケットボールリーグである NBA では，すでに「バスケットボール×VR」の取り組みが始まっている。

　今年2021年に開催された NBA オールスターゲームでは，メタバースで有名なエピック・ゲームズ社のオンラインゲーム『Fortnite』内での観戦会が行われた。[1]

　『Fortnite』は「バトルロイヤル」「パーティーロイヤル」「クリエイティブ」そして「世界を救え」の4つの主要なゲームモードがある。バトルを中心としたアクションゲームもできれば，フレンドとコンサートや映画を楽しむこともできるなどユーザーの好みに合わせた様々な楽しみ方を提供している。実は筆者もこのゲームのヘビーユーザーなのだが世界中でも絶大な支持を得ており同時接続プレイヤー830万人を誇る，大人気オンラインゲームのひとつである。いずれにしてもすでにアメリカではスポーツ×メタバースが始まりつつあるというわけだ。

　余談だが，私の知人の息子さんのエピソードを紹介しておく。

　息子さんは現在中学生で子ども時代は東京のインターナショナルスクールを卒業，現在シンガポール留学中だ。そんな彼は学校から帰ってくると真っ先に『Fortnite』にアクセスし，時差があるなか世界各国に留学しているインターナショナルスクール時代の友人とやり取りをしている。つまり，ゲームの主体である「バトル」に夢中になるのではなく「会話」に終始しているのだ。これを見ても『Fortnite』はすでに次世代のコミュニケーションツールになっているのは間違いないだろう。それこそ年代もジェンダーも人種も関係なくアクセスできる自由な世界が，すぐ目の前に存在する。

　今後はますます VR や AR を用いたスポーツが実現していくだろう。VR ゴーグル（近未来はメガネかスマートコンタクト？）を付けてさえいれば，24時間365日世界中のどこにいてもコミュニケーションやゲームに参加でき，プレイヤーとして活躍できる未来が実現可能となっている。

ちょうどこの章を執筆している最中にHOTなNEWSが飛び込んできた。

　世界を代表するSNS企業Facebookが，メタバース事業の展開に乗り出すというのだ。社名も「META」に変更した。マーク・ザッカーバーグCEOは「将来は当社をSNS企業としてだけでなく，メタバース企業として見てもらえるようにする」と述べ，新規サービス開発のため，欧州で今後5年間に1万人を新規採用する計画を発表した。[2)]

　同社では，すでにVRゴーグルである「Oculus Quest 2」が発売されている。Facebookが本格的に打ち出すメタバース事業が今後どのように世界を変えていくのか，楽しみでしかない。

　そんなスポーツ×メタバースを題材にした漫画が，将来ブレイクするのではないだろうかと考える。メタバースのなかで知り合った素性を知らないアバターが集まって，バスケットボールやサッカーを通して，その仮想空間の危機を救っていく……。宇宙空間と同じように，メタバースもスポーツの概念を一新する可能性を秘めている。VR技術の発展も含め，今後の展開を注目したい分野である。

02 ｜宇宙×スポーツ漫画

　2つ目は「宇宙×スポーツ」だ。

　もうこれは現在地球上で一番沸騰しているジャンルといえる。いまや世界中で宇宙開発技術が発展しており，SpaceXやVector Space Systemsをはじめとする民間企業が宇宙ビジネスを推進している。

　最近ではアマゾン創業者であるジェフ・ベゾス氏が創業した「Blue Origin」が，同社が開発したロケット・ニューシェパードによる初の宇宙旅行を提供すると発表した。宇宙旅行といっても，実際に宇宙空間に滞在できるのはわずか10分足らずなのだが，オークションにかけられた座席券はなんと2800万ドル(約

30億円）で落札されたという。おそらく30年後の2050年くらいには「ゴールデンウィークは家族と月の裏を見てきたよ」「いいわね！　私たちは夫婦で地球周回のクルージングの予定を立てているのよ」なんて会話が，当たり前となる日が来るのではないだろうか。もちろん費用は技術革新が進みコストダウンになる可能はあるとはいえ，まだまだ高額なものになるかもしれないが，宇宙旅行を一般的に楽しめるようになるまでは時間の問題だろう。

　そんな時代になった時に人々は宇宙でもスポーツを始める可能性が高い。宇宙空間で楽しむスポーツ漫画は遅かれ早かれ生まれるように思う。

　そこで筆者は人気が出るであろうと思われる宇宙スポーツを2つの仮説（妄想？）で考えてみることにする。1つはサッカー，もう1つはバスケットボールである。

　最初は「スペース・フットボール（サッカー）」。

　宇宙でサッカーをプレイするといっても，ピッチとなるのは無重力空間だ。蹴ったボールは落ちることなく，真っ直ぐに飛び続けることになる。またピッチは二次元の平面の長方形でいいのだろうか？

　これはあくまで仮であってシミュレーションであるが，立方体のような空間に選手を押し込み，ゴールを2つか3つずつ設置し，複数のゴールを守りながらプレイするという頭脳ゲーム的要素と激しいフィジカル的要素の両方の要素が必要となるかもしれない。あくまで仮説ではあるが。

　想像してみてほしい。選手たちが重力から開放され，制限された空間のコートの中で縦横無尽に攻防戦を繰り広げるのだ。逆にスポーツを面白くする要素もあり，難しくする面もそなえている。アニメ『機動戦士ガンダム』のスペースコロニーのような重力がある舞台設定で，地球上と同じサッカーをするのであればあまり物語は膨らまない可能性がある。

　もうひとつ考えられるのは宇宙サッカーでは，ルールに工夫が必要なことだ。宇宙空間へ行くことによって，まったく新しいサッカーの概念やルールが生ま

れるだろう。それだけでも非常に興味をそそられる分野である。

　宇宙サッカー（フットボール）とは似て非なるものになる可能性もあるが，主人公に最初からカセを与える，主人公が当然特殊な設定に放り込まれるなどの王道的展開がひろがる可能性を漫画は秘めている。意外にヒットする可能性があるかもしれない。

　次に考えたのが，「スペース・バスケットボール」，つまり宇宙空間で繰り広げられる『SLAM DUNK』である。

　宇宙開発競争の最前線にいるのはアメリカと中国である。つまり，世界でもアメリカ人が宇宙に行く割合が高いと予想できる。そう考えると宇宙スポーツとして流行る可能性が高いのが，アメリカ人が愛してやまない人気スポーツ，バスケットボールだ。

　バスケットボールを宇宙でやるとすると，どうなるだろうか？

　一番の問題は，これもまたボールが「落ちない」ことだろう。ダンクシュートなら決められるかもしれないが，弧を描くようなスリーポイントシュートは難しそうである。ここでも新しいバスケットボールの概念やプレイスタイル，ルールが生み出されると予想される。

　スポーツに宇宙という要素が加われば，今まで培われてきたスポーツ文化を根幹から覆すような事態も生まれる可能性が高い。とはいえバスケットボールが大好きなアメリカ人やサッカーが大好きなイギリス人が数多く宇宙へ旅立つ時代が来れば，宇宙スポーツが発生するのは時間の問題だ。世の中の数歩先を描くのが漫画でもある。未来のスポーツ漫画では，月の上や火星の上で行われる宇宙スポーツが描かれるのは間違いないのではないだろうか。

03 | AI×スポーツ漫画

3つ目に考えられるのが，すでに始まっている「AI×スポーツ」だ。

AIといえば，iPhone に搭載されている Siri や Amazon Alexa，Google アシスタントなどはすでに我々の生活に欠かせないものとなっている。

AIが今よりもっと生活必需品になった時，スポーツにもAIが活用される時代が来るだろう。実際に，チェスや将棋の世界ではAIが人間を打ち負かすという事例が連続で起きている。AIがスポーツに加わることで，生身の人間よりも高い成果を出してもなんら不思議ではない。そんなスポーツ×AIの世界を漫画に落とし込めれば，新時代のスポーツ漫画ができるのではないだろうか。

例えば，「突然，AI監督がやってきた！」というコンセプトはどうだろうか？

ベンチにAI監督となるAIスピーカー（？）が座っており，選手たちに指示を与える。人工知能に詰まった何百万パターンという試合データを解析することで最適解を割り出し，ダメダメチームを勝利に導くのだ。最初は勘違いもはなはだしいメチャクチャな指示を出すAI監督だが，練習や試合を重ねていくうちに学習し，だんだんと的確な指示が出せるようになり，比例してチームの勝ち点も増えていく。AI自身もチームとともに成長し，やがて生身の選手たちと「心」の交流まで生まれていくようになっていく……そんな新時代のコミュニケーションを描写することで，魅力的なAI監督の"キャラクター"が生み出せるかもしれない。

余談だが，AI監督とはまったく逆の解釈の作品としては映画『ターミネーター』がある。

ターミネーターでは人類と機械の果てしない死闘が描かれた。

舞台は1984年，ロサンゼルス。人類に反乱を起こした機械軍は，彼らを脅かした未来の人類のリーダーであるジョン・コナーを歴史から抹殺するため，殺人兵器「ターミネーター」を過去に送り込み，ジョン・コナーの母であるサラ・コナーの抹殺を図る物語だ。『ターミネーター』のように映画作品では「AIやロボットによって人類が危険に晒される」といった描写が多い。しかし，現実的に考えれば，むしろ AI と人類は共存する世界がやってくる可能性のほうが高いのではないだろうか。そんな世界をスポーツ漫画で描けたら，意外なヒット作が生まれる予感がする。未来の漫画といっても，あくまで「異文化・異世界との交流」「家族愛」「兄弟愛」が STORY のベースであることは普遍である。AI という新しい異文化や異世界との交流は，果たしてどのような最終回となるのであろうか。

04 ジェンダー×スポーツ漫画

　4つ目に考えたいのが「男女混合競技」の未来である。

　2021年に行われた東京オリンピック・パラリンピックでは，卓球のミックスや柔道の男女混合競技が，試合日程もよかったこともあり高視聴率を獲得したと聞く。今後，時代が変化し人々の意識が変わっていくにつれて，男女混合でやる大会や競技が増えていくと筆者はみている。なかでも世界で一番の競技人口を誇るサッカーが，男女混合競技として発展していく可能性はあるのではないだろうか。それを漫画で表現できれば面白い作品として期待が膨らむ。

　例えば，4年に1度開催される FIFA ワールドカップは4年ごとに男女それぞれの大会が開催されている。その間の期間に「男女混合のワールドカップ」，つまり11人のうち半分が男性，半分が女性というチーム構成で試合が開催できたならば，スポーツの世界に新しい風を吹き込むのではないだろうか。

　2020年10月，元なでしこジャパン・永里優季選手が神奈川県2部の男子クラブチーム「はやぶさイレブン」の女性選手として入団を果たした。プロ女子サッ

カー選手が男子サッカーチームに入団するのは，日本のサッカー史上初のことだという。筆者は実際の試合を取材させていただいたが，男子に混じっての彼女のプレイはなんら遜色がなかった。永里選手の挑戦はアスリートの価値としても評価されるもので，最初は小さな流れであっても，この潮流は徐々にではあるが世界的なものになっていくはずだ。[3]

　将来的には男子名門サッカーチームでスタメンを獲得するような女性選手も現れるかもしれない。最初にこの男女混合ワールドカップのアイデアを思いついたきっかけは，１つの空想からだった。
　「サッカーのフォーメーション，４－４－２の２列目のダブルボランチのポジションで，一人が遠藤保仁，一人が宮間あやというような夢のような組み合わせが実現したら面白いんじゃないか？」
　以前，なでしこジャパンの試合を生で観戦していて，そんな妄想に近い期待が湧き出てきたのだ。
　確かに2020年前後の段階では，突飛な妄想に過ぎないかもしれない。しかし，30年後である2050年にはもしかするとそんな競技大会が実現しているかもしれない。それこそ男女のＷ杯の開催の合間の年に，新しい若手の選手を試す機会としてそういった大会が開催されないものだろうか。実現すれば意外と（？）多くの支持を得られるのかもしれない。特にＺ世代以降の人類にとっては当たり前の価値観でもあり，自然に受け入れられる可能性がある。

　ただ，同時に様々な問題も起こってくるだろう。
　着替えをするロッカールーム，あるいはシャワールームなどの利用はどうなっていくのか。特にサッカーでは前半と後半のハーフタイムで，ロッカールームを使い戦術変更や作戦会議をする場合が多い。同じ空間でミーティングはできるとしても，それぞれの性自認が存在する以上，ジェンダーの権利や個人のプライバシーを守る配慮が必要となる。ピッチ上での公正なプレイを確立しながら，個人やプライバシーへの配慮をどこまで適応できるか。ここにはまだま

だハードルがあり，課題解決が求められるだろう。

　未来のスポーツ漫画としては，そんな男女混合競技をテーマとして，男性選手目線，女性選手目線の2つの視点で1つの競技の世界観を描き出せたら（それ以外のジェンダーの視線があればなお面白い），作品として素晴らしいものになっていくだろう。

05 オリンピック＋パラリンピック漫画

　最後は「オリンピックとパラリンピックの一体化」である。

　今回の東京パラリンピックは大会前の予想をはるかに超え，大きな盛り上がりをみせた。特に日本人選手の車いすテニス・男子シングルスの国枝慎吾選手は，2008年北京，2012年ロンドンに次ぐ，2大会ぶりの3度目のシングルス金メダリストに返り咲き，その姿は日本中を感動の渦に巻き込んだ。

　バドミントンの里見紗李奈選手は，女子シングルスと女子ダブルスの2種目でまさかのダブル金メダルを獲得している。その他にも，数多くの選手がその勇姿を見せて日本中を熱狂させたのは記憶に新しい。

　筆者自身も非常に感動したが，そんな時に感じたことがあった。そもそもオリンピックとパラリンピックを分ける必要があるのかという根本的な疑問である。現状は分けることによって公平なプレイを実現しているが，やはりこの大会は少しずつお互いが歩み寄り，1つになっていくのではないかとまた妄想（？）したのだ。

　そこで，2050年にオリンピックとパラリンピックが一体化し，健常者と障害者（現在はこの表現を使うが，適当ではないと考える）がともに戦う日をシュミレーションした漫画というのはどうだろうか。

　もちろん，まだまだ課題は山積みだ。特に障害者スポーツでは義手や義足，車椅子など補助となる装具を身につけることによって，装具の精度が上がれば

上がるほど健常者の能力を上回ってしまう場合がある。それによって，双方が
ともにスポーツをすることに対して疑問を持たれたり，健常者選手と障害者選
手が互いに反感を持つような結果になることがあれば本末転倒である。

　健常者と障害者がともにスポーツをするのが当たり前になる未来を作ってい
くためには，寛容性と競争性のバランスをどこまで取れるかが最大の課題だと
筆者は考えている。しかし，こういった時代の変化には考え方やルールの変更
によって対応していくことも十分可能だろう。もとよりスポーツの歴史は課題
とその克服の繰り返しでできあがってきたのだ。

　この2050年の漫画に示唆を与えてくれる，一人の日本人がいる。
　「日本のパラリンピックの父」と呼ばれる医師，中村裕博士はこう述べている。

　　何らかの障がいを持つ人が人口の１割いるということは，物理的にあたり
　　まえのことなんです。公共の建物をつくるときは10個トイレを作るなら１
　　つは車いす用に，全部階段ではなくて一部をスロープにするように配慮す
　　れば特別な施設は要らないんです。10%の障がい者とともに生きていく融
　　合型の社会にすべきです。[4]

　中村博士は，パラリンピックができる前から障害者スポーツと健常者スポー
ツが融合する，オリンピック・パラリンピックの次の世界を考えていたともい
える。彼が語ったように，障害がある人がスポーツに参加していることが当た
り前だという認識のもと，融合型のスポーツを作ることが「ポストオリンピッ
ク・パラリンピック」の第一歩になるだろう。

　少なくとも今回の東京パラリンピックは，そんなスポーツの新たな価値や時
代の想像を予感させ，視聴者や関係者を強く感動させたのは間違いない。起こ
り得る課題を乗り越えながら，国際オリンピック委員会（IOC）と国際パラリ
ンピック委員会（IPC）もともに歩み寄り，共催を目指す未来が待っているの

かもしれない。いずれにしても，今後最も目が離せない分野であり，2050年の
スポーツ漫画としても実現性が高いテーマである。

あとがき

　このように，5つの切り口で2050年のスポーツ漫画を予測してきた。

　1つ目は「宇宙×スポーツ」，人々はいずれ宇宙でスポーツをするようにな
り，宇宙空間によってスポーツの可能性は広がるだろうという話しだった。

　2つ目は「メタバース×スポーツ」，技術の進歩によってコンピュータ上で
作られた仮想世界でのスポーツが当たり前になる世界が来るかもしれない。

　3つ目は「AI×スポーツ」，AIと人類が共存する世界を描き，AI監督によっ
てチームが成長する姿を漫画にできれば，新時代のスポーツ漫画ができるだろ
う。

　4つ目は「男女混合競技」，いままで男女別でやるのが当たり前だったプロ
スポーツを男女混合でやる未来が見えてきた。漫画では，その様子を男女それ
ぞれの目線で描きだせたら，面白いかもしれない。

　最後の5つ目は「オリンピックとパラリンピックの一体化」，今まで異なる
ものとして扱われてきた健常者スポーツと障害者スポーツを一体化させること
によって，ポストオリンピック・パラリンピックの道が拓けるという話しだ。

　さらに未来予測を広げるとすれば，5つの要素をお互いにクロスオーバーさ
せる形で考えると，想像の翼はより広がっていくだろう。

　例えば「宇宙×男女混合競技」はどうだろうか。宇宙であれば設備を充実さ
せることで，男女の身体的な差を感じずにプレイできる部分もある。そうなれ
ば，真に男女が公平にプレイできるようになる可能性が高まる。

　「メタバース×オリンピックとパラリンピックの一体化」にも可能性がある。
もしも，脳波などを使ってアバターを操作できるようになり，仮想空間上で自
分の思った通りに動けるようになれば，少なくとも身体的・物理的な不自由に

関係なくスポーツが可能となっていく。これも大きな未来価値をもった取組みとなっていく。

　冒頭でスティーブ＝ジョブズの"Connecting the dots（点と点をつなぐ）"という言葉を引用したが「目の前にある点と点をつなぐことによって，新たなものを生み出せる」という解釈もできるし「いつも点をつなぐという思考を持っておくことで，今まで関連性のなさそうに見えた点すらも，新たな関連性を生み出す可能性を持つだろう」という考え方もできる。
　一見関係のないように見えた未来に点をつないでいくうちに，まったく新しい道を開拓するカギとなるだろう。

　ただし，一言いっておかなければいけないのは，未来予測は当たりや外れもあれば，これらがすべてでもない。１つだけ言えるのは「未来は過去よりも着実に良くなっている」ということだ。もちろん環境問題や人権問題など未解決の問題は山積みで，次世代に先送りしている場合ではない。それでも試練を乗り越えた先には，今よりもっと良い時代が築かれているはずである。

　問われるのはいつの時代も人間の本質で，性別や国籍，身体性ではない。そういった意味でインターネットは国境を超え，SNS は社会の垣根を超え，メタバースはあらゆる人間の境目をなくしていく。2050年とは多くの壁がなくなり，自律的に分散した社会の実現へと一歩踏み出している社会かもしれない。そんな未来でも人はスポーツを楽しみ，漫画やアニメを愛し，時代に合ったコミュニケーションを深めていくだろう。いつの時代も人々を楽しませてきたスポーツ漫画は，そんな時代の移り変わりを映し出す鏡となるだろう。果たしてどんなヒット作が現れているか，期待に胸を膨らませよう。

注
　1）「クロスオーバー：NBA がフォートナイトに登場」FORTNITE HP（https://www.e

picgames.com/fortnite/ja/news/the-crossover-the-nba-arrives-in-fortnite）

2）「フェイスブックが目指す次世代 SNS，メタバースとは」JBpress（https://jbpress.is
media.jp/articles/-/67381）

3）「元なでしこジャパン・永里優季　男子チーム移籍に込めた思いとは？」NHK Web
リポート（https://www.nhk.or.jp/shutoken/ohayo/20201013.html）

4）「健常者と障がい者が同じ大会で競い合える社会になれたら…　30年前から真のダイ
バーシティーを目指した男」FNN プライムオンライン（fnn.jp/articles/-/15252）

（上野　直彦）

第 **4** 章

バーチャルとスポーツ
未来のスポーツを考える

はじめに

　国際オリンピック委員会（IOC）は2021年3月に新たなスポーツに対する取り組みとして「オリンピック・アジェンダ2020＋5　15の提言」（国際オリンピック委員会, 2021）を発表し採択されたが，その中でも斬新かつ画期的であったのは，「提言9：バーチャルスポーツの発展を促し，ビデオゲームコミュニティとの関わりを深める」である。これまでの伝統的な「スポーツ」だけでなく，バーチャル空間を活用したスポーツの実践について，IOC が提言を行ったことは，スポーツ界における大きな出来事であるといえる。

　そして，IOC は2021年4月にオリンピック・バーチャルシリーズ（OVS）を開催すると発表し，スポーツとバーチャルスポーツを同時に楽しめる大会は2021年5月13日に東京オリンピック・パラリンピック大会に先立ち実施された（IOC, 2021）。OVS で実施された競技は野球，自転車，ボート，セーリング（ヨット），自動車の5つで，例えば野球は日本でも馴染みのある野球ゲーム「パワフルプロ野球」を OVS 用にデザインしたものを使用し，自動車は「グランツーリスモ」を使ってバーチャル・カーレースを実施した。このように，IOC はゲーム業界との連携のもと，デジタルコンテンツを活用したバーチャルスポーツへの取り組みも強化し始めている。

　このようなオリンピック初のデジタルコンテンツを使用したスポーツ大会が開催されたことは世界に衝撃を与えたのではないだろうか。オリンピック離れ，

ひいてはスポーツ離れが進んでいる若者世代へのアプローチとしては，スポーツ界でも大きな改革が行われていると言えるであろう。その一方で，バーチャルスポーツを含むデジタルコンテンツを活用した活動は心身の健康に悪影響をおよぼすという論調やゲームのやりすぎによる依存症・攻撃性の助長など，多くの負の側面が語られている。しかし，近年では，バーチャルとスポーツを融合させた「バーチャルスポーツ」やその他デジタルコンテンツを活用したスポーツの有用性も語られるようになっている。そこで，本章では，これらの新しいスポーツの形がわれわれの生活にどのような影響をもたらしてくれるのかという視点で，先行して行われている事例を基に，「バーチャルとスポーツ」の現状を高齢者，子ども，アスリートというキーワードでその活用事例を紹介する。そして，最後に2050年のスポーツの未来についてまとめることとする。

01 バーチャルスポーツ "エクサーゲーム" とは？

　バーチャルとスポーツは融合できているのか。そのような疑問を持つ者は多数存在している。特に私の分野であるスポーツ科学では，懐疑的に見ている者が多いのが現状ではないだろうか。さて，バーチャルとスポーツの融合を考えた時，世界的に研究のキーワードとなっているのがエクサーゲーム（Exergaming）である。エクサーゲームは，フィットネス，教育，健康の分野で新たな世界のトレンドとなっている "バーチャルスポーツ" の一種だとされている。エクサーゲームは，一般的に体の動きを必要とするデジタルゲームと認識され，アクティブなゲーム体験が身体活動（PA）の一形態として捉えられている。先に紹介したOVSにおいてもエクサーゲームを中心とした種目が採用されている。エクサーゲームが普及してきたことで，その有用性がスポーツ科学の分野でも主張されるようになってきている。例えば，American College of Sports Medicineでは，エクサーゲームが「子どもや青少年のPAと健康を促進する "フィットネスの未来"」と紹介されており（Benzing & Schmidt, 2018），バーチャルとスポーツをつなぐ "未来のスポーツ" としてエクサーゲームが語られるよ

図4-1　エクサーゲーム中の筆者

うになっている。

　本章ではまず，学術的にエクサーゲームとは何を指しているのかについて触れておきたい。現在までに，エクサーゲームに関する普遍的な定義はなく，様々な研究者がその定義を確立すべく奮闘している（Benzing & Schmidt, 2018）。まず，一般的なメディア等で取り扱われる定義として用いられるものとして，エクサーゲームは「エクササイズとビデオゲームの組み合わせ」（Bogost, 2007）とされることが多い。しかし，この定義は，商業界と学術界の両方で使用されているが，正式な定義としてはふさわしくないと言われている（Benzing & Schmidt, 2018）。

　「エクササイズ」の伝統的な定義，すなわち，「計画的かつ構造化された形式で，　意図的に体力を向上または維持すること」(Caspersen et al., 1985)に従うと，多くのエクサーゲーム（例えば，体力向上以外の意図を持つもの）は除外されることになる。この問題を解決するために，より広範な定義が用いられており，エクサーゲームを「アクティブで"全身"を使ったゲーム体験を刺激するインタラクティブなビデオゲーム」（Best, 2013），または「プレイするために体の動きを必要とし，"身体活動の一形態"として機能するビデオゲームを指す」（Gao et al., 2016）としている定義もある。しかしながら，エクサーゲームの中には，

必ずしも身体の動きを伴わないものもあり，例えば，脳トレのような身体の一部である"脳"を使用して認知機能を向上させる効果のあるエクサーゲームも存在するように，エクサーゲームの定義は広義に捉えられている。さらに，将来的には視覚だけでなく，触覚や聴覚の領域も合わせた発展が予想されており，エクサーゲームの定義はより複雑になっていくと予想されている。2050年までにもその定義は変化し，新たな概念を踏まえた形で存在するようになると言えるであろう。

02 エクサーゲームの活用事例

本節では，エクサーゲームの活用事例について高齢者，子ども，アスリートに分けて，先行的に実践されている研究成果を基に以下で解説を行う。

1 高齢者

近年，転倒は高齢者における主要な公衆衛生問題であり，転倒に関連する傷害は死亡，障害，医療費増加の主要な原因となっている(Sherrington et al., 2016)。高齢者（65歳以上）の約3分の1は1年に1回転倒し，そのうちの半数はその後の1年間に再び転倒する可能性が高いと言われている。

転倒の発生率は国によって差異があり，例えば，毎年転倒する高齢者の割合は，日本では20％，中国では6〜31％となっている（WHO, 2007）。上記のような高齢者の課題に対して，近年，歩行とバランスを改善するための1つのアプローチとして，バーチャルリアリティ（VR）をベースにしたエクササイズ，つまりエクサーゲームが用いられている（Pacheco et al., 2020）。エクサーゲームは，常に自己修正が必要であることが示されており，歩行とバランス能力の回復，実行機能・認知機能への刺激，マルチタスクトレーニングへの応用などの高齢者の転倒予防に活用されている。

また，エクサーゲームでは，使用者はゲームシナリオと協応することで，感覚，認知，心理，運動機能が刺激され，さらにゲームのコンテンツは魅力的に

設計されていることから，インタラクティブな運動形態として，高齢者の運動継続率を向上させることが明らかにされている（Wiemeyer & Kliem, 2012）。そして，運動に対するモチベーションの欠如や運動結果に対するネガティブな認識など，従来の運動の障壁を克服するのに役立つとされていることから，日本でも地方自治体が主体となり，高齢者の運動習慣への気づきを促すためにエクサーゲームを取り入れているところが増えつつある。

　エクサーゲームに使用されるゲームは市販のものや低価格のものなど，様々なツールが医療現場等で高齢者に使用されている。本節では，高齢者用の身体活動を向上させる目的で使用されているいくつかの市販されているゲーム機器を紹介する。高齢者の身体活動を促すためのゲームを開発する研究も進んでいるが，本章では誰でも容易に入手ができるという点で，市販されているゲーム機器を中心に紹介することとする。

　米国の Microsoft®が開発した Xbox では，動作センサーを使用したシステムを取り入れ，身体の動きが適切に動いているときにのみプレイヤーがゲーム内でのやり取りができるようにするシステムを使用していることから，プレイヤーの運動制御が必要となり，ゲーム内で身体活動が自然と行われるような仕組みを導入されている。このようなシステムを取り入れたゲームを使用することで，上肢の動きだけに重点を置いてゲームを行った場合でも，高齢者のバランスを改善する効果があることが報告されている（Hsieh et al., 2014）。日本でも任天堂が開発した Wii®を使用したゲームではバランスボードを使用したシステムが取り入れられており，高齢者のバランストレーニングのために世界で最も一般的に使用されるエクサーゲームのプラットフォームになっていると紹介されている（Bonnechère et al., 2016）。また，Wii®を使用した研究では，統制群と実施群で比較実験を行った結果，Wii®を使用した実験群の参加者では有意なバランス改善が見られたことが報告されている（Bonnechère et al., 2016）。

　このように，高齢者の姿勢バランスに対するエクサーゲームの影響が示されている。また，神経疾患についても，脳卒中患者（Laver et al., 2017）やパーキンソン病患者（Zeng et al., 2017）などの標準的なリハビリテーション補助療法

として，バランス改善にエクサーゲームが有効であることが明らかにされており，近年では，Timed Up and Go(TUG)テストなどの歩行機能テスト，Falls Efficacy Scale (FES)，Activities-Specific Balance Confidence (ABC) などの心理指標と組み合わせてエクサーゲームの効果を評価する研究が増えてきていると報告されている (Choi et al., 2017)。例えば，Esculier et al. (2012) は中等度パーキンソン病患者10名と疾患のない高齢者 8 名を対象に Wii フィットを使用したトレーニングを 6 週間実施させて，機能的バランス能力への影響を検討した結果，パーキンソン病患者では，TUG テストなどの歩行機能及びバランス能力が有意に向上していることを示している。また，疾患のない健康な高齢者であっても，同様の知見を得られたと報告されている。つまり，エクサーゲームは障害の有無に関係なく高齢者の身体運動機能を向上させる効果があることが示唆されている。わが国でも，高齢者を対象に Wii などの家庭用ゲーム機を使用した研究が行われており，エクサーゲームを取り入れた介入プログラムを実施することによるバランス能力および歩行能力の向上が認められており (佐野ほか，2008)，高齢者に対するエクサーゲームの効果を科学的な視点から検証し，将来的に一治療として活用することが期待されている。

2 子ども

近年の研究成果によりエクサーゲームは身体活動の向上，認知機能の向上に効果があるとされているが，子どもを対象にエクサーゲームを検討する際，長期的にエクサーゲームを実施させることは難しく，親，教師などはエクサーゲームを敬遠しているという調査結果も存在している (Benzing & Schmidt, 2018)。本節では，科学的根拠に基づく子どもにおけるエクサーゲームの効果と将来の方向性を示すために，心身の健康を促進するためのエクサーゲームに関する事例を紹介する。

現在，世界中の子どもたちの大半が推奨される身体活動量に達していないことが報告されており (Kalman et al., 2015)，また，身体活動量が十分にとれていないため，身体的・精神的な健康に負の影響を与えているとされている。身

体活動量が減少する理由は様々な要因が考えられるが，近年ではコロナ禍の状況から子どもたちのスクリーンタイム（座ったままスクリーンの前に座り続ける時間）が1日6時間を超えることが報告されており，スクリーンタイムが長い子どもは，運動・身体活動量が少ない傾向にありストレス，睡眠障害，頭痛，腹痛，腰痛などの症状の割合が高いことが明らかにされている (Khan et al., 2021)。このように，現代ではスクリーンの前で座って過ごす時間が増えていることから，身体活動を伴うエクサーゲームが子どもたちを活動的にするためのツールにならないか検討する研究が増えている (Benzing & Schmidt, 2018)。そこで，以下ではエクサーゲームの子どもたちの心身の健康に及ぼすポジティブな影響を中心として事例を紹介する。

　まず，エクサーゲームの最大の強みは，身体活動のモチベーションとエンゲージメントを向上させることだと言われている。先行研究では，エクサーゲームは運動へのモチベーションの向上，フロー，没頭，楽しみを誘発することが報告されおり (Lee et al., 2017)，子どもたちの身体活動レベルを維持するための重要なエクササイズの1つであるとされている。また，エクサーゲームは従来，推奨される身体活動量を満たしていない子どもや，ビデオゲームに多くの時間を費やしている子どもにとって，身体活動量を増やすために特に重要なツールであると考えられており，彼らの肥満傾向を減少させる可能性があることが報告されている (Gao et al., 2015)。

　さらに近年では，エクサーゲームは学校のカリキュラムに組み込むことができ，子どもたちの活動を活発にし，結果的に肥満やフィットネスに良い影響を与えることが明らかにされている (Ye et al., 2018)。子どもの肥満が社会的問題となっている米国では，エクサーゲームは家庭に普及しているだけでなく，ウェストバージニア州などでは州でエクサーゲームカリキュラムを普及させており，体育授業の一部にもなっている (Staiano & Calvert, 2011)。わが国でも，肥満傾向の子どもの数は増えつつあると言われており，将来的にもエクサーゲームの有効活用も必要になるといえる。ここからは，エクサーゲームの強みに着目し，活用することで子どもたちにどのようなメリットがあるのか具体的

に説明していきたい。

　エクサーゲームの強みの１つに，個人のニーズに合わせて，運動強度やプログラムを調整することができることが挙げられる。通常の運動では個人のニーズに合わせて強度やメニューを即時に変更することは難しいが，エクサーゲームであれば，プレイ中に測定される生体データ（心拍数など）から，プレイ中の子どもの運動強度，プログラムを状況に合わせて変更することが可能となる（Staiano & Calvert, 2011）。そのため，子どもの特性に合わせて，トレーニングの過小負荷や過大負荷を減らすことができ，さらに，エクサーゲームでは，ゲームプログラムに組み込まれているアルゴリズムによりトレーニング中の運動強度の調整とプレイする人への即時フィードバックを組み合わせることで，子どもが常に「適した運動環境」下でトレーニングを実施できる可能性がある。特に，ゲームコンテンツが魅力的である場合，身体的および認知的に身体活動を促すことが期待され，より高いトレーニング効果が得られることから，体育授業等，学校でも活用できないかと心身への影響をまとめた研究も存在する（Staiano & Calvert, 2011）。以下では，青少年期の子どもたちを対象に行われたエクサーゲームの効果検証の研究を紹介する。

　まず，エクサーゲームを行うことによるカロリー消費と心拍数の変動についての研究を紹介する。Maddison et al.（2007）は少年期の対象者（n=21）を対象に Sony 社製の Eye Toy をプレイしている間のエネルギー消費量を検証した結果，消費量が３割以上，増加することを明らかにしている。また，８歳から12歳の25名の対象者に対し，Eye Toy とコナミ社製のダンス系エクサーゲームをプレイさせた場合，普段の生活と比較してエネルギー消費量が２倍になったことが報告されている（Lanningham-Foster et al., 2006）。さらに，任天堂 Wii をプレイした場合にも同様の知見を得られたと示されている（Graves et al., 2007）。次に，心拍数の変動についても様々な知見が得られている。エクサーゲームのプレイにより，フィットネスに必要な有酸素運動の一要素である心拍数を増加させることが示されており（Unnithan, Houser, & Fernhall, 2006），先に述べたダンス系エクサーゲームのプレイは，安静時に比べ心拍数を２倍にする

ことが明らかにされている(Hindery, 2005)。また，ダンス系エクサーゲームは，低強度レベルのゲームプレイでも心肺機能の向上に十分な心拍数の増加が認められており，頻繁にプレイすることで，長期的な心身への健康と体重減少に貢献することができると報告されている（Unnithan et al., 2006）。以上のように，エクサーゲームをプレイすると，ウォーキングやジョギングなどと同様に，軽度から中程度のエネルギー消費が得られることが明らかにされている。

　次に，子どもたちにおけるエクサーゲームの実施と社会的交流経験の創造に関する研究を紹介する。青少年期の余暇活動は，交友者同士の友情を育み，社会的孤立や孤独のリスクを軽減するため，エクサーゲームを使用した社会的交流を促す取り組みも実施されている。例えば，先に紹介したダンス系エクサーゲームでは，実際のゲームプレイ中に社会的な交流が行われ，対面式またはオンラインのトーナメント，メッセージボード，チャットルームが広く活用された結果，ダンス系エクサーゲーム文化が形成されている（Lieberman, 2006）。彼らがエクサーゲームをプレイする理由としては，「楽しむ」ことが第一に挙げられており，次いで「社会的交流」「ワークアウト」「ダンス」「プレイしている人との出会い」「ゲームへのチャレンジを楽しむ」「自分のスキルを褒めてもらいたい」などが挙げられている（Lieberman, 2006）。つまり，エクサーゲームをプレイすることで社会的交流を促進させ，身体活動も楽しみながら行っているというスポーツ本来の旨味が凝縮しているような結果が示されているといえる。

　また，エクサーゲームが学業成績を向上させ，エクサーゲームで得たスキルが他の認知的活動に般化する可能性があるという驚きの研究結果も示されている。具体的には，ダンス系ゲームをプレイした120人の小学3，4年生は，学業成績と社会性が向上することを示す研究（Shasek, 2004；Staiano & Calvert, 2011）やエクサーゲームで実行される身体活動により，知覚能力，知能指数，言語テスト，数学テスト，発達レベル，学業への準備など，青少年期の認知パフォーマンスを向上させることが報告されている(Etnier et al., 2006)。さらに，エクサーゲームをプレイすることで，空間把握力，注意力，理解力が向上し

(Höysniemi, 2006)，また，エクサーゲームによる有酸素運動が認知機能，特に実行制御能力を向上させる可能性があると報告されている(Hertzog et al, 2009)。このように，子どもたちがエクサーゲームをプレイすることによるポジティブな効果も示されるようになっている。

　以上のような背景から，エクサーゲームが青少年の体育の授業で活用されることが期待されるようになった。米国では，ダンス系エクサーゲームのようなツールが，体育の授業，休み時間，ランチタイム，放課後のプログラムに取り入れられており，生徒，親，教師から好意的な意見が寄せられている(Hindery, 2005)。例えば，ウェストバージニア州の20校が体育の授業でダンス系エクサーゲームを使用したところ，毎日ゲームをプレイして5〜10キロ痩せた生徒もいたことが報告されており (Barker, 2005)，現在ではウェストバージニア州の公立学校765校すべての体育カリキュラムに組み込まれている (Lieberman, 2006)。また，小学校3年生と4年生を対象にダンス系エクサーゲームを実践した研究(Chamberlin & Gallagher, 2008) では，体育の欠席率は50％以上減少し，85％の生徒が社会性を身につけ，94％の生徒がリーダーシップスキルや自尊心を高め，学業成績も向上したことは示されている。さらに，小学4年生の生徒は，1マイル走の成績が13.8％向上し，スポーツ，フィットネス，ダンスに対する熱意が高まったと報告さている。このように，米国を中心とした研究では，エクサーゲームを体育授業の一環として取り扱うためのエビデンスが示されている。

　現在のエクサーゲームは，自転車，ダンス，エアロビクス，キックボクシング，格闘技など，様々なスポーツ活動が含まれているが，これらを上手に活用し，子どもたちの心身の健康維持に寄与するような実践は，わが国でも活用すべきであるが，「ゲームを子どもの教育で実践する」というハードルは想像以上に高いというのが現実問題として存在し，それらのハードルを越えるためのエビデンス作りが必要不可欠なるであろう。

3 アスリート

　ICT技術を競技スポーツに応用することは，スポーツ科学の世界では非常

に関心の高いトピックである。バーチャルリアリティ（VR）もその１つで，スポーツ科学研究に初めて適用されたのは1990年代であるが，近年になりその関心が再燃している。そして，エクサーゲームを含むバーチャルリアリティのアスリートへの活用方法は多様な視点から検討されている。本節では代表的に行われている研究，および実践からアスリートへの活用が期待される事例を紹介する。

　アスリートとVRの文脈では，エルゴメーターなどのトレーニング機器を活用し，仮想レースコースを設計して加速度計，モーション・キャプチャー，赤外線，ウェアラブル・センサーなどから得られる生体情報から，VR空間上にアスリートのパフォーマンスを反映させ，トレーニングツールとして利用されている（Neumann et al., 2018）。また，Hoffman et al.（2014）が指摘しているように，VR環境は特定かつ再現性のある方法でトレーニングを制御・操作することができることから，パフォーマンスのフィードバックを即時に得られるという利点がある。さらに，VR環境であれば特定の場所に人が集まらなくとも，遠隔環境にて，コーチ，チームメイトなどとのコミュニケーションをとることができ，ネットを介して個人と個人がつながることができるようになっている。そして，市販のソフトウェアやVRシステムが増えてきたことで，専門的な技術を必要とせず，地元のフィットネスクラブや家庭でもVRを利用できる。

　VRのスポーツへの応用に関しては，様々な形で研究が行われている。例えば，VRを使用した場合と使用しなかった場合のスポーツパフォーマンスへの影響の比較（Mestre et al. 2011）を実施したものから，仮想環境へ没入することへの効果（Vogt et al. 2015），コンピューターで制御された仮想アスリートを使用する場合と実際のアスリートを使用したバーチャルスポーツでのパフォーマンスへの影響の検討（Snyder et al. 2012）など，様々な検証が進められている。わが国でも，中本（2021）がVR空間内に野球のトレーニング環境を設置し，現実とVRでのトレーニング効果を比較した結果，現実でのトレーニングとVRでは差異がないことを示している。また，VRトレーニング中の打撃パ

フォーマンスと映像刺激のみを使用した場合を比較すると，VR でのトレーニングはより現実のパフォーマンスを予測できることを明らかにしている。つまり，VR 環境下では現実環境と変わりなくアスリートのトレーニングができることが報告されている。

　バーチャルスポーツで採用されているスポーツとしては，サイクリングとランニングが多く用いられているが，ローイング，ウェイトリフティング，ゴルフなども検討されている (Neuman et al., 2018)。これらのスポーツは，VR 環境に落とし込むことが比較的容易であるとされており，トレッドミルやエルゴメーターなどのインターフェースを使用することで，速度やその他のパフォーマンス要素に関する情報を容易にモニターし，その情報を VR 空間上での動きに変換することができる。そのため，アスリートは即時に自身の動きとパフォーマンスをモニターすることができ，最適なトレーニング負荷量を調節することも可能となっている。しかしながら，現状では VR に落とし込むことが難しい，チーム競技 (ラグビー，サッカー) などのスポーツ種目はバーチャルスポーツとして取り扱われていない。今後の技術の発展とともにそれらのスポーツ種目でも VR 空間上でトレーニング等ができる時代が来ることが期待される。

　ところで，他者の存在はスポーツを実施する際のモチベーションやパフォーマンスにも影響を与えている。Nunes et al. (2014) は，ランニング課題を用いて，アスリートが単独で仮想コースを走るよりも，仮想他者がいる中で走ることを好むと報告している。Irwin et al. (2012) は，アスリートが仮想環境で自転車トレーニング課題を実践する際，1 人でトレーニングしているときよりも，他者と共働している状況のほうが持続性が高くなることを明らかにしている。また，Murray et al. (2016)は，ボートの VR トレーニング課題について，チームメイトが仮想環境内にパートナーとして存在している場合，単独で漕いだ場合に比べてより遠くまで漕ぎ，心拍数が高くなるという結果を示している。つまり，VR を用いたスポーツをチームで行うことで，モチベーションが向上することが示唆されている。チームで同時にトレーニングできる環境を VR

で創り出すことができれば，より効果的なトレーニングを実施することができるようになるといえる。

さて，近年では，eスポーツアスリートへのエクサーゲームの応用が検討され始めている（Martin-Niedecken & Schättin, 2020）。一般的にeスポーツアスリートは，画面の前で長時間座る姿勢で競技などを実施するというeスポーツの特徴により，健康状態が悪化するリスクが高い傾向にある（DiFrancisco-Donoghue et al., 2019）。また，eスポーツのアスリートは，激しい競争の中で個人の成績を持続するために長期間にわたる定期的なトレーニングが必要となり，平均的なeスポーツアスリートは1日あたり3〜10時間のトレーニングを行っていることが示されている（DiFrancisco-Donoghue et al., 2019）。eスポーツアスリートのパフォーマンス発揮には想像以上の身体的な負担がかり，特にストレスのかかるトーナメントではアスリートの心拍数が極端に上がること（1分間に160〜180回）が報告されている（Rudolf et al., 2016）。このように，心身の健康に大きな負担をかけるスポーツであるため，eスポーツアスリートにおいては，定期的な身体運動を実施することによる心身の健康への負担の軽減が提案されている（Martin-Niedecken & Schättin, 2020）。

また，eスポーツのプロアスリートおよびハイレベルなeスポーツアスリートの55.6%が「身体運動がパフォーマンスを高める」と考えていると報告されている（Kari et al., 2019）。現状，プロおよびハイレベルのeスポーツアスリートは，1日あたり約1.08時間の身体運動を行っているが，それはむしろ，eスポーツのパフォーマンスを向上させるためというよりも，健康的なライフスタイルを増やすためだとも言われている（Kari et al., 2019）。一方で，eスポーツアスリートの約半数が身体運動に参加していない，もしくは1日の活動時間が60分未満であることが示されている（DiFrancisco-Donoghue et al., 2019）。

これは，身体運動がすべてのeスポーツアスリートのトレーニングアジェンダにはまだなっていないことを示しており，また，一般的にゲームをネガティブに捉える人々からすると「eスポーツは体に悪い」と思えてしまう一因なのではと考える。スポーツ科学の研究者の立場で考えると，将来的にeスポーツ

アスリートのトレーニングアジェンダの1つに身体運動を加え，より効率の良いトレーニングプログラムが提案されることを期待する。

eスポーツは「認知スポーツ」といわれるほど，認知機能を重要とするメンタルスポーツである（Hagiwara et al., 2021）。そのため，eスポーツアスリートにとって，パフォーマンスを向上させるためには，適切な認知機能を身につけることは必要不可欠である。これまで，身体運動は特異的な代謝脳経路とメカニズムを誘発することで，認知機能にプラスの影響を与えることが様々な研究で明らかにされている（Netz, 2019）。また，有酸素運動は，学習や記憶のパフォーマンスと関連のある血中脳由来神経栄養因子（BDNF）濃度を上昇させること（Huang et al., 2014）や神経伝達物質系に影響を与えることがわかっている（Lista & Sorrentino, 2010）。さらに，酸素と栄養素の供給強化につながる脳の灌流を増加させることが報告されている（Maass et al., 2016）。以上のように，身体運動は認知機能に対してポジティブな影響を与えていることが明らかにされていることから，eスポーツアスリートにとって身体運動は，身体的な健康と認知機能にポジティブな影響を与えることから，トレーニングや試合でのパフォーマンスをサポートすることになる。

以上のことから，近年ではeスポーツアスリートの分野でホリスティックな身体と認知機能のトレーニングを取り入れるため，従来の身体トレーニングに加えて，エクサーゲームを導入することが議論されている（Martin-Niedecken & Schättin, 2020）。エンタテインメント性の高いトレーニングアプローチと効率的なプログラム内容により，エクサーゲームは，eスポーツアスリートにとって，認知的，身体的，精神的に効果的な結果をもたらす可能性があると同時に魅力的なエクササイズを提供することができると考える。しかし，現状では，eスポーツアスリートにとってどのようなトレーニングがより効果的か，具体的プログラムは何かなどの様々な課題をクリアしなければならず，今後の研究の蓄積が必要である（Iwatsuki, Hagiwara & Dugan, 2021）。

03 | 2050年のスポーツ

　最後にこれまで紹介してきた事例を基に，夢の世界を勝手に想像し記述していく。2050年にはバーチャルとスポーツの融合化がこれまでよりも進み，様々な場面で応用されていくと考える。さらに，工学などの分野とスポーツを融合させることで，これまで以上にバーチャルスポーツは発展していくことが期待される。

　先述したように，スポーツにおいてバーチャル・トレーニングの実施や競技会が開催されるようになっているが，バーチャルスポーツのプラットフォームに対する批判的な評価は少なからず存在する。例えば，自転車競技では使用する機器（自転車，ゲームコンテンツ）には，独自のアルゴリズムを使ってパワー出力を推定するため，サイクリストの質量，身長，自転車の選択などの要素が現実を網羅しているとは言えず，実際の速度をやや粗く見積もることになるという制度の問題（Schlange, 2020），屋外でのサイクリングに大きな影響を与える空気抵抗が考慮されていないなどの外的環境要因についても批判（Atkinson et al., 2003）がある。このようなハードルを越えていくためにもさらなる研究を重ねる必要があることは前置きしておきながら考察する。

　さて，バーチャルスポーツで使用されている主な仮想現実を作り出すシステムは，大きく分けて2つあり，「ディスプレイ画面を四方に配置し，仮想空間を創り出す大型のシステムである CAVE（Computer Automatic Virtual Environment）型」と「目を覆うことで外界の視界を奪い没入型仮想空間を創るウェアラブルデバイス HMD（Head Mounted Display）型」が広く活用されている。特に，HMD は CAVE よりも小型で持ち運びやすく，価格も手ごろなため，CAVE よりも普及しているが，スポーツの種類によっては，HMD が実用的でなかったり，危険であったりする場合がある。例えば，HMD を使用してトレッドミルの上でレースを行うと，動いているトレッドミルが見えなくなるため危険であり，また，アスリートの頭の動きや発汗により，HMD の装着感が

悪くなることもある。このような課題を解決するべく，スポーツの分野では映画館で使用されている CAVE 型のバーチャルシステムを活用した実践研究も実施されるようになってきている。九州産業大学の秋山大輔研究室では，偏光メガネのみを装着するだけの CAVE 型シアターを採用し，身体的および精神的にも安全で認知機能と身体機能にアプローチできるバーチャルスポーツ環境の構築を目的として研究が進められている。例えば，サッカーのシュート予測に関する実践研究では，ゴールキーパーは実際の速度よりも速い設定の動画をCAVE 内で視聴し反応することで，実際場面では体験できない状況下でトレーニングをすることが可能となることが示されており，剣道などの対人競技であれば，1 対 1 の状況でなく，四方八方から攻めてくる状況でいかに対応するかなどの現実場面ではありえない環境を設定することが可能である。さらに，現状であれば360°カメラを使用し，リアルタイムで遠隔地にいる仲間と一緒に運動することも可能であり，高齢者や子どもたちが安全でかつ制御された環境でスポーツをすることも可能である。

　一方，バーチャルスポーツの課題の 1 つに，視覚情報以外にスポーツ実施者が得られる情報が少ないということが挙げられる。特に，バーチャルとスポーツを融合させた際，スポーツを実施する相手・仲間との相互に刺激し合う環境，つまり，「触感」などを含む完全にインタラクティブなバーチャル空間を作成する必要性があることが指摘されている（Akbaş et al., 2019）。この課題はすでにある工学分野での研究成果を応用することで解決することができる。東京大学の篠田裕之・牧野泰才研究室では，近年，超音波で触感を再現する技術を開発し，空間上に物体とそのものの表面の固さを表現できるようになっていることを報告している（Hoshi et al., 2010）。また，レーザー変位計と超音波を組み合わせることで，離れたところから物体の形状と硬さを測定し，計測されたデータから別空間上に「触感」として再現できる技術を公表している（Makino et al., 2016）。つまり，最新の工学技術があれば，離れた場所においても触感を再現することが可能となっている。スポーツを例に具体的に考えれば，剣道やボクシングなど，これまで再現することが不可能だと考えられていた「対戦相手と

のコンタクトの衝撃」などの触感を別空間にも表現できる可能性が出てきている。このような工学技術の発展がバーチャルスポーツをよりリアルなものにし、遠隔でも競技や練習が行える時代がすぐそこまで来ているのではないかと期待される。

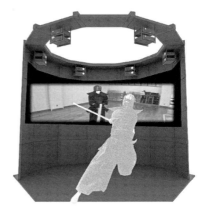

イメージ1　CAVE型VRと超音波システムの融合による仮想競技

　以上のように、技術の進歩により、これまで不可能とされていたことが可能となってきている。約30年後の2050年には何が進歩し、何ができるようになるか、想像するだけでも楽しい。それでは、最後に以上で紹介した2つの技術を乗算すれば何ができるのか、勝手に想像していきたいと思う。

　イメージ1は、遠隔状況でもトレーニングや試合を開催することができることを示している。上記で紹介したCAVE型のVRシステムではサングラスのような眼鏡を装着するだけで、簡易に仮想現実に没入することができる。また、先に紹介した超音波を活用した「触感」をCAVE型システム内に組み込むことができれば、仮想現実世界でも対戦相手とのコンタクトの衝撃を受けることができるようになる。つまり、離れた場所であっても相手とのインタラクティブな接触が可能となり、より実践に近い形でトレーニングができるようになる。また、海外遠征ができない場合でも、CAVEシステムと触感システムをお互いに設置することができれば、外国の選手との練習も可能となるであろう。その場合、ローカルネットワーク環境ではないので、さらなるネットワーク環境の整備が必要となるが、これも技術の進化により解決されるであろう。COVID-19の拡大により、国際大会などが中止される事態が増えてきているが、このようなシステムを用いれば、現地に出向かなくとも試合や練習が可能となる。また、スポーツの観戦者に関しても、試合会場で応援できないなどの課題が増えてきているが、CAVEシステムを用いて、観客にもよりリアルな環境でスポー

イメージ2　CAVE型VRと超音波システムの融合によるエクサーゲーム

ツの試合を観戦する機会も増えるであろう。さらに，触感システムを用いれば現地にいるかのような環境を構築することも可能であり，スポーツ観戦にも応用できると考える。

　イメージ2は，高齢者や子どもたちがトップアスリートと共にスポーツをする時代が到来することを示している。CAVE型VRと超音波システムを用いて，現地で競争しているかのような空間を創り出し，実際のレースをしているかのようなエクサーゲームが誕生する可能性もある。トレッドミルやエルゴメーターはエクサーゲームとの相性も良く，また，運動負荷等をシステム内で制御することが可能である。イメージ2の例でいえば，実際の走っているスピードと映像内で表示されるスピードを調整することが可能であり，普通では同じスピードで走ることのできないアスリートと共に高齢者や子どもたちがエクササイズすることが可能となる。また，超音波システムでは風など肌で感じる触感も表現可能であり，トップアスリートの感じる世界を誰でも安全にかつ楽しく体験できる時代はすぐそこまで来ているのだ。

　本章では，バーチャルとスポーツの未来を考えるため，現状の紹介とこれからの未来について記述した。スポーツは工学などの他分野との融合を果たすことで，スポーツはより発展し，人々の生活に良い効果を与えてくれると期待される。私たちスポーツ科学の研究者は様々な角度から新しいスポーツの未来を創造し，実践していかなくてはならない。ただし，私たち研究者は未来預言者ではなく，現実に起きている現象の組み合わせにより，新しい未来を創る科学者でなければならない。2050年までに本書で記述した未来を創造できるように，日々研鑽しなくてはならない。

参考文献

Akbaş A., Marszałek W., Kamieniarz A., Polechoński J., Słomka K. J., Juras G. Application of Virtual Reality in Competitive Athletes-A Review. J Hum Kinet. 2019 ; 69 : 5-16. doi : 10.2478/hukin-2019-0023.

Atkinson G., Davison R., Jeukendrup A., Passfield, L. Science and cycling : current knowledge and future directions for research. J. Sports Sci. 2003 ; 21 : 767-787. doi : 10.1080/0264041031000102097.

Baranowski T., Maddison R., Maloney A., Medina E., Simons M. Building a better mousetrap (exergame) to increase youth physical activity. Games Health J. 2014 ; 3 : 72-78. doi : 10.1089/g4h.2014.0018.

Barker A. Kids in study try to dance away weight. New York : Associated Press ; 2005.

Benzing V., Schmidt M. Exergaming for Children and Adolescents : Strengths, Weaknesses, Opportunities and Threats. J Clin Med. 2018 ; 7 (11) : 422. Published 2018 Nov 8. doi : 10.3390/jcm7110422.

Benzing V., Heinks T., Eggenberger N., Schmidt M. Acute cognitively engaging exergame-based physical activity enhances executive functions in adolescents. PLoS ONE. 2016 ; 11 : e0167501. doi : 10.1371/journal.pone.0167501.

Best J.R. Exergaming in youth : effects on physical and cognitive health. Z. Psychol. 2013 ; 221 : 72-78. doi : 10.1027/2151-2604/a000137.

Bogost I. Persuasive Games : The Expressive Power of Videogames. The MIT Press ; Cambridge, MA, USA : London, UK : 2007.

Bonnechère B., Jansen B., Omelina L., Van Sint Jan S. The use of commercial video games in rehabilitation. Int J Rehabil Res. 2016 ; 39 (4) : 277-90.

Caspersen C.J., Powell K.E., Christenson G.M. Physical activity, exercise, and physical fitness : Definitions and distinctions for health-related research. Public Health Rep. 1985 ; 100 : 126-131.

Chamberlin B., Gallagher R. Exergames : Using video games to promote physical activity. Presented at Children, Youth, and Families at Risk Conference ; San Antonio, TX. 2008.

DiFrancisco-Donoghue J., Balentine J., Schmidt G., Zwibel H. Managing the health of the eSport athlete : an integrated health management model. BMJ Open Sport exerc. Med. 2019 ; 5 : e000467. doi : 10.1136/bmjsem-2018-000467.

Esculier JF., Vaudrin J., Bériault P., Gagnon K., Tremblay LE. Home-based balance training programme using Wii Fit with balance board for Parkinsons's disease : a pilot study. J Rehabil Med. 2012 ; 44 (2) : 144-150. doi : 10.2340/

16501977-0922.

Etnier J. L., Nowell P. M., Landers D. M., Sibley B. A. A meta-regression to examine the relationship between aerobic fitness and cognitive performance. Brain Research Reviews. 2006 ; 52 : 119-130.

Gao Z., Chen S., Pasco D., Pope Z. A meta-analysis of active video games on health outcomes among children and adolescents. Obes. Rev. 2015 ; 16 : 783-794. doi : 10.1111/obr. 12287.

Gao Z., Lee J.E., Pope Z., Zhang D. Effect of active videogames on underserved children's classroom behaviors, effort, and fitness. Games Health J. 2016 ; 5 : 318-324. doi : 10.1089/g4h. 2016.0049.

Graves L., Stratton G., Ridgers N. D., Cable N. T. Comparison of energy expenditure in adolescents when playing new generation and sedentary computer games : Cross sectional study. British Medical Journal. 2007 ; 335 : 1282-1284.

Hagiwara G., Iwatsuki T., Funamori H., Matsumoto M., Kubo Y., Takami S., Okano H., Akiyama D. Effect of positive and negative ions in esports performance and arousal levels. J Digital Life. 2021 ; 1 : 2. doi : 10.51015/jdl. 2021.1. 2.

Hertzog C., Kramer A. F., Wilson R. S., Lindenberger U. Enrichment effects on adult cognitive development : Can the functional capacity of older adults be preserved and enhanced? Psychological Science in the Public Interest. 2009 ; 9 : 1-65.

Hindery R. Japanese video game helps people stay fit and lose weight. New York : Associated Press Worldstream ; 2005.

Hoffmann C. P., Filippeschi A., Ruffaldi E., Bardy B. G. Energy management using virtual reality improves 2000-m rowing performance. J Sport Sci. 2014 ; 32 : 501-509.

Hoshi T., Takahashi M., Iwamoto T., Shinoda H. Noncontact Tactile Display Based on Radiation Pressure of Airborne Ultrasound, IEEE Trans. Haptics. 2010 ; 3 （3）: 155-165.

Höysniemi J. Unpublished doctoral thesis. University of Tampere ; Finland : 2006. Design and evaluation of physically interactive games.

Hsieh W. M., Chen C. C., Wang S. C., Tan S. Y., Hwang Y. S., Chen S. C., et al. Virtual reality system based on Kinect for the elderly in fall prevention. Technol Health Care. 2014 ; 22 （1）: 27-36.

Huang T., Larsen K., Ried-Larsen M., Møller N., Andersen LB. The effects of physical activity and exercise on brain-derived neurotrophic factor in healthy humans : a review. Scand. J. Med. Sci. Sports. 2014 ; 24 : 1-10. doi : 10.1111/sms. 12069.

IOC. Olympic Virtual Series. IOC home page. 2021. https://olympics.com/ja/featured -news/olympic-virtual-series-everything-you-need-to-know（参照2021-11-24）.

Irwin B. C., Scorniaenchi J., Kerr N. L., Eisenmann J. C., Feltz D. L. Aerobic exercise is promoted when individual performance affects the group : a test of the Kohler motivation gain effect. Ann Behav Med. 2012 ; 44 : 151-159.

Iwatsuki T., Hagiwara G., Dugan M. E. Effectively optimizing esports performance through movement science principles. International Journal of Sports Science & Coaching. doi : 10.1177/17479541211016927.

Kalman M., Inchley J., Sigmundova D., Iannotti R.J., Tynjälä J.A., Hamrik Z., Haug E., Bucksch J. Secular trends in moderate-to-vigorous physical activity in 32 countries from 2002 to 2010 : A cross-national perspective. Eur. J. Public Health. 2015 ; 25 : 37-40. doi : 10.1093/eurpub/ckv024.

Kari T. Promoting physical activity and fitness with exergames : updated systematic review of systematic reviews. in Transforming Gaming and Computer Simulation Technologies Across Industries, ed. B. Dubbels,（Pennsylvania PA : IGI Global). 2019 ; 225-245. doi : 10.4018/978-1-5225-1817-4.ch013.

Khan A., Mandic S., Uddin R. Association of active school commuting with physical activity and sedentary behaviour among adolescents : a global perspective from 80 countries. J Sci Med Sport. 2021 ; 24（6）, 567-572. doi : 10. 1016/j.jsams. 2020.12.002.

国際オリンピック委員会（IOC）．オリンピック・アジェンダ2020＋5．公益財団法人日本オリンピック委員会ホームページ．2021. https://www.joc.or.jp/olympism/agenda2 020/pdf/agenda2020-5-15-recommendations_JP.pdf（参照2021-11-24）.

Lanningham-Foster L., Jensen T. B., Foster R. C., Redmond A. B., Walker B. A., Heinz D., et al. Energy expenditure of sedentary screen time compared with active screen time for children. Pediatrics. 2006 ; 118 : 1831-1835.

Laver K., Lange B., George S., Deutsch J., Saposnik G., Crotty M. Virtual reality for stroke rehabilitation（Review）. Cochrane Database Syst Rev. 2017 ; 11（11）: CD008349.

Lee S., Kim W., Park T., Peng W. The psychological effects of playing exergames : A systematic review. Cyberpsychol. Behav. Soc. Netw. 2017 ; 20 : cyber. 2017.0183. doi : 10.1089/cyber. 2017.0183.

Lieberman D. A. What can we learn from playing interactive games? In : Vorderer P, Bryant J, editors. Playing video games : Motives, responses, and consequences. Mahwah, NJ : Erlbaum ; 2006. pp. 379-397.

Lista I., Sorrentino G. Biological mechanisms of physical activity in preventing cognitive decline. Cell. Mol. Neurobiol. 2010 ; 30 : 493-503. doi : 10.1007/s10571-009-9488-x.

Maass A., Düzel S., Brigadski T., Goerke M., Becke A., Sobieray U., et al. Relationships of peripheral IGF-1, VEGF and BDNF levels to exercise-related changes in memory, hippocampal perfusion and volumes in older adults. Neuroimage. 2016 ; 131 : 142-154. doi : 10.1016/j.neuroimage. 2015.10.084.

Maddison R., Mhurchu C. N., Jull A., Jiang Y., Prapavessis H., Rodgers A. Energy expended playing video console games : An opportunity to increase children's physical activity? Pediatric Exercise Science. 2007 ; 19 : 334-343.

Makino Y., Furuyama Y., Inoue S., Shinoda H. HaptoClone (Haptic-Optical Clone) for Mutual Tele-Environment by Real-time 3D Image Transfer with Midair Force Feedback, Proceedings of the 2016 CHI Conference on Human Factors in Computing Systems. 2016 : 1980-1990.

Martin-Niedecken A. L., Schättin A. Let the Body'n'Brain Games Begin : Toward Innovative Training Approaches in eSports Athletes. Front. Psychol. 2020 ; 11 : 138. doi : 10.3389/fpsyg. 2020.00138.

Mestre D. R., Ewald M., Maiano C. Virtual reality and exercise : behavioral and psychological effects of visual feedback. Stud Health Technol Inf. 2011 ; 167 : 122-127.

Murray E. G., Neumann D. L., Moffitt R. L., Thomas P. R. The effects of the presence of others during a rowing exercise in a virtual reality environment. Psychol Sport Exerc. 2016 ; 22 : 328-336.

中本浩輝（2021）体育・スポーツ科学におけるバーチャルリアリティ（VR）の活用：VRによるスポーツパフォーマンスの特殊性と突破．九州体育・スポーツ学研究第36巻第1号，pp. 77-78.

Netz, Y. Is there a preferred mode of exercise for cognition enhancement in older age？—A narrative review. Front. Med. 2019 ; 6 : 57. doi : 10.3389/fmed. 2019. 00057.

Neumann D.L., Moffitt R.L., Thomas P.R., Loveday K., Watling D.P., Lombard C. L., Antonova S., Tremeer M.A. A systematic review of the application of interactive virtual reality to sport. Virtual Real. 2018 ; 22 : 183-198. doi : 10.1007/s 10055-017-0320-5.

Nunes M., Nedel L., Roesler V. Motivating people to perform better in exergames : Competition in virtual environments. In : Proceedings of the 29th annual ACM symposium on applied computing, ACM, New York. 2014 ; 970-975.

Pacheco, T., de Medeiros, C., de Oliveira, V. et al. Effectiveness of exergames for improving mobility and balance in older adults : a systematic review and meta-analysis. Syst Rev. 2020 ; 9,163. https://doi.org/10.1186/s13643-020-01421-7.

Rudolf K., Grieben C., Achtzehn S., Froböse I. Stress im eSport—Ein Einblick in Training und Wettkampf. in Paper Presented at the eSport Conference Professionalisierung einer Subkultur?, Bayreuth. 2016.

佐野博、村木友美、春日敬子、筒井宏益、渡辺充伸、内賀嶋英明．家庭用ゲーム機を用いた後期高齢者の転倒予防訓練．九州理学療法士・作業療法士合同学会誌, 2008 ; 191. doi.org/10.11496/kyushuptot. 2008.0.191.0.

Schlange, E. How Does Zwift Calculate Rider Speed ?. 2020. https://zwiftinsider.co m/how-does-zwift-calculate-my-speed/（参照2021-11-24）.

Sherrington C., Tiedemann A., Fairhall N., Hopewell S., Michaleff Z., Howard K., et al. Exercise for preventing falls in older people living in the community. Cochrane Database Syst Rev. 2016 ; 11 : 1-15.

Snyder A. L., Anderson-Hanley C., Arciero P. J. Virtual and live social facilitation while exergaming : competitiveness moderates exercise intensity. J Sport Exerc Psychol. 2012 ; 34 : 252-259.

Staiano A. E., Calvert S. L. Exergames for Physical Education Courses : Physical, Social, and Cognitive Benefits. Child Dev Perspect. 2011 ; 5（2）: 93-98. doi : 10. 1111/j. 1750-8606.2011.00162.x.

Swinburn B.A., Sacks G., Hall K.D., McPherson K., Finegood D.T., Moodie M.L., Gortmaker S.L. The global obesity pandemic : Shaped by global drivers and local environments. Lancet. 2011 ; 378 : 804-814. doi : 10.1016/S0140-6736（11） 60813-1.

Unnithan V. B., Houser W., Fernhall B. Evaluation of the energy cost of playing a dance simulation video game in overweight and non-overweight children and adolescents. International Journal of Sports Medicine. 2006 ; 27 : 804-809.

Vogt T., Herpers R., Scherfgen D., Strüder H. K., Schneider S. Neuroelective adaptations to cognitive processing in virtual environments : an exercise-related approach. Exp Brain Res. 2015 ; 233 : 1321-1329.

Wiemeyer J., Kliem A. Serious games in prevention and rehabilitation-a new panacea for elderly people? Eur Rev Aging Phys Act. 2012 ; 9（1）: 41-50.

World Health Organization（WHO）. Global Report on Falls Prevention in Older Age. World Health Organization. 2007. https://www.who.int/publications-detail/ who-global-report-on-falls-prevention-in-older-age?ua=1-64k.（参照2021-11-24）.

Ye S., Lee J., Stodden D., Gao Z. Impact of exergaming on children's motor skill competence and health-related fitness : A quasi-experimental study. J. Clin. Med. 2018 ; 7 : 261. doi : 10.3390/jcm7090261.

Zeng N., Pope Z., Lee J. E., Gao Z. A systematic review of active video games on rehabilitative outcomes among older patients. J Sport Health Sci. 2017 ; 6 : 33- 43.

（萩原　悟一）

第 **5** 章

スポーツと人権の未来

01 人権保障とスポーツの歴史

　スポーツ界は，結社の自由や団体自治という考えのもと，自主性が尊重され，必ずしもステークホルダーの権利，選手の人権に配慮していないルールを独善的，一方的に作ってきた歴史があるといわれている。しかし，近年，国際的なスポーツ競技大会からグラスルーツのスポーツ活動に至るまで，人種差別，暴力・ハラスメント，ジェンダーに起因する人権侵害など，様々な人権問題が顕在化し，克服すべき課題として意識されてきている。この背景には，第二次世界大戦後にスポーツが権利，人権として受け入れられ，人権保護に関する法制度や人権を尊重する競技団体のルールが徐々に整備されてきたことが挙げられる。

　18世紀末には，人権保護を目的として憲法により公権力を統制するという立憲主義に基づく近代憲法が誕生したものの，国家間の戦争の進展とともに憲法に基づく政治，民主主義は形骸化し，第二次世界大戦を引き起こすこととなる。第二次世界大戦後，国際社会は，国家の枠を超えて平和を実現し，人権を尊重し保護しなければならないとの理念に基づき，1945年に国際連合が設立され，1948年には各人権条約の基礎となる世界人権宣言が採択された。これにより，国連加盟国は各人権条約を締結する形で国内の個人に対する人権保障の義務を国際社会に対して負うこととなった。欧州では，1949年に民主主義，人権保護及び法の支配を理念とする欧州評議会が設立され，1950年に加盟国に人権保護

の義務を課す欧州人権条約を採択することで，国家を超えた人権保障制度を創設した。この制度の下で，加盟国の個人は，条約が保護する人権侵害があった場合，国を被告として欧州人権裁判所に提訴して，人権を侵害する法律や国内裁判所の判決の修正などを求めることが可能となる。

　こうした国際的な人権保障制度の実現に伴い，スポーツや身体活動の権利性が国際的に承認されていくこととなる。すなわち，欧州評議会は，1976年,「ヨーロッパスポーツ・フォー・オール憲章」を採択し，その中で「すべての個人はスポーツに参加する権利を持つ」（第1条）と定めた。そして，同憲章に基づいて多くのスポーツ関連の条約が採択され，国家において「スポーツ・フォー・オール政策」としてスポーツに平等に参加する権利，差別を受けることなくスポーツをする権利という人権保障のための条件整備が進められている。また，国連の機関であるユネスコは，体育・スポーツ関連セクターを設置し，1978年には「体育・スポーツ国際憲章」を採択し，「体育・スポーツの実践はすべての人の基本的権利である」（第1条）と規定した。その後，国連は国際オリンピック委員会（以下「IOC」という）と協力関係を築き，1993年には「オリンピック休戦宣言」を発表し，2003年には「教育，健康，開発，平和を創造する手段としてのスポーツ」決議が採択され，スポーツを「異なる社会，宗教，ジェンダーの間に橋を架けることを可能とする普遍的な言葉」として普及した。

　IOCもまた，オリンピック憲章の基本原則4において「スポーツを行うことは人権の1つである。すべての個人は如何なる種類の差別も受けることなく，オリンピックの精神に基づき，スポーツをする機会を与えられなければならない。」と規定し，スポーツにおける人権保護に取り組んでいる。

　このように，国際的な人権保障の必要性が認識される中で，スポーツの権利性もまた意識されてきたといえる。以下，現代におけるスポーツ界の人権尊重の取組みと，そしてその限界を概観しつつ，2050年までにスポーツ界が実現するべき人権対応を検討する。

表 5-1　国際人権保障とスポーツ

	国際連合	欧州評議会	備考
1945年	国際連合設立		国際社会は，国家の枠を超えて平和を実現し，人権を尊重し保護しなければならないとの理念
1948年	世界人権宣言が採択		国連加盟国は各人権条約を締結する形で国内の個人に対する人権保障の義務を国際社会に対して負う
1949年		欧州評議会設立	民主主義，人権保護及び法の支配を理念
1950年		欧州人権条約採択 欧州人権裁判所創設	加盟国に人権保護の義務を課し，加盟国の個人は，条約が保護する人権侵害があった場合，国を被告として欧州人権裁判所に提訴して，人権を侵害する法律や国内裁判所の判決の修正などを求めることが可能
1976年		ヨーロッパスポーツ・フォー・オール憲章採択	憲章に基づきスポーツ関連条約が採択され，加盟国において，スポーツに平等に参加する権利などの人権保障のための条件整備が進められる
1978年	ユネスコが体育・スポーツ国際憲章採択		「体育・スポーツの実践はすべての人の基本的権利である」（第1条）
1993年	オリンピック休戦宣言		
2003年	「教育，健康，開発，平和を創造する手段としてのスポーツ」決議採択		スポーツを「異なる社会，宗教，ジェンダーの間に橋を架けることを可能とする普遍的な言葉」として普及

02 ｜ 人権の価値がスポーツを変える
──ボスマン判決

　まず，スポーツ選手の権利保護がスポーツ団体の国際ルールを変更させた例として，スポーツ法領域で最も著名な事例の１つであるボスマン判決がある。なお，ボスマン判決には競争法上の議論など広範な論点があるところ，本章ではスポーツ選手の人権，すなわち労働者の移動の自由の観点から概括的に検討する。

　ボスマン判決は，ベルギー国籍のプロサッカー選手であるボスマン選手が，① 選手契約の期間満了後に選手がクラブを移籍する際に移籍元クラブが移籍

先クラブに対して金銭的補償を求める移籍金制度，及び②外国人の出場人数を制限する国籍条項の不適用などを求め，1992年4月にベルギー国内裁判所に提訴したところ，ベルギー国内裁判所の上訴審が欧州裁判所に先行判決の付託をした事案である。この判決の争点は，①及び②が，EU加盟国間の労働者の自由移動を保障するローマ条約48条（現39条）などによって禁止されるかどうかであった。

　欧州裁判所は，労働者の移動の自由はEUの基本原則の1つであり，移籍規定はローマ条約によって原則として禁止される労働者の移動の自由に対する障壁となると判断した。その上で，移籍規定が正当な目的を追求し，公益上やむを得ない理由から正当化される場合には，禁止の対象とはならないとした。ここでは，移籍規定が目的達成のために必要以上に制限的であってはならないとされた。

　その上で，欧州裁判所は，①移籍金制度について，クラブ間の対等性の維持と若年選手の発掘と育成という目的は正当であるとしつつ，移籍金の支払義務は，クラブ間の対等性を確保するものではなく，むしろ逆に，経済的に豊かなクラブを強化し，当該クラブによるリーグの支配という状態を助長するに過ぎず，また，移籍金の支払いを受けたとしても，それが若年者の育成に直接かかわるとは限らないなどとして，移籍金制度は正当化されず，ローマ条約48条により禁止されると判断した。また，②国籍条項についても，非経済的な理由による正当化を否定した上で，他のEU加盟国の国籍を持つ者の自由移動を制限するものであり，ローマ条約48条により禁止されると判断した。

　ボスマン判決については判決の射程や法的効果など様々な論点があるが，実務上，この判決により，移籍金制度のもとで若年選手を育成してビッグクラブに移籍させることでクラブ運営を維持してきたプロサッカー界のビジネススキームが覆されることとなった。クラブとプロサッカー選手との交渉力の対等性が増加し，移籍金が報酬や契約金に上積みされることとなり高騰してクラブ間の経済的格差が広がり，国外移籍を防ぐために契約期間が長期化するなど大きな変化が起こった。

ボスマン判決後，欧州サッカー連盟（UEFA），国際サッカー連盟（FIFA）は欧州委員会と議論を重ね，2001年9月，FIFAは，同判決に従って，移籍金制度廃止を含む国際移籍制度を改正した。

　以上のとおり，欧州裁判所により，従前より侵害されていたプロサッカー選手の移籍の自由という権利が回復され，その影響はサッカービジネスの形態を大きく変え，国際統括団体のルールの改正までもたらした。ボスマン判決からは，スポーツ選手の権利，人権の尊重は，スポーツのあり方そのものを変えるほどの価値と重要性を有していることが読み取れる。

03 | 人種差別行為を巡るスポーツ界の対応

1 人種差別に対するスポーツの取組み

　我々が享受する平等は相対的平等であり，実質的な平等を実現するための合理的な区別は認められうるが，不合理なものは「差別」として許されない。人種差別はすべからく不合理であり，この世から根絶されなければならないものである。

　世界人権宣言は，「すべての人は，人種，皮膚の色，性，言語，宗教，政治上その他の意見，国民的若しくは社会的出身，財産，門地その他の地位又はこれに類するいかなる事由による差別をも受けることなく，この宣言に掲げるすべての権利と自由とを享有することができる」と定め，人種差別を厳しく否定する。スポーツ界でも，IOCはオリンピック憲章オリンピズムの基本原則6項において，「このオリンピック憲章の定める権利および自由は，人種，肌の色，性別，性的指向，言語，宗教，政治的またはその他の意見，国あるいは社会的な出身，財産，出自やその他の身分などの理由による，いかなる種類の差別も受けることなく，確実に享受されなければならない。」とし，またFIFAはFIFA憲章第3条において，「人種，肌の色，民族，国籍または社会的出自，性，言語，宗教，政治的またはその地位の信条，財産，出自またはその他の身分，性的指向，またはその他の理由による，国，個人，またはグループに対す

る，いかなる種類の差別も，厳しく禁じられ，資格停止または追放により罰せられる。」と定め，いずれもスポーツにおける差別を厳格に禁止している。

にもかかわらず，競技中の選手による人種差別発言やジェスチャー，サポーターによる人種差別チャント（応援）あるいは選手による人種差別的な SNS 投稿などスポーツにおけるあらゆる場面で人種差別行為は確実に存在している。

こうした人種差別行為に対して，サッカー界は様々な取組を行ってきている。UEFA は，2013年 4 月，人種差別を行った選手に対しする処分を厳罰化し，またサポーターによる人種差別行為が明らかになったクラブに対する無観客試合開催の命令や罰金を課すことを内容とする罰則を制定した。FIFA は，2013年 5 月の総会で「人種差別主義及び差別撲滅に関する決議」を採択し，差別的言動に対し罰金や試合の没収などの制裁を課すことを規定し，2019年 7 月，懲戒規程を改訂し，人種差別などあらゆる差別に対する"ZERO TOLERANCE（絶対に容認しない）"の原則のもと，人種差別に対する出場停止処分を厳罰化するとともに，差別的な事象に対して，1）試合の停止，2）試合の中断，3）没収試合，という判断を審判が段階的に行う "Three-step procedure" を定め，実際の運用が始まっている。

このように，サッカー界を先駆者として，スポーツは人種差別行為に対する非容認，不寛容の姿勢を明確にし，スポーツからの人種差別の根絶に取り組んでいる。

2 人種差別への抗議活動

人種差別に対する取組みは競技団体だけが行っているわけではなく，スポーツ選手もまた人種差別に対する抗議活動を行っている。BLM 運動に賛同するスポーツ選手が注目を集めるなど，スポーツ選手による人種差別に対する抗議は，その影響力，発信力により，人種差別への問題意識を広め，人権保護の有効な手段となり得るものである。

しかし，スポーツ界はスポーツ選手による反人種差別の言動に対して必ずしも好意的ではなかった。IOC は，スポーツの中立性を確保するため，オリン

表 5 - 2　スポーツ選手の人種差別への抗議行動

時期	場面	概要
1968年	メキシコシティオリンピック（ブラックパワー・サリュート）	陸上男子200mのアメリカ代表の2選手が，表彰式で，黒人差別への抗議のジェスチャーを行ったところ，ルール50に反するとして，オリンピックからの永久追放処分を受けた
2016年	リオオリンピック	男子マラソンのエチオピア代表選手がゴールの瞬間，両腕を頭上で交差させるジェスチャーを行ったが処分はなかった
2016年	NFL	人種差別と黒人に対する警察官の暴力に抗議するため，試合前の国家斉唱中に膝をついた。NFLは処分こそしなかったものの，この抗議活動を支持しなかった。
2020年5月	ジョージ・フロイド事件	アフリカ系アメリカ人のジョージ・フロイド氏が白人警官によって死亡させられた
2020年6月	USOPC	CEOが，スポーツ選手の人種差別への抗議行動に対する過去の対応の非を認める声明
2020年6月	NFL	コミッショナーが，選手による平和的な抗議活動を奨励する旨の声明
2021年7月	IOC	ルール50に関するガイドライン発表
2021年8月	東京オリンピック	女子砲丸投げの銀メダリストが，表彰式で，両腕を頭上で交差させるジェスチャーを行ったが処分されなかった

ピック憲章50条2項（通称ルール50）で「オリンピックの用地，競技会場，またはその他の区域では，いかなる種類のデモンストレーションも，あるいは政治的，宗教的，人種プロパガンダも許可されない。」と規定する。1968年のメキシコシティオリンピックの陸上男子200mの表彰式で，アメリカ代表の2選手が，黒人差別への抗議のジェスチャーを行ったところ，ルール50に反するとして，オリンピックからの永久追放処分を受けたブラックパワー・サリュートはあまりにも著名な事例である。また，2016年，NFLのサンフランシスコ49ersの選手が，人種差別と黒人に対する警察官の暴力に抗議するため，試合前の国歌斉唱中に膝をついたが，当時，NFLは表だった処分こそしなかったものの，この抗議活動を支持することはなかった。

　こうしたスポーツ界の対応も，2020年5月にアフリカ系アメリカ人のジョージ・フロイド氏が白人警官によって死亡させられた事件とそれに続くBLM運動を受け，変化の兆しを見せている。2020年6月には，アメリカオリンピック・

パラリンピック委員会（USOPC）のCEOがスポーツ選手の人種差別への抗議行動に対する過去の対応の非を認め，同月にはNFLのコミッショナーも選手による平和的な抗議活動を奨励する旨の声明を出した。そして，東京オリンピック・パラリンピック競技大会におけるルール50のガイドラインでは，アスリートによるインタビューやSNS上での意見表明を認め，公式セレモニー中（メダル授与式，開会式，閉会式を含む）や競技場内での競技中，選手村の中でのジェスチャーなどの表現はいまだ認めないとしたものの，オリンピズムの基本原則に合致するなどの条件付きで競技開始前の競技場内での表現を容認するに至った。

　こうした状況の中，東京オリンピック・パラリンピック競技大会では，女子砲丸投げの銀メダリストが表彰式にて両腕を頭上で交差させるジェスチャーを行い，形式的にはルール50に反する行動を行った。これに対し，IOCは，同選手へのルール50違反での処分を見送っている。

3　人権保護という普遍的価値

　政治的，宗教的，人種的なプロパガンダに対するスポーツの中立性を確保するのは，オリンピックが政治的に利用された過去の経験を踏まえ，スポーツから人種差別を含む人権侵害を根絶するためであったはずである。ところが，一部のスポーツ競技団体では，人権という普遍的価値を実質的に理解することなく，規則を形式的に適用した結果，スポーツ競技団体が選手の人権を侵害するという事態が生じていた。それが，ここ数年で徐々にではあるが（そしていまだ不十分ではあるものの），スポーツ界全体において人権尊重の理念が共有され，人権の価値が見直されてきたと評価することができる。

04 スポーツの持続可能性と人権尊重のムーブメント

1　スポーツ界のUNGPへの対応

　2011年6月，国連人権理事会において，「ビジネスと人権に関する指導原則

（Guiding Principles on Business and Human Rights，以下「UNGP」という）が採択された。UNGP は，多国籍企業の責任として，国際的なビジネス展開にあたって，強制労働や児童労働といった人権侵害や環境破壊を防止することを定めたもので，ビジネス分野ではサプライチェーン全体で人権侵害が起こらない仕組みを構築することが企業の持続可能な発展につながるとの共通の認識ができている。この UNGP の発表により，スポーツ界もまた，オリンピックや FIFA ワールドカップなどメガスポーツイベントを開催するにあたって，スタジアム建設に伴う労働問題や近隣住民の強制退去，サプライチェーンでの強制労働や児童労働などの人権侵害への対応を迫られることとなった。

こうした中，2014年12月に IOC 総会で採択されたオリンピック・アジェンダ2020の提言 1 第 5 項で「IOC は開催都市契約の条項に，オリンピック憲章の根本原則第 6 項に関するものと，環境と労働に関係する事項を盛り込む」と定め，2016年12月，2024年の夏季オリンピックから，開催都市契約において UNGP を含む国際的に評価されている人権保護基準への遵守を義務づけることが決定された。東京オリンピック・パラリンピック組織委員会も，2018年 4 月，「持続可能性に配慮した運営計画　第二版」において，UNGP に準拠した大会準備・運営を行うことを表明している。

また，FIFA は，2016年 4 月，UNGP をとりまとめたジョン・ラギー教授による FIFA における人権保護の実践を目的とした調査報告を受けて，FIFA 規則を改正して人権の尊重とその保護の推進に向けての努力を宣言する規定を追加し，2017年 5 月には同規定を具体化するものとして「Human Rights Policy」を制定，公表した。UEFA においても，2017年，2024年に開催される欧州選手権（EURO2024）から，開催国となるためには UNGP を含む国際的に評価されている人権保護基準を遵守することが条件の 1 つとされた。

上記のような個別の競技団体の取組みと並行して，欧米では，メガスポーツイベントにおける人権尊重を促進し政策形成に反映させる目的で，スポーツに関わる様々なステークホルダーが議論する場が形成されている。その 1 つである The Mega-sporting Events Platform for Human Rights（MSE Platform）

表 5-3　UNGP とスポーツ界の対応

	国連人権委員会	IOC, TOCOG	FIFA, UEFA	備考
2011年	『ビジネスと人権に関する指導原則（UNGP）』			多国籍企業の責任として，国際的なビジネス展開にあたって，強制労働や児童労働といった人権侵害や環境破壊を防止することを定めたもの
2014年12月		『オリンピック・アジェンダ2020』提言1第5項		「開催都市契約の条項に，オリンピック憲章の根本原則第6項に関するものと，環境と労働に関係する事項を盛り込む」
2016年4月			FIFA 規則改正	人権の尊重とその保護の推進に向けての努力を宣言する規定を追加
2016年12月		IOC 総会		2024年の夏季オリンピックから，開催都市契約において UNGP を含む国際的に評価されている人権保護基準への遵守を義務づけることが決定
2017年5月			『Human Rights Policy』	人権尊重に関する FIFA 規定を具体化
2017年			UEFA	EURO2024から，UNGP を含む国際的に評価されている人権保護基準を遵守することが開催国の条件の1つとされた
2018年4月		『持続可能性に配慮した運営計画第二版』		UNGP に準拠した大会準備・運営を行うことを表明
2018年	The Mega-sporting Events Platform for Human Rights（MSE Platform）から発展する形で『Center for Sport and Human Rights』が設立			MSE Platform は，メガスポーツイベントにおける人権尊重を促進し政策形成に反映させる目的で，スイスや米国政府，ILO, OHCHR, UNESCO などの国連機関，IOC など競技団体，スポンサー企業，国際労働組合，人権 NGO などのステークホルダーが議論する場

は，スイスや米国政府，ILO, OHCHR, UNESCO などの国連機関，IOC など競技団体，スポンサー企業，国際労働組合，人権 NGO などがメンバーとなる，ビジネスと人権に関するシンクタンクが事務局を担当する組織で，2018年にはMSE Platform から発展する形で Center for Sport and Human Rights が設立されている。

　スポーツの現場における暴力や暴言，ハラスメントは，端的に指導者の指導力不足の発露であり，スポーツ選手の人権，子どもの権利を侵害するものであって正当化する余地は一切ない。暴力指導は古よりスポーツ現場に根付くスポーツ界最大の人権侵害の１つであるが，2012年12月の大阪市立桜宮高校男子バスケットボール部部員が顧問の暴力によって自殺した事件，2012年末の全日本女子柔道の国際強化指定選手15名が監督による暴言，暴力を告発した事件が端緒となり，スポーツ界内外で暴力根絶に向けた取り組みの必要性が認識され始めた。

　2013年５月には，日本スポーツ協会，JOC，日本障がい者スポーツ協会，全日本高等学校体育連盟，日本中学校体育連盟の５団体により「スポーツ界における暴力行為根絶宣言」が採択され，指導者研修制度が拡充し，日本スポーツ振興センターや日本スポーツ協会，その他各競技団体に相談窓口が設置，運用された。また，2019年６月にスポーツ庁が策定した「スポーツ団体ガバナンスコード〈中央競技団体向け〉」では，ガバナンス強化の一環として，通報窓口の設置やコンプライアンス研修の実施が要請されており，補助金支給の要件化を背景として，毎年行うセルフチェックシートの自己説明・公表と４年に１回予定されている統括団体によるガバナンスコード適合性審査によって，暴力等不祥事への適切な対応を含む自発的なガバナンス強化の実効性を図ろうとするものである。

　こうした動きに加え，UNGP の考え方を子どもの権利保護の仕組み作りに応用したのが，2018年11月に発表されたユニセフによる「子どもの権利とスポーツの原則」である。これは，子どもの権利の尊重と推進の理念を示すことにとどまらず，スポーツ団体，クラブ等に対して子どもの権利保護のためのポリシー策定とそれに対するセルフアセスメントを求め，スポンサー企業からの評価を可能とする仕組みである。これにより，子どもの権利侵害の危険がある行為を洗い出すとともに，スポンサー企業からの評価，支援の判断の指標にすることで，スポーツ団体，クラブ等の自発的な取り組みを促すことが可能となる。

このように，スポーツ界ではスポーツ団体の人権尊重に対する自発的な取り組みを促す仕組み作りが進んでおり，スポーツ界は，独善的，一方的なルール作りを止め，人権を尊重したルール作りが制度的に求められるようになってきている。

3 スポーツビジネスにおける人権の重要性

このように UNGP の採択以降，スポーツ団体やスポーツイベント主催者は，その活動の持続可能性を確保するため，人権尊重，人権保護を要請されてきていることがわかる。スポーツ団体が，スポンサーシップや公的助成によって資金調達を行い，事業を推進し，ビジネスとして成功するためには，ステークホルダーからの外部評価に耐えうる人権尊重，人権保護の取り組みが必須であるといえるだろう。

05│性別確認検査による人権侵害と保護の限界

1 性別確認検査という人権侵害

スポーツ界に根深く存在する人権侵害の1つが性別確認検査である。

性別確認検査は，女子競技種目に男子が参加することを防止し競技の公平性を確保することが目的だとされている。性別確認検査は，1968年まで行われた外性器等の視認検査，同年から2011年まで行われた染色体検査，2011年からは血中男性テストステロン値検査という形で検査方法を変えて（そして裁判やスポーツ仲裁を経て）一部の競技種目においては現在まで存続している。現在の国際陸上競技連盟が定めるルール（以下「DSD ルール」という）は，「テストステロン値が5 nmol/l 以上あるいはアンドロゲンに反応しやすい女子選手を性分化疾患（DSD）とし，特定の女子競技種目（400〜1500m の距離で実施される競技種目）に出場する DSD 女子選手は，a）法的に女性あるいはインターセックスと認められていること，b）最低6ヶ月間，ホルモン抑制治療等によって血中テストステロン値を5 nmol/l より低くすること，c）大会出場中は，テストステロ

ン値を 5 nmol/l より低く管理・継続すること，を満たさない限り大会出場資格や公認記録を取得できない。」というものである。

　この規定によりホルモン抑制剤の使用を求められ，それに応じない場合には出場資格を失うこととなったキャスター・セメンヤ選手は，2018年 6 月，DSDルールが差別的であり，不必要不均衡，不合理であることを理由として，スポーツ仲裁裁判所（Court of Arbitration for Sport，以下「CAS」という）へ提訴した。これに対し，CAS は，DSD ルールが，男子選手にはないルールを女子選手に対して課している点，及び生まれつき性分化疾患をもつ競技者に対してのみ異なる取り扱いをする点から，差別的であることを認めた。しかし，差別的ではあるが，女子選手による限られた競技の公平性を守るために合理的かつ適当な方法であるとして DSD ルールの有効性を支持した。

　この CAS 裁定に対しては，国連人権委員会からの強い批判がある。国連人権委員会は，2020年 6 月，「スポーツにおける人種と性差別のインターセクション」という報告書の中で，DSD ルールが，女性らしさのステレオタイプに基づいてすべての女性アスリートを監視することを事実上正当化し，女性アスリートのグループを選別し，競技に参加できないことをはるかに超えた影響のリスクにさらすとともに，恥や嘲笑，個人的・私的な生活への侵入を受けさせているとし，健康に悪影響を及ぼす医学的に不必要な介入をすることで女性に弊害を生じさせていると指摘している。その上で，同報告書は，DSD ルールの実施は，性の特徴に違いのあるアスリートがスポーツに参加する平等な権利を否定するものであって，男女による不均衡のみならず，女性内部でも身体と性のあり方と人種，経済力によっても不均衡が生じており，性差別的かつ人種差別的規定である旨指摘されている。

２　人権侵害を救済する制度の広がりと限界

　国連人権委員会が性差別的かつ人種差別的だと糾弾した DSD ルールを有効であると認めた CAS 裁定に対し，セメンヤ選手は，2019年 5 月に CAS 裁定が公序に反することを理由として（スイス連邦法190条 2 項 e 号），スイス連邦裁判

所へ提訴していたが，2020年9月，請求は棄却された。その後，セメンヤ選手は，2021年2月，欧州人権裁判所に提訴し現在係属中である。

　ここで，セメンヤ選手の「足どり」を通して，人権侵害に対する救済手続の広がりとその限界が見えてくる。すなわち，国際スポーツ競技団体は，紛争解決をCASに排他的に付託する旨を規則に明記している結果，スポーツ選手は人権侵害を伴うスポーツ紛争について，CASの仲裁制度の利用を事実上強制されている。そして，スポーツ選手は，CAS裁定につき，「管轄権欠如の初歩的な手続規則の侵害（審問権の拒否）あるいは公序の抵触など極めて限られた」場合に（スイス連邦法190条2項の列挙事由に限定される），スイス連邦裁判所にのみ裁定の取消を求めて提訴できる。ここでいう「公序（Public Policy）」には差別禁止が含まれるところ，セメンヤ選手は，DSDルールを有効と判断したCAS裁定に対し，差別禁止等を主張したのである。

　スイス連邦裁判所において請求棄却判決を受けた場合，スポーツ選手には，欧州人権条約が規定する権利がスイス政府（CASの仲裁地はスイスである）によって侵害されたことを理由として，欧州人権裁判所に提訴できる可能性がある。これまで，スポーツ紛争が欧州人権裁判所に持ち込まれた事案は多くない。その中で，サッカー選手であるアドリアン・ムトゥ選手が，ドーピング規則違反に基づく国内競技連盟による制裁が契約違反であるとしてクラブから提起された損害賠償請求につき，FIFA紛争解決室が管轄権を認めない決定をしたことに対して行った不服申立て，及びスケート選手のクラウディア・ペヒシュタイン選手がドーピング規則違反を根拠とする制裁決定に対して行った不服申立ての2件が併合されて審理されたムトゥ・ペヒシュタインケースがある。このケースで，欧州人権裁判所は，申立を受理した上で，①CASが独立性及び公正性の十分な保障のない仲裁廷であること，②CAS及びスイス連邦裁判所で公開審理が行われなかったこと，という欧州人権条約第6項違反の主張のうち②の手続違反を認めた。これにより，スポーツ選手が欧州人権裁判所に対し救済を求める道が確認されたといえる。

　これに対し，セメンヤ選手は，欧州人権裁判所に対し，1）DSDルールが

不当に私生活を侵害されない権利を害し（欧州人権条約8条1項），非人道的で品位を損なうものであるにもかかわらず（同条約3条），スイス連邦裁判所は十分な分析をすることなく認定したことは差別の禁止に反する（同条約14条），2）スイス連邦裁判所の審査範囲は限定的である点で公正な裁判を受ける権利，効果的な救済を受ける権利を侵害している（同条約6条，13条）との理由で提訴している。

　これまで，欧州人権裁判所がスポーツ紛争を受理する条件は，公正な裁判を受ける権利の侵害があった旨の主張がされた場合に限定され，人権侵害を伴うスポーツ紛争における「その人権侵害」を争う手続を提供したことはなかった。これに対し，セメンヤ選手は，スイス連邦裁判所が「公正な裁判を受ける権利」を侵害したとの主張に加え，DSDルールがセメンヤ選手の人権を侵害したという実体的主張も展開しており，これが欧州人権裁判所で審理されれば極めて画期的である。

　しかし，仮に欧州人権裁判所にてDSDルールが人権を侵害するかという実質的判断がなされたとしても，スポーツ選手がCAS，スイス連邦裁判所そして欧州人権裁判所と長い法廷闘争を行わなければならないことに変わりなく，選手生命，手続的負担などを考えれば，現状の制度が維持されるべきであるとはいえない。また，CASはスポーツ紛争を解決する専門性を有するものの，その独立性や中立性には批判があり，人権問題を解決する能力も十分でないとの批判もあることからすれば，スポーツ選手の人権に配慮した制度の創設の検討を行う必要があるだろう。

06 スポーツと人権の未来

　以上から読み取れるのは，国際的な人権保障制度の拡充に伴い，スポーツ界においても人権を尊重した変革が迫られ，スポーツにおける人権侵害が顕在化するにともなって，スポーツが持続可能なものであるために，競技団体は人権保護の取り組みを推進し，競技団体のさらなる自発的な人権尊重の取り組みを

実現するための仕組みが導入されてきたという，スポーツ界の人権尊重の傾向である。

　もっとも，暴力，暴言やジェンダーに関する不平等などスポーツ界には依然人権侵害が根深く存在している。歴史上，勇気ある選手の告発，訴訟提起などによって，人権問題が顕在化し，それらは交渉や裁判手続，仲裁手続により個別に解決が図られてきたが，スポーツ全体の人権尊重のためには，人権保障制度が不可欠であるように思われる。また，スポーツにおける人権侵害には，制度設計を行う競技団体自体が加害者となっているケースも存在することに留意しなければならない。

　そうすると，2050年におけるスポーツと人権という文脈においては，これまでのスポーツ界の人権尊重の取り組みを踏まえつつも，スポーツ界がいまだ解決できない人権課題へのドラスティックなアプローチがなされている必要があるであろう。

　1つ目は，人権侵害行為に対する効果的な通報制度である。暴力等人権侵害の被害者が公に声を上げることは，報復など自らのスポーツ活動環境の悪化を恐れるなどの理由から，想像以上の困難を伴う。そこで，スポーツ競技団体から独立し，かつ調査，処分権限をもつ団体による通報制度が求められる。独立性と有効性を併せ持つ通報制度となると，既存の枠組みでは足りず，競技団体間の牽制が可能となる形が必要で，そうすると MSE Platform のようなスポーツ界全体で作り上げる制度設計が必要となるかもしれない。

　2つ目は，人権侵害行為に対する競技横断的かつ実効性のあるモニタリングシステムである。子どもの権利保護に関し UNGP をスポーツ界へ応用して作られたセルフアセスメントとステークホルダーによる監視はその参考になるだろう。そして，さらにその実効性を担保するためには有効な「制裁」が必要となるところ，IOC やコモンウェルスゲームズなど競技横断的で国際的なメガスポーツイベントの主催組織の参画は不可欠となるだろう。

　3つ目は，スポーツの独善性を抑止するための「スポーツ人権裁判所」の設置である。CAS には人権侵害の有無について判断する能力が十分になく，欧

州人権裁判所がスポーツ選手の人権救済を行う余地があるとしても，時間的コストや手続的負担からすれば「開かれた救済措置」とはいえない以上，スポーツ界はスポーツにおける人権侵害を解決する独立かつ公正な裁判所を創設するべきであろう。

このように，2050年に人権侵害がないスポーツを実現するためには，少なくとも選手の人権に配慮した独立かつ効果的な通報制度，競技横断的で実効性のあるモニタリングシステム，そしてこうしたスポーツ内部の制度設計で救済されなかった人権を保護するためのスポーツ人権裁判所の創設がなされている必要があると考える。こうした人権を意識したスポーツ界の変革こそが，スポーツ界，スポーツ団体，スポーツイベントの価値を高め，スポーツの推進，ビジネス的な成功を支える基盤となるのではないだろうか。

（本稿は執筆者個人の意見であり，所属団体等を代表するものではありません。）

参考文献

飯田貴子・熊安貴美江・來田享子（2018）『よくわかるスポーツとジェンダー』ミネルヴァ書房

石堂典秀・建石真公子編（2018）『スポーツ法へのファーストステップ』法律文化社

井谷聡子（2020）「男女の境界とスポーツ——規範・監視・消滅をめぐるボディ・ポリティクス」思想，2020年第4号，p156-175

井谷聡子（2021）「本シンポジウムの背景と性別確認検査・高アンドロゲン症規定の概要」スポーツとジェンダー研究19，p22-26

内海和雄（2015）『スポーツと人権・福祉——「スポーツ基本法」の処方箋』創文企画

浦川道太郎・吉田勝光・石堂典秀・松本泰介・入澤充編（2017）『標準テキスト　スポーツ法　第2版』エイデル研究所

川井圭司（2003）『プロスポーツ選手の法的地位』成文堂

篠原翼（2019）「スポーツ選手への新しい法的救済手段の出現可能性に関する一考察——ヨーロッパ人権裁判所とスポーツ法秩序との関係性の考察を通じて（一）」日本スポーツ法学会年報第26号，p124-141

篠原翼（2020）「スポーツ選手への新しい法的救済手段の出現可能性に関する一考察——ヨーロッパ人権裁判所とスポーツ法秩序との関係性の考察を通じて（二）」日本スポー

ツ法学会年報第27号，p80-97

高松政裕（2018）「SDGs・ESG 時代のスポーツ界に求められる弁護士の役割——東京五輪大会と子どものスポーツ環境向上のための取組を中心に」自由と正義，2020年7月号，p27-32

日本ユニセフ協会編（2020）『ユニセフ「子どもの権利とスポーツの原則」実戦のヒント』明石書店

ヒューマン・ライツ・ウォッチ（2020）『「数えきれないほど叩かれて」日本のスポーツにおける子どもの虐待』ヒューマン・ライツ・ウォッチウェブサイト

山崎卓也（2018）「スポーツ法のこれからの役割」法学セミナー，2018年9月号，p18-22

（冨田 英司）

パネルディスカッション1

2050年の選手育成

パネリスト：
　佐伯夕利子（公益社団法人日本プロサッカーリーグ　常勤理事）
　萩原美樹子（バスケットボール女子日本リーグ　東京羽田ヴィッキーズ
　　　　　　　ヘッドコーチ）
　星野明宏（静岡聖光学院中学校・高等学校　校長）
モデレーター：
　伊坂忠夫（学校法人立命館　副総長，立命館大学副学長，スポーツ健康科学
　　　　　部教授，スポーツ健康科学研究センター　副センター長）
※肩書は開催時

■**伊坂**　本日は「2050年の選手育成」というテーマで，大きく3つについてのお話をお願いしました。まず1つ目，自己紹介を賜りながら，2050年にそれぞれがいまやっておられる，関わっておられる各種目がどんなレベルになっていて，どんな姿になっているか，妄想でも構いませんということで，各自ご紹介いただければと思っています。

　その上で2つ目でございますが，その予想をされたレベルに向けて求められるタレント性ですとか，トレーニング，コンディショニング，栄養，施設，メンタル等々，どこまで進んでいるのか，こちらについてパネルディスカッションをスタートしたいと思っています。

　そして3つ目は，2050年のチャンピオンスポーツの価値，魅力はどうなっているのか，そのときに求められる選手と人材とはどのようなものか，この大きく2と3についてパネルディスカッションをできればと思っております。それではよろしくお願いしたいと思います。

　では順番はいまご紹介した順でお願いいたします。まずは，佐伯先生よろしくお願い申し上げます。

2050年の各競技のレベルや姿はどのようなものになっているか

■**佐伯**　よろしくお願いいたします。皆さま，今日はお時間をいただきましてありがとうございます。現在，Jリーグで常勤理事をしております，佐伯夕利子と申します。まずは簡単にバックグラウンドをお話しいたします。

現在，実はスペインからこうして ZOOM につないでおります。1992年から30年にわたり，スペインのサッカー界で指導者を志し，これまでお仕事をしておりました。２年間の期間ですけれども，いま現在はＪリーグの常勤理事ということで，日本のサッカー界の仕事をさせていただいているという現状です。

　では，2050年にどのようなレベル，どんな姿になっているのかという問いに対してですが，サッカー界の進化のスピードというのは普通，私たちが感じる24時間の時計の針の進み方とはずいぶんと違うスピード感で，ずっと進化を続けています。ですので，2050年にどんなふうになっているかと聞かれると，正直，予測ができませんというところではあります。

　Ｊリーグから見た，こうありたいよねという姿というのは，そもそもＪリーグが発足した当時から「百年構想」というものがありまして，それは何を意味しているかというと，永続的な存在でありたいということです。ですので，気付けば日本国民のすぐそこに，常にある存在でいたいというのが１つあります。

　また一方，少しピッチ内にフォーカスをしてみますと，これはスペインの指導者界隈での私たちの見解なんですが，例えばサッカー自体のゲームリズムが高まっているであろう。それから，これは2030年のフットボールがどうあるかという話になるのですが，技術的には向上しているであろう。それから強度，インテンシティはより勝敗に決定的な要因となっているであろう。もしくは，サッカーは90分ですが，この実質プレイ時間というのが減っているであろう。セットプレイがより決定的な要因となっているであろう。そして，プレイの連続性というとこで，より断続的な競技となっているのではないかという予測を，私たちは立てております。ひとまずここまででよろしくお願いいたします。

■伊坂　佐伯先生，ありがとうございます。１つ私から質問ですが，最後に言っていただいた，技術は向上して，強度，インテンシティが上がっていて，プレイは断続的になっている，そのようなサッカーをいまのわれわれが目にしたらどんな感想を抱くようなものになりますかね。

■佐伯　そうですね，いま現在のサポーターの方々は継続的でエキサイティングなものを求められていると思うんですが，これがそういうふうに変わっていくというのは否めないかなと。

　また，現代の若い方々は時間への耐性がすごく落ちている，90分座ってサッカーの試合を見ることがもう耐えられなくなってきているという事実もあります。これはスペインでも問題視されています。そういう意味で言いますと，もしかしたら求められるニーズに合わせて競技もそういうふうに変わっていくのかもしれないなと感じます。

■伊坂　時代とともにスポーツが変わるという，本日のテーマらしいお答えをいただきました。皆さん拍手を画面の前でしておいてくださいね。ありがとうございます。

　では，続きまして萩原美樹子先生，よろしくお願い申し上げます。

■萩原　はい，よろしくお願いいたします。萩原美樹子と申します。自己紹介をさせていただきますと，現在，Ｗリーグという日本のバスケットボール女子トップリーグに所属している東京羽田ヴィッキーズというところで，今シーズン，今年度から指揮を執っており，ヘッドコーチを務めております。これは女子のバスケット界で言うと少々珍しいというか，女子のバスケット界ってまだ，企業さんが持っている，いわゆる実業団というような言われ方をする，一企業が一チームを丸抱えするというようなチームが多い構成の中で，われわれの東京羽田ヴィッキーズというのは，東京羽田に地盤を置くクラブチームとなっております。

　私自身はバスケットボールの現役選手としてアトランタオリンピックに出場し，その後アメリカのWNBAというNBAの女子版のプロリーグがあるんですけど，ここでプレイをしたという経験があります。

　現役を引退した後は，日本代表関連が多いんですけれども，バスケットボールのコーチになりまして，いまはその東京羽田ヴィッキーズというクラブチームでヘッドコーチをしておりますが，昨年までは日本バスケットボール協会の育成に携わっておりまして，U14からU19までの女子の，各年代の代表の育成・発掘・強化に携わっておりました。本日はよろしくお願いします。

■伊坂　よろしくお願いします。

■萩原　いただいたお題についてなんですけれども，先ほど佐伯先生がおっしゃったように，ちょっと私たち，すごく競技性が似ているところもありますよね。従って先生がおっしゃったように，戦術的な，現場的な感じで言うと，よりゲームがスピーディーになるというのは，これは本当に30年後にも予測ができるのかなと。本当にルールもそういうふうにだんだん，だんだん変わってきているんですね。

　われわれの国際連盟って，世界を一応マネジメントするFIBAという組織がありますが，ここが毎年のようによりゲームをスピーディーに動かしていくというようなルール改正をしていて。それは本当に30年前を想起すると，私は現役選手でしたけれども，ゲームというものが本当に変わってきています。

　そういうことを考えると30年後，バスケットボールというのもよりスピーディーに

1）WNBA（Woman National Basketball Association）NBAの全面的な支援のもと1996年に発足した。萩原美樹子氏は日本人で初めて1997年にWNBAドラフトで2巡目全体14位指名を受け，サクラメント・モナークスに入団し，日本人初のWNBA選手としてプレイした。

なり，いま現場のコーチの感覚で言うと，より戦術が複雑になるような，いまもだいぶ複雑になってきているので，そういうような予測をしております。

　ただ，現在の日本の女子バスケットボールの環境ということを考えると，意外と30年後も変わらないところはあるのかなというふうにも考えていまして。それは本当にちょっと単純なんですけど，いまから30年前のことを考えると，ゲーム性とかそういうものは変わってきているのですが，意外とわれわれを取り巻く環境というのが，30年前とあまり変わらないというか，よくも悪くも保守的というか，そういうところもありますので。何かスポーツ科学に即した指導法が出てきたり，育成強化策なんかもどんどん，どんどん合理化される反面，意外と変わらないところなんかもあるのかなという予測もしています。

　あともう1つはもう少子高齢化ですよね。やはり競技を支えていく子どもたちが少なくなるということは，絶対的な競技者人口は減ると考えられるので。その面で競技力が合理的になり上がる一方で人口が減るということは，いまの協会目線で言うと，強化策というのがそのまま通るということは，もしかして考えにくいのかなと。ちょっとレベルダウンをすることも考えられるのかなと，いまは考えております。すみません，ちょっとあまりまとまっていないですけれども，そんなふうに考えております。

■伊坂　萩原先生，ありがとうございます。戦術はかなり高度になるというお話をいただいたんですけれども，そのときの選手の頭と言ったらおかしいんですが，いわゆるこれまでの戦術の積み重ねの上に，より高度で複雑化していくと思うんですが，そのときに選手は，どうやってその戦術を覚えていくのかなというふうに思っておりまして。30年後はどんな覚え方になりますかね，AIでも活用しながらやるのか。

■萩原　そうですね。いまでもやはりバスケットボールを最初に始める子どもたちというのは，だいたい8歳とか10歳が主流なんですけれども，このころから比較的そういった細かい戦術にずっと慣れてきてのいまなので，いまの選手たちは戦術的には30年前の同じような年齢の選手たちに比べれば，かなり高いものがあると思うんですよ。

■伊坂　なるほど。

■萩原　そういう意味では，小さいころから触れているものがそういうレベルであれば，意外と全体的に戦術的な，何て言うんですかね，考える頭みたいなのは，いまよりもレベルが上がっている可能性はあるかなというふうに思います。

■伊坂　ありがとうございます。皆さん，拍手をお願いいたします。

　お待たせしました，星野明宏先生，よろしくお願いします。

■星野　よろしくお願いします。自己紹介をさせていただきます。星野と申します。立命館大学法学部を卒業した後8年間，株式会社電通でテレビメディアとスポーツビ

ジネスに従事しておりました。その後，もう1つの夢が教員になることでしたので，コーチング学を学ぶため筑波大学の大学院に入り直し，そこで科目等履修生として社会と体育の免許を取って，現在に至ります。

ラグビー界での活動としましては，ラグビーワールドカップの日本開催が決まって，ゴールデンエイジ世代を早期から鍛えていこうということで，2012年からユースの強化が始まりました。そこで中心として関わらせていただいて，2015年から2年間，17歳以下日本代表の監督，その翌年の3年目は18歳以下日本代表の監督としてヨーロッパ等の大会に参戦いたしました。

現在は校長をやりながら，4月から一般社団法人化した静岡県ラグビーフットボール協会の代表理事をやっております。あとは静岡ブルーレヴズという新しいプロ運営のチームができましたので，いまはそちらにも積極的に関わっている次第です。

あとはスポーツ庁など，いろいろなところで部活改革等の委員とかもやっています。ワールドカップ静岡大会の時は，清宮（克幸）さんと一緒に特別アドバイザーとして，様々な啓発活動をしておりました。

質問について，2050年のラグビー界はどうなっているかというと，まずは2度目のラグビーワールドカップ日本大会が開催されるということを確信しています。これは夢物語でも，スローガンでもありません。

そもそもラグビーをものすごく本気で強化している国がだいたい10から15ぐらいしかないと。いまはオリンピック競技になっておりますので，もちろんやっている国は多いんですが，実際，優勝争いができるような国はそれぐらいしかないという状況です。その中で，経済規模的にあれだけの大きな国際大会を開催できる国というのが，実は少ないというところです。イングランド，オーストラリア，最近ではフランスなどですね。加えて，日本とアメリカが力を入れ始めております。

そう考えると2回目が30年後と言わず，20年以内の間に日本に来る可能性があると思います。そのときにはニュージーランドを破って，きっと世界一になっているだろうと感じております。

そのためには，いま新しく始まったリーグワン，トップリーグからリーグワンになったんですが，それをもっとアメリカとか南半球とか，そういったところを巻き込んだ環太平洋的なプロリーグにしていく，そういったところで日本がイニシアチブを握っていく，それがマストになるかなと感じております。

私としては，その過程において中心的に関わって，2050年にはちょうど80歳前ぐらいになっていますので，長老として温かい目で，口は出さずに応援している立場で，世界一になるところを夢見て，一緒に泣けたらなというふうに思っています。

■伊坂　ありがとうございます。私も30年後そのスタジアムで，スタンドで座っていられるように体力をつけておきたいなと思っております。

　星野先生，リーグが，ワールドワイドなリーグに発展するために，これだけは必須やなというのは何かございますでしょうか。

■星野　もうこれはですね，ビジネス的な観点から言って「仕組み」だと思います。これに尽きると思います。ラグビー界は，おかげさまでリーグワン所属のチームが24チームあって，その企業全部で日本のGDPの15％を占めるような，非常に経済的に素晴らしい企業に支えられています。ただし，その中でまだまだ投資対象になっていませんので，ここを変えていかなければなりません。

　ラグビーは（選手の）人数も多いし，試合数も少ないです。そこでどう投資対象にするか。いままでの放映権料ビジネス以外での観点で，新たなイノベーションをつくっていかなければいけないというところが必須になると思います。

2050年のスポーツはどこまで進化しているのか

■伊坂　皆さんありがとうございます。皆さん拍手でございます，はい。

　ではいまからこのお三方の先生方とパネルディスカッションをさせていただきますが，2つ目，いま言っていただいた予測，妄想レベルで求められるタレント性ですとかトレーニング，いろんなものの要素があると思うんですが，どこまで進んでいるだろうなということを，また同じ順番で恐縮でございますが，佐伯先生からお願いできますでしょうか。

■佐伯　そうですね，こういうことをしていかなければいけないよねということで，Jリーグでは，しっかりとビジョンと中計（中期経営計画）を立てながら，日々の取り組みも行っていますというご紹介ができるかなと思っております。

　Jリーグにおいては，5つの領域からフットボール強化ということを取り組んでおりますが，1つ目が社会連携と呼ばれる，要は社会，ソーシャルグッドな組織でありたいということですね。それからフットボール，もちろん競技力，そして組織としてのガバナンス，そしてビジネス，コマーシャル，この5つの領域から強化を行っております。

　フットボールというところにフォーカスをしますと，やはりフットボールにおいてはヨーロッパがリーダーですので，その欧州5大リーグと言われるヨーロッパの5大リーグに私たちも名を連ねる，彼らに挑むというところで，では，何を強化しなければいけないんだろうということを日々考えています。

　その中で，やはりこの日本型の人材育成システムというものを構築していくことこ

そが，彼らに挑戦する１つの武器になるのではないかということに確信を持ち，私たちの戦略のコアは育成であるといえます。

　育成といってもいろいろな広い意味で捉えられると思います。当然，選手を育成することもそうですし，ビジネスパーソンとしての，例えばフロントスタッフであるとか，アカデミーダイレクターであるとか，選手を Educate する Head of Education という職を人材育成するとか，もしくは経営層もやはり育成教育というものを絶えず行っていかなければいけないよねということで，シニアリーダーの育成プログラムを行っていたりとか，そのような多角的なプロジェクトを組みながら，人を育てるということに，いまは全てのエネルギーを注ぎながら，人が育つ，組織が強化される，そして競技力につながっていくというものを徹底的に行っている，そんな段階におります。

■伊坂　ありがとうございます。佐伯先生のお話の中で，いま「日本型」という言葉が，非常に刺さったんですけれども。これは，いわゆる欧州型ではなくて，これからは日本型でイノベーションを起こす人を育てるというお話ですが，何かキーワードを言っていただけますかね，日本型はこれやっていうのが，もしあれば。

■佐伯　そうですね，１つというのが難しいかとは思うんですが。やはりそもそも私たちが育ってきている教育環境がまったく違うというものがありますので，欧州がやっていることをそのままコピー・ペーストではやっぱりできないですね。意味がないものになってしまうなというのがあります。

　それから欧州５大リーグの資金力というのは，もうＪリーグの私たちの資金力とはまったくもって桁が違いますので，同じことはできませんよねということがあります。

　例えばですけれどもヨーロッパ，私が直近にお世話になっていたクラブでは，スペインの中，上の下ぐらいのクラブですけれども，それでも例えば220名ぐらいのアカデミーエリート選手たちを全額負担で寮に入れると，１人当たり300万，400万かかりますが，それを投資としてずっと継続的に行っている，そこから選手を育てるという構図が成り立っていますが，さすがにそれはＪリーグにおいてはできません。

　例えば，日本は学校が４月始まり３月終わりっていう，フットボールの世界的なカレンダーとは少しずれた状況で進んでいたりといったような様々なファクターがあるため難しいので，私たちは私たちの文化に根付く人材を，私たちなりに，私たち流で育てていかなければ，なかなか世界には挑戦できないのではないかと考えております。

■伊坂　ありがとうございます。文化，教育，あるいは資金，ビジネスのリソース，全体としてのシステム，それが違う中で最適解としての日本型はどうあるべきかというご提示だと思います。このあたり後でディスカッションできればと思います。

では，萩原先生，よろしくお願いします。

■萩原　まずタレント性ですよね。タレント発掘の過程というのは，いまの JBA（日本バスケットボール協会）でも非常に力を入れておりまして，情報共有するツールなどもものすごく発達してきているというか，合理化されていくのではないかというふうに思います。

こういったタレントのある選手というのは，インターネットの普及などで，高い技術の情報も幼いころから入手できる環境にあるわけです。また非常に技術力が高いというか，いまの小学生は本当にバスケットが上手なんですよね。ドリブルがうまいとか，そういうのがすごく上手なので。それはやはりインターネットなんかでうまい選手の映像を見て，自分で練習できる環境がありますので，そういった意味では，上手な子は増えていて，高いタレント性を持つ選手が出現する可能性は上がるのではないかなと思います。

ただ，先ほども言いましたけど，少子化によってやはり母数が減ってくるので，出現するその高いタレントの選手の絶対数はもしかすると単純に下がってくるのかなと。あるいは子どもの母数が減ってくれば，シーズン制などを取らない限りは，佐伯先生もいらっしゃいますけれども，（例えばサッカーなど）他競技とのタレントの争奪戦というのが起こると思うんですね。

われわれのバスケットボールという競技が何に支えられているかというと，とにかく，いま競技人口が日本国内では多いという，男女総数での競技人口が多いというところに支えられているので，このあたりが減ってくるとタレント発掘というところではどのようになってくるのかなと思っております。ですからポジティブな要素とネガティブな要素があるのかなと。

またトレーニングとかコンディショニングとかそういうことについては，方法論とか理論は科学的に確実に様々なことが分かってくるため，上がってくるのではないかと思います。

戦略・戦術解析についても，これは確実に上がると思っています。いまも分析ソフトみたいなものも一般にかなり流通しておりますし，YouTube とかインターネットなんかを見ると，本当に私たちが知らないようなすごい細かい戦術を分析している皆さんがたくさんいらっしゃるんですね。Twitter とかで NBA の戦術分析みたいなものをずらずらと書かれているのが，私はコーチですけど勉強になるなと思って見たりしています。すごくたくさんの方々がいて。そういう意味では，本当に戦術とか戦略とかを分析するツールというのも，もっともっと合理化してくると思いますし，そういう能力なども上がってくるのかなと。

ただ，これは日本国内だけではなくて世界的な傾向ですので，全体的に上がってくるため日本だけという話ではなくて，その中で，では日本がどうやって世界の中で戦っていくかということを考えると，先ほど佐伯先生は日本型とおっしゃっていましたけれども，われわれもそういうことを考えていかなくてはならないのかなというような現状かと思います。

■伊坂　はい，ありがとうございます。タレント発掘においては，情報ツール，SNS，あるいはYouTube等で見つけやすくなるというのは，本当にまさにDX（デジタルトランスフォーメーション）が進んでいくとそういうことが可能だなと思っています。

　アメリカがMOOC（大規模公開オンライン講座）というかたちで無料の講義を発信しているんですけれども，ああいうものを見て，発展途上国からの素晴らしい天才を探しているというようなことがありますから，いろんな意味でのDXをどう使うかということかと思います。後でまたディスカッションさせていただければと思います。

　では星野先生，よろしくお願いします。

■星野　30年前を振り返ると，ラグビーは体の重い，太っている選手，スクラムを組む選手は，ほとんど走らなくてよかったんですね。もう本当に50メートル8秒とかでもよかった。トライを取るような選手は足が速くて痩せている方が多かったんですが。

　いまのラグビーっていうのは，非常にみんなプロレスラーみたいになっています。そこからもっとすごい状態になっていると思います。先ほど申し上げたプロップでスクラムを組む選手なのに，50メートルを6秒前半で走るとか，あとバックスの選手で言えば，もう体操選手のようにアクロバティックな，バク転，バク宙みたいなことが当たり前にできてしまう，そんな時代になっているんではないかと思っています。

　そのために何が必要かと言うと，ラグビー内だけではなくて他競技からの知見が必要になってきます。もうすでにレスリングとか陸上のエキスをどんどん入れているんですけれども，それが医科学的な部分も含めて，もっと加速度的になるのではないかなと思っています。

　あとは日本が世界一になるためには，やはりインテリジェンスとテクノロジー，ここで優位性を保たなければいけないはずなんですが，どうしても情報社会になると日本人は後追いになりがちなんですね。ヨーロッパとかニュージーランドの戦術・戦略が正しいんだ，まねしようみたいなことですね。

　ところが亡くなられた平尾（誠二）ジャパンのときは，実はアナリストを世界のどこよりも早く取り入れて，どこよりも早く深い状態だったんですね。ですのでニュージーランドで最初に通用したのは選手でもコーチでもなくて，実は日本のアナリストでした。そこが最初にプロ契約をしたという歴史があります。私も筑波大学の大学院

で学んだのはデータ分析，情報戦略で，日本代表でもアナライジングスタッフでしたので，そうした部分についていずれは変わってくるのかなと思っています。

あとはメンタルのところとか，どうしても『スクールウォーズ』世代の指導者が多いものですから「気合を入れて行くぞ」なんですが。先ほどもある先生のお話でもありましたけれども，そういったメンタリティーのところとか，いわゆるドーピングのような外的要因ではなくて，シリコンバレーでもいま研究が進んでいますが，いかにフロー状態にするかということさえもスポーツ科学的見地で，そういったところを合法的に進化していく必要があると感じます。

あと別の話になりますが，ラグビーの場合は，五郎丸（歩）効果やワールドカップの影響で，ラグビースクールの小学生がすごく増えました。彼らにとって高校の花園も憧れです。ただ，中体連に加盟していないので，中学でやる場所がないんですね。ですから通常の他の競技のようなシナリオでは，育成もできないというところです。

もう1つは，やはりけがのリスクがあるスポーツですので，ただ競技人口を増やそうというストーリーも合致しないスポーツであると思っています。日本代表はアイルランドにも勝ちましたが，実際には競技人口は増えていないわけですね。ですから他の競技の方々がおっしゃっているように，母数が増えれば競技レベルが上がるという仮説では，ラグビーは違う仮説を立てる必要があるかなと思います。

全然関係ない話になりますが，インテリジェンスとかそういうテクノロジーの関係でのリスクの問題についてです。どうしてもラグビーの場合や，柔道とか格闘技は頸椎の問題，損傷があります。いまマウスピースとかヘッドガードがありますけれども，これを，透明な何か新しい物質を使って，関節等があるところまで曲がるとそこでストップできるような，そういうテクノロジーを日本が医科学で開発して，そこの部分でも世界のリーダーシップを取っていくというようなこと。そうすると格闘技をやらせるとか，ラグビーをやらせることのリスク，保護者の方のリスクがなくなりますので，マルチスポーツの上でも選択肢になるのかなというふうに感じています。

■伊坂　ありがとうございます。いまお三方の先生方に共通して，やっぱり「日本型」とか，「日本のオリジナリティー」，このあたりのキーワードが出てまいりましたので，今度は星野先生からご意見を賜りたいんですけれども。

アナリストがまずは日本としては一番，輸出した最大のもので目立っていたということと，あと事前に先生からいただいた資料で，日本選手としては定型型の選手ではなくて，カオスって言いましょうか，様々な状況で平時以外でもきちっと動ける人が求められていると。そういう意味で日本型の育成にとってそのようなカオス的な選手をどのようにして育てたらいいかということを教えていただければと思います。

■星野　これは非常にいま日本の社会全体，教育全体が抱えている問題でもあると思うんですが。実はエディー（ジョーンズ）ジャパンのときは，ものすごい猛練習で強くなりました。5部練習ですね，5時に起きて，昼寝の時間まで決められて。五郎丸選手は昼寝の時間を決められているのは保育園以来だって嘆いていた。

　エディー・ジョーンズさんも言っていたらしいんですが，これを自分の母国のオーストラリア代表でやったら，もう2日目には誰も来なくなるっていうような。つまり忍耐力でずっといままで日本というのは頑張ってきた国なんですね。体罰の問題にしてもそうだし，上下関係にしても。そこで今回，日本開催のときはニュージーランド人のヘッドコーチになって，そこに自由さとかクリエイティビティを入れました。

　それで，アンストラクチャーな状態というところの戦術・戦略が重要になっているのですが，いまそこを世界全部がやっているので，アンストラクチャーがストラクチャー化してしまっているんですね。そうではなくて，その次の本当のカオス状態をあえて自分たちからつくれるか。いまカオスをわざとつくることによって，カオスの状態の練習をしています。

　これはもう育成段階からクリエイティビティですね。アクティブ・ラーニングとか，PBL（問題解決型学習）とかそういうところをどんどん，どんどん教育界に取り入れて，部活自体も変わっていかなければいけないと思います。いま様々な理論がありますが，そういったものを日本独自でミックスしていくことがすごく大切かなと思います。

■伊坂　ありがとうございます。星野先生は校長もされていて，いわゆる学習指導要領が変わり，対話的で自主的な教育，とりわけ探究型授業，まさにそういったクリエイティビティの教育で日本も変わっていく中で，そのような選手を生み出す土壌も高まってくるのではないかと思える次第でございます。

　佐伯先生が最初に言っていただいたのと，いまのお話に非常に通じるところがあるのですが，佐伯先生，いまのお話を聞いて何かコメントをいただけますでしょうか。

■佐伯　私はずっと指導者としてヨーロッパの選手たちと触れ合ってきたので，このへんの差異と言いますか，温度差みたいなものをすごく感じております。

　主体性とか自主性とかいうふうに言われていますが，そうしたものが次世代の人材には必要であるということで，2020年からでしたか，日本の教育も少しずつ教育現場が変わってきています。

　環境が人をなす側面というのはすごくあると思っておりまして，私たちが子どもの時代に一番長く時間を過ごすのは学校ですので，その教育現場が変わることで，ここから育っていく人間，日本人というもののプロファイルが大きく異なる，違うものに

なっていくであろうなと感じています。

　ということは，そうした人材がスポーツに取り組むときに，彼らのもう思考自体が大きく変わってくるのではないかなと思っています。それを分かりやすく言うと，要は欧米型な人たちが今後，日本のアスリートとなっていくんじゃないかなと。

　先ほどラグビーの例がありましたが，こんなことをしていたら外国の人たちはもう2日目には来なくなるというのは，もうまったくそうだなと思っています。

　日本人は，どうしてもストラクチャーがやっぱり居心地がいいと思うんですね。教育環境，私たちが育てられる中で，準備されたもの，予期できるもの，リスクが少なくミスが起こらないように組み立てられたものの中で全てを行ってきています。それはスポーツでもそうだと思っています。なので，サプライズのない中で意外と安心感を持ってやっています。それが逆に言うと自主的とか主体性とかみたいなものが育たないような，逆の効果みたいなものがあったのかなと思っています。

　ですので，ストラクチャーの中でトレーニングをするというのを，スペインの選手たちもすごく嫌がります。息苦しい，もうやめてくれっていう感じになってしまうんですね。それは自由という言葉につながるのかどうかは分かりませんが，その息苦しい中でスポーツをやるということが，彼らにとってはエンジョイではないからなんですね。

　特にスピードや強さみたいなもの，タイムや記録を競う競技でない，フットボールという競技の中において，まさに彼らがどう感じるか，どう見えているか，どう思うかっていうものが尊重されない環境の中でスポーツを行うということが，そもそも競技者から許容されない。だから指導者もそういった文脈でトレーニング環境を提供してあげなければならないというように，お互いに刺激をし合いながらスポーツが進化しているなというのもすごく感じております。

　ラグビーだろうと，バスケだろうと，サッカーだろうと，おそらくいまスポーツが求められているのはそういうことなのかなと思っておりまして，自由とはいろいろな定義があるかと思いますが，選択肢の中から個々人が選ぶことができるということが自由だとすると，例えばフットボールは0.8秒で判断をしてアクションに移す競技ですので，その0.8秒の中で他人から言われたことを忠実に再現するようなスポーツではないということを，あらためて私たちは理解をしなければならなくて，サッカーがより社会的グローバルなものになっていくためには，やはり選手が，見て，判断して，アクションに移したことを1つひとつ尊重できる指導者を育てていかなければいけないのかなと。でないと日本のサッカー界の発展というものは今後もなかろうと，そういうふうに感じております。

■伊坂　ありがとうございます。

　萩原先生，いかがでしょうか。いわゆる教育も変わってまいりますし，そして日本の特性もあって。一方で少子化だけども，その中で日本型をどう育成していこうか，先生のお考えを教えていただければと思います。

■萩原　そうですね，なかなか難しいっていう言葉でひとくくりにしちゃ駄目だと思うんですけれども。例えばわれわれのバスケットボールという競技は，つい先日行われた東京オリンピックで女子が銀メダルを取りましたが，このとき有名になった，われわれの女子日本代表の監督がトム・ホーバスというアメリカ人の監督なんですが，彼はどちらかというと非常にストラクチャーを好む監督なんですよね。彼が日本のチームが今回，銀メダルを取ったというところで大絶賛したのが，日本人の真面目さ，そして忍耐力，ここなんですよね。これがあるから日本は今回，結果が出たよと。それを見直してもいいんじゃないのかということを強くおっしゃっていまして。ここは非常に難しいところだと思うんですけれども。

　私なんかは，昨年まで育成に関わっていて思ったのは，やはり同じなんです。ゴールは一緒で，やはり主体的で自主的で，自分で課題設定をして，自分でそれを解決していくような，そういう人材をわれわれバスケットボールという競技の中でも育てていきたいなと思っております。

　初めから自由というか，何もない状況で，じゃあ好きなことを発想して何かプレイを組み立ててごらんって言うと，それはちょっとできないと思うんですね。そうすると，ある程度の原理・原則，いわゆる型みたいなのは必要なのではと思っています。

　バスケットで言うとフィニッシュのシュートまでフォーメーションで，これを全部言われた通り，がんじがらめにして，ロボットのようにやりなさいっていうのとはまたちょっと違うんですけれども，ある程度の原理・原則というのは，バスケットボールってこういうものだよっていう，ある意味彼らの引き出しですよね。簡単に言えば，シュートが入ればいいよねとか，じゃあシュートはなるべくノーマークで，ディフェンスがいない状況で打つのがいいよねというのが，もうこれは原則なわけなんですけど，じゃあ，それを達成するためにどういうことが必要なのかという原理・原則をちゃんと教えないと，やっぱり選択ができないんじゃないかとかいうことが言われていて。

　ですから，昔から「守破離」って言われたりしますけれども，「放任」と，しっかりそういう型を教えたうえで，自主性を持たせてその選手を育成していくというのは，やはり似ているようで違う，まあ明らかに違うんですが，その違うよねっていうことを昨年まで育成に関わりながら，育成に関わるコーチや，人材育成をしている人たちなんかとお話ししていましたね。まさに「守破離」というのが，すごく日本型の育成

のキーワードになるのかな，なんて思ったりしています。

■伊坂　ありがとうございます。まさにわれわれの遺伝子の中に長年染みこんできたもの，それとともに，この間，受けてきたものや，各競技団体が知恵として持ってきたものなど，おそらくそれらをうまくミックスしながら，日本型というものを固定的な発想ではなくて，時代時代に置き換えながらバージョンアップしていかなあかんという，そんなお話をいま，お三方の先生方とディスカッションさせていただきました。

2050年のチャンピオンスポーツの魅力と価値

■伊坂　あっという間でですね，本当ならあと３時間ぐらいは欲しいなと思っているんですが，大変恐縮ですが，３つ目の話題なんですけれども，ちょっとディスカッションできる残り時間がございませんので，2050年のチャンピオンスポーツの魅力，価値はこんなふうになっていると一言いただいて，その中で選手の，人材にとってこうあってほしいなというレベルで結構でございます，おまとめいただければと思います。

　では順番は，萩原先生，星野先生，佐伯先生とさせていただきたいと思います。

■萩原　ありがとうございます。いずれにしても30年後というのは，スポーツの楽しみ方が多様化しているのではないのかなと思います。その中でわれわれが携わっているようなチャンピオンスポーツの価値は多様化しているため，いまよりも薄れてしまうのか，あるいは逆に多様化が進むからこそエリートスポーツとしての価値というものが上がるのか，これはどっちなのか予測がつかないと私は考えています。

　いずれの場合にしろ，スポーツ界は一部の人のものだけではなくて，みんながそれぞれのかたちでスポーツを楽しむ世界というのが来るのが理想で，そういう中で，育成，スポーツ選手というのは30年後，間違いなく注目度は上がっているといいなと思っています。

　ただ，専門競技の世界だけで生きていればいいとか，知名度があればいいということではなくて，そういう社会の中で広く影響を及ぼすような，スポーツの中だけではなくて，スポーツをやっていない人たちにも何か影響を及ぼすことができるような人材であってほしいと，30年後，そういうスポーツ界であってくれたらいいなと思っています。

■伊坂　ありがとうございます。では，星野先生，お願いいたします。

■星野　よろしくお願いします。パフォーマンスというのはやはり行き着くところまで行って，メタバースとかそういうところのいろんな広がりがあると思うのですが，行き着くところは人間性のストーリー等がすごく重視されていくと思います。

　よくおしゃれなプレイで自己満足に浸っているプロ選手，いろんな競技の人に言う

んですが，それって CG に取って代わられるよって話ですよね。『少林サッカー』を見ればそれで満足しちゃうから，結局そのストーリーだよという話。

　さっきの教育の話になると，やっぱり教育が変わらないと駄目だと思います。結局，いまの育成世代は，起きて活動している時間の大半は 1 時間目から 6 時間目，5 時間ぐらいが一方向授業，考えなくていい授業，教科書をなぞればいい点がもらえる授業を受けているんですね。放課後の 3 時間とか 4 時間の部活のところだけ，いきなり組織マネジメントや，人と人とのコミュニケーションなど，いろんなクリエイティビティが発揮される。これを変えていかなければいけないと思います。

　なので，部活改革については枠組の話だけをしても駄目で。そもそも部活をやったり，スポーツをやってきた私自身で言えば，経営者として課題に直面したりするときに，部活でリーダーとして過ごした日々や先輩などのリーダー像を思い出すことが非常に多いですね。そういった経験が経営に大変生かされている。こういった経験則をわれわれスポーツ界の人間が言語化してこなかった。そしてスポーツ村以外の人たちに共感してもらってこなかったっていう反省を，これから慌てて戻していかなきゃいけないと思うんです。

　何を申し上げたいかというと，まずいきなり 1 時間目 6 時間目を部活にしろは無理なので，体育の授業などにおいて，ただ競技，規則を教えたり，なんちゃってゲーム形式授業を最後にやって終わるんではなくて，ちゃんと部活で得られるものを 1 時間目，6 時間目の中に入れていく。その中でいろんな教科と PBL（問題解決型学習）などと絡みながら行っていく。それで放課後は将来に向けて生徒それぞれがやりたいことをチョイスできる時間にしていくというところですね。そういった全体の教育改革がないと，間違いなくいけない。逆に言うと，そこに価値があると思います。

　私はあと，県協会の代表理事をやっている中で，強化・普及をどうしますかと。とにかくラグビーを頑張ってやってください，ラグビー経験してくださいって，これはなんかくたびれてきてですね。

　そうではなくて 20 年後，30 年後に，まさにバックキャスティングで，しつけ世代とか小学校世代に対し，逆にお宅のお子さん，ラグビー，スポーツをやらせなくて大丈夫なの？　と思えるような。昔でいうところの柔道やボーイスカウトにスポーツ全体が取って代われるような。逆に言うと，やらせなきゃ，やらせなきゃじゃなくて，そこで大人になるためにスポーツを通過しなくて大丈夫なの，ラグビーやらせなくて大丈夫なのって，普通にお母さん，お父さんが子どもに対して言ったり，お父さん，お母さん同士の会話がそうなったりするような，そんな時代を私たちは逆算してつくっていくことが必要かなと思っています。

■伊坂　ありがとうございます。では佐伯先生お願いします。

■佐伯　私はまずスポーツの価値，魅力というところと，もう1つ大きく分けたアスリートの求められる人材像というところでお話しさせていただこうと思います。

　スポーツの価値や魅力で言うと，1つ目に競技力が均衡していることが望ましい，そうなっていてほしいなという希望があります。なぜなら，どのチームが勝ってもおかしくない，予測がつかない，どっちが勝つんだろうというのが実は人を一番引き付けている。

　なので，これも例えばスペインリーグで課題視されているんですが，ほとんど2大クラブのどちらかが勝つリーグになってしまっているんですね。これが改善されない。だからどんどんサッカー離れが進んでしまったというのが背景にあります。なので，オープンで均衡性の取れたリーグみたいなものが常に提供されているというものを，2050年にはゲットしていたい，それは日本の国内も同様かなと思っております。

　それから2つ目が，スポーツが果たす社会的役割みたいなものがすごく重要視されて，もうすでにそういう傾向にあるなと感じております。例えば，スペインにおいては，競技者人口1人に対して係数8人ぐらいを巻き込む力がある。要は驚異的なコミュニティ形成力がある意味でスポーツだと言われています。ですので，このコミュニティを形成する力というものがさらに加速して，大きな社会的なムーブメントになっている，そんなスポーツの立ち位置であってほしいなと，日本でもそう思っております。

　それから感情というところにフォーカスをしますと，スポーツというものは人々の心に幸せな感情，ポジティブな感情を生むものでなければなりませんが，先ほどの冨田先生の人権のお話のところでありましたけれども，やはりハラスメントといったものがまだまだ日本のスポーツ界では大きく取り上げられており，残念ながらそういう実態もあると思います。

　例えば，つい数日前ですか，スペインのリーグの中で，もっと気合を入れて戦えみたいな感じで自分のチームの選手の肩をもって揺さぶった指導者，監督さんが，レッドカードで一発退場を受けているんですね。要は気合とか，罵倒とか，ののしるとかっていうことが，もうすでに指導者には許されないものになっているし，2050年のスポーツでは当然そういうものはもう目にしないものになっているであろうと思います。

　それからやる人たちが楽しい，うれしい，幸せ，守られている，支えられているというポジティブな感情を一身に受け止められるような，そういう何か安心感の下に成り立っているものであってほしいなという希望が，やはりあります。

　そして観る側については，残念ながら，ヨーロッパにおいてサッカーは分断を生み，憎悪や嫌悪を生むスポーツになっているという側面があることは否めません。ですの

で，そういったものが少しずつ緩和され，2050年になくなるかどうかはちょっとまだ根が深いかなと思いますが，少なくともこういった感情が少しずつ減っていくことを望んでいます。

　最後にアスリートの求められる人材像というのは，これはJリーグの中でもすごくはっきりと私たちはイメージができています。最近，私たちはソーシャルグッドプレイヤーといった言葉を使いますけれども，特に欧米の選手は，社会的要請に応じる姿勢を明確に示し，リテラシーが圧倒的に高いです。

　例えば記者会見でも，明日の試合について聞かれた際に，すみませんがその前に，昨日こういう惨事がありました，被害者のご家族にお悔やみを申します，と述べた後で自らの試合について話すような，そういった社会的な要請や責任というのを，アスリートがしっかりと請け負っている。そういう自分たちの存在意義や役割，責任というものを自覚しているリテラシーの高いアスリートが西洋には多く見受けられるので，それがスタンダードになるのが私たちの望むところかなと思っています。

　最後に，Jリーグの選手たちにはいつも話をしておりますが，アスリートの力というのは2つあるよねということです。

　1つは，サッカーがうまいというのは当然なので，競技力ですね。それから絶対に忘れてはいけない，同じくらい重要なのは社会力です。社会力っていうのは，ただそこにいれば身に付くものではなくて，3つの要素があって，提供する環境というものが必要です。これは，Jリーグにおいては意図的にホームタウン活動とか，社会連携活動というものでアクションを起こしています。

　それから文脈というのも大事だと思います。昨今，SDGsなどが大きく取り上げられていますが，われわれが指導者として日常する会話も，例えば社会情勢の話をするなど，サッカーの話だけではなく，選手たちが日々過ごす日常がどのような文脈で成り立っているのかということも，すごく大きな影響やインパクトを与えていると思うので，われわれもボールの話，ゴールの話，勝ち負けの話，勝ち点3の話だけにとどまらず，そうした社会性を育むような文脈というものを意識的に提供していかなければいけません。

　最後は取り組みになりますが，アカデミー年代から選手教育，新人研修，よのなか科など，様々な取り組みが行われている中で，教育と育成というものを彼らに提供していく。この3つの要素を意識的に取り組んでいくことで，社会力というのをアスリートに育んでいくことが，今後は不可欠になっていくのかなと，そんなふうに感じております。

■伊坂　ありがとうございます。3名の先生方には，2050年の人材像と言いましょう

か，その中で大きな影響を与える，そして大きな徳を持っている，加えて，社会力を持っている人たちがプレイをする。そのプレイがわくわくすることで，スポーツの価値がより広まるというお話をいただきました。私も，今日のお話を聞いて，何としてでも2050年までは生きていたいと思いましたので，やはりわくわくしながら，毎日楽しみに，皆さんと共にスタジアム，アリーナでお会いできればと思っております。

　では皆さん，盛大にお三方の先生方に拍手をお願いできますでしょうか。画面越しで恐縮ですが，本当に先生方ありがとうございました。

（パネルディスカッション１終了）

アフタートーク

参加者：

伊坂忠夫，花内誠，佐伯夕利子，萩原美樹子，星野明宏，丸朋子（司会）

■伊坂　50分では足りなかったですねー，やはり３時間は必要です。今からもう１回やりましょか。

■一同　爆笑

■花内　やっぱり内容が濃くて，まだまだ聞きたいですね。パネリストの皆さん，本当にありがとうございました。２日間に渡る今回のシンポジウムは，Day 1は少しカジュアルに拡散的なテーマ，かつ，選手育成というパネルディスカッションでパネリストを変えて多面的に。Day 2は都市工学の観点から，少しアカデミック色を強めて，講演者と同じパネリストでさらにパネルディスカッションをして掘り下げる構成にしました。（本書巻末【資料】参照）メリハリの効いた２日間になりそうと，改めて手ごたえを感じています。

長いようで短い30年後　「変わる」ところと「変わらない」ところ

■伊坂　スペインサッカー界の今後のビジョンや課題の明確さ，日本との差異を改めて実感しましたね。もちろんバスケ界やラグビー界でも，選手育成だけでなく，指導者育成，アナリスト育成まで見据えると，今日の2050年というキーワードは面白かったですね。

■佐伯　Ｊリーグ戦略のコアに，人材育成→組織強化→競技力向上という筋が通っていることからも分かるように，「育成」がやはり最重要課題ですね。

■萩原　今の子ども達はドリブルひとつ取っても，私から見ても本当に上手いなと思

うんです。でも世界も同じ，あるいはより速いスピードで進化しています。シーズン制を採用して，競技人口減少の対策を先手で打たなくてはいけないなど，変わるであろうこと，変わらないであろうことを判断して実行する必要性を日々実感しています。
■星野　ラグビーを「人格形成教育」としてなくてはならないものに，というお話をしましたが，英国に研修やビジネスなどで行くと，ラグビーって共通言語になっているんですよね。初めての場所や初めてご一緒する海外の方に「ラグビーをやっている」と伝えた途端に，「じゃあ，君はジェントルマンでナイスガイだ。ようこそ！　入ってくれ」となる。こういったスポーツを通じた教育改革をさらに進めていこうと実感した出来事でした。
■伊坂　丸さんは司会として客観的にどんな感想を持ちましたか？
■丸　一番印象に残ったのは，佐伯さんがおっしゃったスペインと萩原さんがおっしゃった日本の選手の精神性や思考の対比ですね。なかでも，ゴールや情熱，結果は同じだけれど，プロセスが真逆で，どちらも正解であることが非常に面白い，といったら指導者の方に失礼かもしれませんが……。それだけ選手よりも，指導者の方に選手や状況に応じた柔軟な選択眼と言いますか，高い対応力や判断力を求められる難しい時代になっていくのかなと感じました。

スポーツはソフトとハードが共に発展する時代に向かわなければ

■花内　「スポーツが変える未来」でも触れるのですが，例えば学校を新たに創設しよう，校庭にサッカー場を作ろうという事例があって，サッカー場には3000坪必要なのに最終的に校庭には1000坪しか割けない現実がある。サッカー場をサッカーだけに使うのではなく，ラグビー場としても使えるようにしなければなど，様々な課題はありますが，結果，ソフトとハードが別の話になってしまっています。これからはソフトとハードが共に発展する未来を考えなくてはいけない。コンサートや他の目的にも使用されていますけれど，スタジアムがスポーツのためだけに創られている，そんな点に課題を感じています。星野さん，ラグビー界はいかがですか？
■星野　静岡全体のラグビーという点から観ますと，エコパスタジアム[2)]を中心にラグビーをまとめて，学校や公園でもラグビーが体験できるような環境作りを出来たらと考えています。教育の一環として，「ラグビーをしていないけれど，大丈夫？」が常識になるようにと話しました。トップスポーツにおいても，安全性もトレーニング強

2）エコパスタジアム　静岡県袋井市の小笠山総合運動公園にある多目的競技場。陸上やサッカーをはじめ多彩なスポーツ施設が揃う。エコパスタジアムは約5万人収容。2019年ラグビーワールドカップで日本がアイルランドに勝利した会場である。

化環境もすべての面で行き着くとこまで行ってしまうでしょう。その中で結局，選手の人間性の差で，セレクションも勝敗も左右されるところに立ち返るのではないでしょうか。

■丸　実は私，10年ほど前に萩原さんとトークショーでご一緒させていただきました。その際に萩原さんが「勝負を分けるほんの紙一重の差は，靴を整頓して並べるなど常日頃の行いの積み重ね」とジュニア選手たちに語りかけていらしたことに大変感激しました。WNBA で，日本人で初めて世界トップリーグで戦った方が「徳を積む」ことを大切にしていらっしゃる。大谷翔平選手が高校時代に書いた目標達成用紙にも同じことが書かれてありますし，桑田真澄さんも誰より早くグラウンドに向かい草抜きやトイレ掃除をなさっていたと伺いました。

■萩原　スポーツの楽しみ方が多様化すると予測しているとお伝えしましたが，チャンピオンスポーツの価値が今よりも薄められてしまうか，あるいは逆に多様化が進むからこそエリートスポーツとしての価値が上がっていくか……。いずれの場合も，スポーツが一部の人のものだけではなく，広く一般に，みんながそれぞれの形でスポーツを楽しむ世界が来ることが理想ですね。そういう世界で活躍するスポーツ選手は，間違いなく注目度が高いはずです。専門競技の世界だけでなく，佐伯さんもおっしゃったように，広く世界に影響を及ぼす人材であってほしいですね。

■星野　どのスポーツも究極の人徳を兼ね備えた人物のみがトップ選手として活躍する時代になる。そうなると原点はやはり教育，子ども時代から誰でもどこでもスポーツを楽しめる時代にするためにも，スタジアムなどの環境整備も大切ですね。

■花内　既存じゃなくて，静岡のラグビーはヤマハの工場跡地を活用したらどうでしょう？

■星野　それも一案ですね。

■花内　佐伯さん，スペインではスタジアムってどんな位置付けですか？

■佐伯　日本とスペインの大きな違いは，「スタジアム」＝「非日常」に対して，日本でいう「トレーニングセンター」＝「日常」でまったく別物です。トレーニングセンターがスペインでは非常に重要で，サッカーが上手な人だけのものだけではなく，老若男女問わず全ての市民のためのもの。スペインでは「スポーツシティ」というフリーアクセスの場所であり，いわば社会の縮図です。コミュニティを創る場，コミュニティ形成のためのプラットフォームを担っています。たとえば，認知症のおばあちゃんも一緒に練習を見学していて，試合中の孫がゴールを決めて，おばあちゃんへキスをしに行く，その間は時計を止めなければならないですが，周囲の皆がその様子を優しく見守るんですね。だれも咎めない。素晴らしい社会教育の場でもあります。

■伊坂　コモンズのようなものですね。

■佐伯　まさしく！

官民連携　民：企業だけではなく，「私」が加わる時代

■花内　官民連携とよく言いますが，もう「民」＝企業だけではない。「私」という個人をどのように組み込んでデザインするかが大切ですね。かといって個人の話ばかりでもなく，個とコミュニティとのバランスが肝要です。阪神淡路大震災で救出された方の９割が近隣住民に助け出された，つまり「地域」で支え合ったわけです。消防などの「公」は１割でした。「公」を期待しないというわけではなく，自助を基盤としてこれからのコミュニティ，都市のあり方，創り方を考える必要を感じます。

「地域密着」は目的か，手段か，それとも……

■花内　ですから，山浦先生もシンポジウムでおっしゃっていたように，「30年後も地域密着は続くのか」という議論は大きなポイントですね。私も講義で学生に「『地域密着』は目的か，手段か」と問いますと，学生の答えはバラバラです。佐伯さん，欧州ではどのように捉えられていますか。

■佐伯　欧州では「現象」ですね。１つの例としてフットボールクラブが，自治体に関わって積極的に社会参加する中で，チーム，選手が社会の中で育てられています。

スポーツクラブのトップマネジメントにおける，欧州と日本の違い

■佐伯　さらに，クラブの経営者マインドが欧州と日本ではまったく違いますね。欧州では「オーナー」，資金力が圧倒的に違って，Ｊリーグのクラブでは太刀打ちできません。だから，オーナーが見据えている景色が違う。クラブだけでなく，このまちの未来をどう創るかというビジョンまで見えている。一方日本では，マネジメントがしたくて皆さん社長になっているのに，結果的に資金集めに終始せざるを得ない。

■星野　日本のプロスポーツチーム社長の経歴をみれば，MBAなど，トップマネジメントの力量を持っているのに，実際にやっているのは，資金集めのために頭を下げに行っていることが大半ですね。

■花内　ドイツやフランスはギルド（職業別組合）の色合いがまだ濃いですしね。

■佐伯　裏を返せば，日本には誰しもオーナーになる権利がある，とも言えます。スペインでは無理なことです。

▓ 日本の学校はパラダイス！？

■**佐伯**　他にスペインから見て驚くことは，このアフタートークで最初に話した学校の校庭です。スペインは総合型地域クラブが発達しているから，そもそも学校に広い運動場や遊具がない。スポーツは学校の外で行うもの。テナントビルの２，３階が校舎というケースもあります。だから，スペインの体育教師からしたら，だだっ広く何にでも使える運動場があって，プールも鉄棒などの遊具もある！ 日本の学校はもうパラダイスですよ（笑）。

■**萩原**　私も代表チームに携わっていた際，リトアニアやポーランドに勉強しに行かせていただいたのですが，必ず言われるんです「日本はコーチを雇わなくていいから安上がりで羨ましい」と。欧州にスポーツ環境のあり方を学びに行ったはずなのに……とモヤモヤしながら帰国しました（笑）。

■**佐伯・萩原**　欧州の人たちからしたら，日本の学校って羨ましがられることが多いですよね。

■**花内**　そういった意味合いでは，日本の学校施設の解放は積極的に進められるべきだけれど，この十数年取り組んできても，現状はまだ子どもたちだけのものになっていて非常にもったいないですね。これも今後の課題ですね。

（アフタートーク終了）

（2021年11月10日，オンラインにて開催）

Ⅱ

スポーツが変える未来

第6章

スポーツが変える未来

　第Ⅱ部は，「スポーツが変える未来」と題して，TOKYO2020以降のスポーツ界が，社会に何をもたらすことができるのかというビジョンとプランについての具体例を模索してみたい。

　「はじめに」でも書いたが，本書の前作 ASC 叢書 3 『スポーツビジネスの「キャズム」』では，スポーツビジネスには陥りやすい谷（キャズム）が存在するのではないかという問いをあつかった（図6-1）。それは，「スポーツを観る」という市場が，自らもプレイする人が中心の初期採用者と自らはプレイしないが応援する人が中心の初期多数派の間の価値観の違いがあり，その価値観の違いを認識せずにマーケティングを行おうとすることが原因である。さらに価値観の違いを認識しないまま放置すれば，トップスポーツはエンタテインメント化する一方で，グラスルーツスポーツが衰退するスポーツの2極化を産む原因にもなるだろう（図6-2）。

　その価値観の違いは，TOKYO2020では，バブルの中のスポーツ界とコロナの中の一般市民との間に生じた「ズレ」の正体でもあるのではないか。TOKYO2020以降のスポーツに吹く逆風は，この谷（キャズム）から吹く風に違いない。キャズムを超えるためにはまず，この価値観の違いを認識し手を打つべきである。

　たとえば，スポーツ関係者が掲げる「ビジョン」と「プラン」は，どうしても自らプレイする人の価値観で考えた「ビジョン」と「プラン」になりがちである。オリンピックやワールドカップでの競技成績の目標を「ビジョン」として掲げてしまうケースもある。TOKYO2020以降のスポーツは，キャズムを超

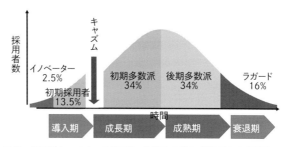

スポーツビジネスでも，「成長期」を迎える前に普及が止まる現象
＝キャズムが生じる事例が多いのではないか？

図6-1　スポーツビジネスのキャズム

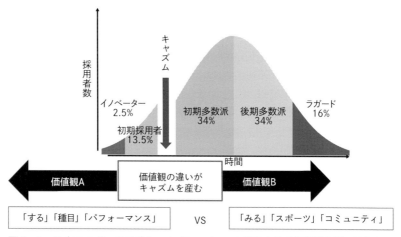

図6-2　日本のスポーツビジネスで「キャズム」を発生させる価値観と違いは何か？

えるために競技成績だけでなく，スポーツが，その種目が，そのリーグやチームが，社会に何をもたらすのかという「ビジョン」と，どうやってそれを実現させるのかという「プラン」を示すことで，そのスポーツ界と一般市民の繋がりを示すことが可能になるはずである。まずはそれが，TOKYO2020以降のスポーツ関係者の第一歩である。

　スポーツは，どんなことを社会にもたらすことができるのか。本章では，その一例について考察してみたい。

01 | スポーツ×アーバニズム

▌1▐ 「地域密着」は目的か手段か

　キャズムを超えるための社会への貢献ビジョンのひとつに「地域密着」がある。スポーツチームがマーケティング上のキャズムを超えるために「地域密着」を唱えることは、そのこと自体キャズムを超える「手段」と捉えることも可能である。

　Ｊリーグ創設以来、すっかりお馴染みになった「地域密着」であるが、「する」人、「種目」の人、スポーツ用品産業の関係者たちの価値観では、自らの「パフォーマンス」「競技成績」が重要視されてしまいがちである。協会やリーグ、チームの関係者の多くが元選手で占められている場合、イノベーターや初期採用者としてスポーツをする人の価値観が優先されることは想像に難くない。結果として、協会やリーグ、チームの「目的」「目標」は競技成績の向上になり、「地域密着」はマーケティング上の手段となっていく。

　本来であれば、「みる」人を巻き込んだ経済循環でスポーツを発展させる為には、「みる」人の価値観を認識し、そのスポーツやチームが、「みる」人たちのコミュニティ≒地域に何をもたらすのか。という具体的なビジョンを目的として示す必要がある。「地域密着」が手段となってしまうと、具体的なビジョンは描かれず、単なるお題目として「地域密着」を謳う空疎なビジョンとなりがちである。

　Ｊリーグ創設後約25年の空白を経て、Ｂリーグ、Ｔリーグが立ち上がり、ラグビーもリーグワンとして新リーグが立ち上がったが、どのリーグも自らの種目の振興は明確に謳っているが、キャズムを超えた価値観でのビジョンを示せたかというと、Ｊリーグの百年構想よりも優れたビジョンは示せていないのではないか。

　一方で「スポーツの産業化」が政府によって謳われたことで、「産業化」や「ビジネス」自体が目的として扱われているケースも多くある。「産業化」はい

まだアマチュアリズムが蔓延り，「みる」スポーツへのアレルギーが強いスポーツ関係者に対して，「する」「みる」「ささえる」の循環を促すことを「産業化」として表現したのだと思われ，さらに政府の方針として謳われることは，実業界からの投資を促すのでスポーツ界にメリットも大きい。しかしながら，「産業化」や「ビジネス」が目的とされることで「地域密着」が手段化し，スポーツがエンタテインメント産業化していくことに疑問を感じることも確かである。「産業化」は目的なのだろうか。

道徳なき経済は犯罪であり，経済なき道徳は寝言である

　二宮尊徳の言葉として内村鑑三が紹介した金言である。二宮尊徳は地域振興の実践者であり，その言葉はスポーツによる地域振興でも参考になる。「地域密着」を手段として産業化を進めるだけでは，地域から吸い上げられた収益は地域に還元されることなく，そのスポーツ種目の強化だけに使われるか，企業の懐に入ってしまう可能性がある。「地域密着」を手段とするならば何を地域に還元することができるのかと言う目的＝道徳が必要である。

　一方で「スポーツは地域のため」と言いながら，アマチュアリズムの殻に閉じこもり，経済的に行き詰まり何もできないという状況は二宮尊徳からは寝言と一刀両断されてしまうだろう。

　「地域密着」を目的として，具体的に地域に何をどうやって還元するのかという経済的に裏打ちされたプランをセットにする必要がある。

　こうしてみると「地域密着」という言葉は目的にも手段にも使われ，曖昧なワードとして使われている。Ｊリーグ創設後30年が過ぎる。そろそろ曖昧な言葉をアップデートして新たなビジョンとプランを示す言葉を考えてもよいタイミングなのかもしれない。

２ 「スポーツアーバニズム（Sports Urbanism）」

　私は「地域密着」をアップデートする言葉として「スポーツアーバニズム」

と，その実践者としての「スポーツアーバニスト」を考えたい。

　前述した『アナザーユートピア』の共著者の一人で，東京大学で都市計画の教鞭を執る中島直人は著書『アーバニスト——魅力ある都市の創生者たち』[2)]の中で，以下のように「アーバニズム」を整理している。

　　「アーバニズム」という用語は，1920年代のシカゴ大学を中心とした都市社会学の誕生とともに生まれた。特にその創生世代のひとり，ルイス・ワースが人口規模，密度，異質性（不均質）が生み出す「都市の生活様式」と定義したことに端を発する事実概念（「〜である」という事実性を表す概念）である。一方で，現在，都市計画や都市デザインの世界で使われているアーバニズムは，単に「都市の生活様式」。実態ではなく，こうあるべき，というビジョンやその探求と言う意味を持っている。その起源をたどれば，19世紀末にフランスをはじめとする欧州のラテン系諸国で都市計画を意味する言葉として生まれた「ユルバニズム」に行きつく。

そのうえで，一部の役人や有識者の専門家が計画として「アーバニズム」を行っていた時代から，徐々に思想や技術が民間に浸透し，現代では，様々な市民が生活として「アーバニズム」を行い，実践者として都市に住み，都会の生活を楽しんでいる「アーバニスト」として，それぞれの専門分野を活かしながら都市問題を解決していくという流れを述べている。

　だとすれば，そのひとつにスポーツを専門分野として，都市に住み都会の生活を楽しんで「アーバニズム」を実践する「スポーツアーバニスト」や「スポーツアーバニズム」があっても良いのではないか。

　中島に直接尋ねてみた。

　中島は，これまで彼が研究した「アーバニズム」や「アーバニスト」の文献の中に「スポーツアーバニズム」や「スポーツアーバニスト」という用語は見当たらないものの，考え方や思想としては，スポーツを分野に「アーバニスト」として「アーバニズム」を実践するのであれば，その人は「スポーツアーバニ

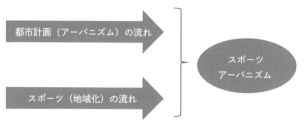

図6-3　スポーツ×アーバニズムの2つの流れ

スト」「スポーツアーバニズム」を名乗っても良いのではないかと柔軟な考えを示した。

　都市計画が専門家からアーバニストへと変わっていくアーバニズムの流れと，スポーツにおける「地域化」の流れは，中島が言う「都市に住み都会の生活を楽しんで」「アーバニズム」（都市問題を解決する）を実践するという実態やあるべき姿として焦点を結ぶことができるのではないだろうか（図6-3）。

　Jリーグの「シャレン」など，いくつかのスポーツでの動きを「地域密着」という営業手段とも捉えられる言葉ではなく，「スポーツアーバニズム」という社会問題を解決する思想としての言葉にすることで，スポーツの存在意義が明確になる。これまでの「地域密着」から「スポーツアーバニズム」へ言葉をアップデートさせることを考えたい。

02 スポーツ×アーバニズムの歴史

1 都市問題を解決する近代都市計画と近代スポーツ（レクリエーション）

　スポーツアーバニズムという言葉は新しいものの，その思想は以前から存在していたと考えている。

　19世紀末は産業革命の結果として，都市人口が急速に増大した。当時の都市は，現代のような上下水道や道路，住宅などの物的環境の整備が追いつかず，近隣の工場からのばい煙や排水などで，不衛生不健康で狭く混みあう危険な場所であった。こうした都市化の悪影響を改善するために必要とされたのが，物

的環境を整備する近代都市計画である。

　また，一方で都市に住む住民たちは，様々な生活様式や行動様式で劣悪な環境を乗り越えようとした。その1つが，近代スポーツ・レクリエーションである。劣悪な環境で労働を強いられる都市住民たちは文字通り命をすり減らすような毎日を暮らすことになる。彼らに適切な休息を与え，肉体的な回復とともに精神的にも回復させ，労働ですり減った命をリ・クリエイト（re-create）＝再創造する行為がレクリエーション（recreation）である。

　アメリカのレクリエーションの歴史を振り返ると，はじまりは，ボストンで子どもたちのために設置された砂場であった。[3] 都市化の悪影響を強く受けたのは社会的弱者である子どもたちであった。急激に都市化が進んだ都市では，居住環境は急ごしらえの劣悪なものであり，そこで生まれ育つ子どもの成長に悪影響を及ぼした。道路が子どもたちの遊び場であり，多くの子どもが事故に巻き込まれた。子どもが成長しても，盛り場周辺の子どもたちは大人から悪い影響を受けて不良化した。こうした問題を解決するためにボストンで子ども向けの砂場を用意することからはじまったボストン砂場運動は，全米各地に広がる。それはすぐに砂場だけでなく，子どもや青年たちのスポーツ競技の場を用意するプレイグラウンド運動として発展する。そしてプレイグラウンドは大型化，多機能化し，体育館やプール，陸上競技場や野球場などを備えたレクリエーションセンターとなっていく。

　都市化の悪影響を解決するための都市計画とスポーツ・レクリエーションはシカゴで邂逅する。都市化の過程で大火に見舞われたシカゴでは，1893年のシカゴ万博を機に延焼を防ぐ空地を公園とし，公園と公園を並木道でつなぎ緑のネットワーク＝公園系統（Park System）をつくっていた。一方で，市の中心部は低所得層の移民の住む劣悪な環境であり，プレイグラウンドを必要としていた。当初は，私人によるボランティア活動として行われていたプレイグラウンド運動であるが，青少年や大人も対象とする競技グラウンドを整備し多機能化，大型化し数を増やしていき，プレイグラウンドの管理運営を私人からシカゴ市へ移管し，市営のプレイグラウンドとしていく。[4]

シカゴ市は，プレイグラウンドを公園委員会の管轄とし，公園系統(Park system)と同様に，どのくらいの広さや施設で，どこに配置するのが効率的かつ効果的かという公園計画を作るようになった。

2 アメリカの地域スポーツ環境の創成

　こうしたシカゴの公園計画を各都市が参考として拡がっていった。同時に，それまで「子どもの為に」あったプレイグラウンド運動は，大人も含めた市民の為のレクリエーション・ムーブメントとなっていく。1921年に出版された初期のレクリエーション運動史である『The Play movement in the united states』ではこのムーブメントを「砂場の段階（1885〜95)」「モデルプレイグラウンドの段階（1895〜1900)」「小公園の段階（1900〜1905)」「レクリエーションセンターの段階（1905〜1912)」「市民の芸術と福祉の段階（1912〜15)」「近隣組織の段階（1915〜1918)」「コミュニティサービスの段階（1918〜)」と段階的に分けている。[5]

　それは，1906年にプレイグラウンド運動をまとめる団体の名前が全米プレイグラウンド協会（PAA=Playground Association of America）であったのに，1911年には全米プレイグラウンド・レクリエーション協会（PRAA=Playground and Recreation Association of America）に名称を変更し，1930年には全米レクリエーション協会（NRA=National Recreation Association）となったことからも，児童を対象の中心としたプレイグラウンドが，大人を含めた市民のレクリエーションへと対象が広がり，場所も広く多様化していったと推察される。

　私的なセツルメント運動の一環としてはじまったプレイグラウンド運動は，公的援助を得るようになると，プレイグラウンドを設置するとき，その管理主体が学校を中心とした教育関係部局なのか，自治体の公園部局なのかによって，教育関係部局が主体となってプレイグラウンドを管理するならば，プレイグラウンドは教育のための施設と見なされ，自治体の公園部局なら，プレイグラウンドが地域住民に広く開放され，レクリエーションの場所になる。イギリス教育庁の報告書『The Playground Movement in America and Its Relation

to Public Education』では，アメリカのプレイグラウンド・ムーブメントを
その運営主体の違いを地域によって下記の4つに分類している。[6]

　1．学校公園一体型（インディアナ型）

　2．学校主導型（ニューヨーク型）

　3．遊び場協会主導型（ボルティモア，ボストン型）

　4．公園型（シカゴ型）

　PAAは，成立した当初，学校のなかに遊びの時間や設備を導入する方向で
進みつつあった。しかし，1910年にジョセフ・リーが会長になると公園型の方
向に進むことになりPRAAに名称が変更された。後に，リーは「プレイグラ
ウンドの父」と呼ばれるようになるが，本人は自らを「ソーシャルワーカー」
と呼び続けたように社会問題の解決のために活動している意識が強かったと思
われる。リーは「社会問題解決には，レクリエーション活動と楽しさが必要。
大人の遊びはレクリエーション，すなわち大人の生き方を再び新しくする。」
と言っている。[7]　リーは，社会問題を解決する手法として市民からの「まちづく
り≒社会問題解決」を義務として参加を強制するのではなく，レクリエーショ
ンを楽しく行うことで積極的に参加を促すというスポーツをツールとしたアー
バニズムを推進するスポーツアーバニストであったと評価できる。

　リーは，社会問題の解決の為には，プレイグラウンドの運営を，教育関連部
局ではなく，公園関連部局で行うことを選択したと推測する。彼の選択は，全
米に広がり続け，各地の公園管理部局には公園を管理する公園局（Park Dept）
とともに公園でレクリエーションプログラムを行うレクリエーション局（Rec-
reation Dept）が設置されるようになる。

　1950年代には，この公園局とレクリエーション局が合併し公園のハードとソ
フトが一体化されたPark & Recreation Deptなる動きがアメリカ全土に広
がる。アメリカの地域スポーツ環境は，この「Park & Recreation Dept」に
よるソフトとハードの一体経営の強さに支えられている。

3 ドイツのスポーツ環境の創成

　アメリカで広がるレクリエーション・ムーブメントと公園計画は，20世紀初頭の都市計画では世界各国の都市でも検討され取り入れられた。前述したプレイグラウンド運動の4つの方向性を示した報告書が1913年にイギリス教育庁のものであることが示唆するように，スポーツがジェントルメンと呼ばれる上流階級のものから，労働者のレクリエーションとして都市化とともに市民間で急速に発展していく状況をヨーロッパ諸国でも，どのように捉えて対応するのか。スポーツ関係者，教育関係者そして都市計画家の間で議論されていたと考えられる。ドイツのミース・ファン・デル・ローエとアメリカのフランク・ロイド・ライトと並ぶ近代建築の三大巨匠の一人，ル・コルビジェは，1928年6月26，27，28日にスイスにて行われた近代建築国際予備会議において，「都市計画」について「あらゆる状況において，都市計画ではスポーツ（健康，神経組織の回復，など）が尊重されるべきである，住宅のすぐそばでも運動ができるようにする。」と言及している。[8]

　スポーツとアーバニズムの邂逅である。特にドイツでは，1916年にマルティン・ワグナーとカール・ディームの二人によって，ドイツオリンピック委員会に提案された「遊戯場法」となる。遊戯場は Playground のことである。マルティン・ワグナーは，彼が関与したベルリンのモダニズム集合住宅群が2008年世界遺産に登録された著名な建築家，都市計画家である。1915年に「都市の空地政策」を著し，一人当たりに必要な公園面積という概念を示している。「遊戯場法」では，その考え方を基に，市民に運動の場所と機会を与え，健康で頑健な市民を造るというプランを提示した。

　もうひとりのカール・ディームはその後1936年に開催されたベルリンオリンピックの事務局長となり，第二次大戦後もドイツスポーツ界での地位を保ち，ケルンスポーツ大学の学長などを務め，1960年から「遊戯場法」を基に15年かけてスポーツ施設を全国的に整備する「ゴールデンプラン」実施の立役者とされる。ゴールデンプランは，自宅からの徒歩で到達する時間に応じて，近い順に住区（2-5分），近隣（5-15分），地区（15-25分），地域（25-35分），広域（35-60

図6-4　地域における遊び場の配置イメージ

住区：徒歩2-5分	砂遊び場，水遊び場など
近隣：徒歩5-15分	水遊び場，用具遊び場，ボール遊び場，遊びの道路など
地区：徒歩15-25分	用具遊び場，ボール遊び場，指導者付の遊び場，身障者の遊び場，特別の遊び場など
地域：徒歩25-35分	スポーツ広場，保養パーク，公共オープンスペース，特別用途スペースなど
広域：徒歩35-60分	住区，近隣，地区，地域における各施設の集合体

出典：福岡孝純，谷本郁美，2006「ゴールデン・プランにおけるこどもの遊び場の基準とその変遷」『帝京経済学研究』42（2）より作成

分）と分けて，それぞれに必要なプレイグラウンドと施設を設定している（図6-4，6-5）。現在のドイツの豊かなスポーツ環境は，1916年の「遊戯場法」を基に1960年からはじまったゴールデンプランによって形成されたとされる[9]。

ドイツは，学校では体育館で体操を中心とした体育を行い，地域のプレイグラウンドではスポーツを行っている。本書第8章の執筆者である高松平藏氏の著作に『ドイツの学校にはなぜ「部活」がないのか』（晃洋書房，2020年）という

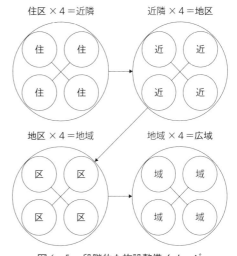

図6-5　段階的な施設整備イメージ

出典：福岡孝純，谷本郁美，2006「ゴールデン・プランにおけるこどもの遊び場の基準とその変遷」より作成

1冊があるが，まさに，ドイツでは，学校に運動場を造るより，プレイグラウンドを造って学生だけでなく地域住民がスポーツに参加することで社会問題を解決しようという考えでスポーツが扱われたのではないだろうか。

さらに，それぞれのプレイグラウンドは地域の人々の「フェライン」と呼ばれる法人によって管理・運営されている[10]。ドイツの学校には「部活」が無いのは，こうした地域のプレイグラウンドという物的環境と「フェライン」という

人的環境が整備されて，ソフトとハードの一体経営が地域スポーツで実現しているからである。

スポーツとアーバニズムがドイツでは，マルティン・ワグナーとカール・ディームの二人の人物を介して結合したと言える。

アメリカのレクリエーション・ムーブメントもドイツのゴールデンプランも，スポーツ（レクリエーション）の場をハード（施設）とソフト（組織）の両方を計画的かつ一体的に設置することで都市問題を解決する＝スポーツ×アーバニズムが，地域スポーツの発展の基礎となっている。

4 日本におけるスポーツ×アーバニズム

この時代におけるスポーツ×アーバニズムのムーブメントが，これらの国のスポーツ環境を決定づけたとするならば，日本においてはどうだったのだろうか。

日本でも都市計画の草創期の公園計画にスポーツをツールとして社会問題を解決しようとする動きがあった。日本に計画的に複数のスポーツの場が作られるのは，都市計画法が制定され（1919年）関東大震災後の帝都復興事業（1923-）以降とされる。

帝都復興事業として3つの大公園，52か所の小公園が整備された。大公園としては隅田公園（5万2700坪），浜町公園（1万1000坪），錦糸公園（1万7000坪），小公園がコンクリート造の校舎を持つ小学校に併設される形で52か所整備された。大公園では，共通して大規模な運動施設と児童遊技器具が設備された。特に隅田公園は，当時人気であったボート競技の拠点として整備され，神宮外苑を陸上競技の中心，隅田公園を水上競技の中心としてスポーツの二大拠点として整備された。今も春の風物詩として隅田川で競技が行われる早慶レガッタは，当時，長期間中止されていたが，墨田公園竣功を祝う復興記念祭のイベントのひとつとして復活し現代も続けられている。

日本における公園計画を理論的に完成させたのが，北村徳太郎（1895-1964）である。日本公園緑地発達史では，北村を「わが国の都市計画公園育ての親」

としている。[11]

　北村は公園緑地などの大きさ，配置などの物的環境である公園の理論を構築しただけでなく，その公園で行われる人的環境＝慰楽（大正時代のレクリエーションの和訳）に関しても系統（システム）としての理論構築が必要であると指摘している。

　　公園は戸外清遊場であるが，清遊場必ずしも公園でない。其の種類は国々に依り異なりますが，学校運動場神苑の如きは然り。プール必ずしも公園でない。プール建造物附近の公園にプールを設ける如きは明に無駄である。公私を問はず，恒久的清遊場を相眺んで，テニスコートは何町毎，プールは何町毎等々公園系統以上に，善き休養施設網を樹てるのを慰楽系統計画と申しまして，公園系統より一歩，先に飛び出してをる主張であります。此の域に参りますと，造園技師の領分より尚進化して，立派な社会科学となりつつあります。（『都市の公園計画一応の理論』都市公論15巻12号）

5 公園系統と慰楽系統

　公園計画を理論化，法制化した北村は，各国の公園計画を研究するうちに，各国のスポーツ事情によって，必要とされる運動場の面積が異なることに気がつく。ドイツでは，標準的なスポーツ種目としてサッカーが想定されているので，サッカーにあわせて，運動場の面積が大きく設定されている。その面積を前提に日本の運動場を考えていくと，日本の都市ではとても運動場を用意しきれない。そこで，北村は日本における標準スポーツとして野球を想定し，それにあわせて運動場を用意することにした（図6-6）。

　　「空地面積に著しい影響を齎す空地上標準スポーツが問題となるのであって，其れにはせめてスポンヂボールの野球でも出来ればと，此の運動場を一応選定したのである。約三十五間四方の広場，即千二百坪余の広場を必要と計算したのである。英国独逸の如きは本年齢級に蹴球場を標準としている。蹴球

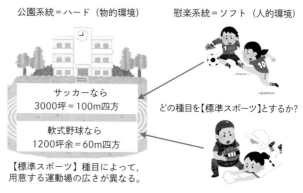

図6-6　公園系統と慰楽系統

を標準とすると最小の物でも三千坪以上となり，又二百米トラックを標準としても二千坪以上となる。是れは後述区画整理等の関係上当時の意識では，実現問題となると六町以内に求むるは中々容易ならぬ物あると考え以って，中庸度からは割愛して，望ましき標準即ち勧告的標準の方へ送り込んだのである。」[12]

　公園計画を決めるには，慰楽系統としてスポーツ種目が影響を及ぼすことがわかる。

　同時に，公園計画が決まれば，そこで行うスポーツ種目にも影響を及ぼす。

　日本は，北村の考えた標準に従って小学校の校庭の最低面積が決められた。その広さは戦後もいくつかの変遷は経ているが，最低面積として名残を残している。そう考えれば，現在の日本の小学校の校庭は野球を標準スポーツとして計画されていることになる。もし，日本がサッカーでワールドカップに優勝するつもりなのであれば，サッカーの慰楽系統から考える必要があるだろう。サッカーにあわせて校庭を広げるのか。それとも校庭ではなく別の場所にサッカーにあわせた広さの運動場を用意するのか。あるいは，狭い校庭においてもサッカーが可能な練習方法や試合方法を考えるのか。スポーツ環境にあわせた工夫が必要になる。そうでなければ，サッカーにあわせたスポーツ環境を用意して

いるドイツやイギリスに勝つことは難しいだろう。サッカーだけでなく、各スポーツ種目団体は、こうした都市計画的思想をもったスポーツアーバニストと協力して計画を練っていく必要がある。一方で、あらゆるスポーツが理想のスポーツ環境を用意するのは、これまた難しい。例えば、通常の体育館や運動場ではできないサイズや施設を必要とするスポーツは、環境整備に不利になる。様々な条件の中で、市民にとって最大限のスポーツ環境をどう用意することができるのか。21世紀の慰楽系統をスポーツ側もアーバニズム側も考える必要があるはずである。

　日本のスポーツは、1928年にスポーツの所管を文部省とする閣議決定以来、一貫して学校にスポーツ施設を造り、教育としてスポーツを行ってきた。その結果、日本には欧米には無いスポーツ環境がある。日本のスポーツ関係者はドイツの公園とフェラインを中心としたスポーツ環境を羨ましがるが、ヨーロッパの国のスポーツ関係者は、グラウンドと体育館とプールが整備された日本の小中学校の部活動環境を羨ましがる。学校と地域の双方にスポーツ環境が整備されている国は少なく、多くの国では限られた予算で、どちらかにスポーツ施設を整備していると考えられる。

　日本でもドイツのゴールデンプランを知り、同様な地域スポーツ環境を日本にも取り入れようという動きがあった。最初は1970年代に行われたコミュニティスポーツ政策である。当時、盛んであったコミュニティ政策を背景に、ドイツのゴールデンプランを手本に日本に豊かな地域スポーツコミュニティを造ろうという意欲的な政策であったが、予算の裏付けもなく失敗に終わった[13]。従来予算措置されていた教育のためのスポーツ環境整備に加え、新たに社会問題解決のためのスポーツ環境整備をするのは2重の予算に見えるのだろう。スポーツ側が2重の別々の予算ではなく、1つの予算として効率的な提案をしていれば違う結果になったのかもしれない。

　次にドイツのような地域スポーツ環境を日本にも取り入れようとしたのは、1992年のJリーグの「プロ化」である。もう一度百年構想をみておきたい。

・あなたの町に，緑の芝生におおわれた広場やスポーツ施設をつくること。
・サッカーに限らず，あなたがやりたい競技を楽しめるスポーツクラブをつくること。
・「観る」「する」「参加する」。スポーツを通して世代を超えた触れ合いの場を広げること。

Ｊリーグが社会にもたらす変化を百年構想として提示し，「スポーツで，もっと，幸せな国へ。」と謳っている。

　Ｊリーグの原点となるのが，初代チェアマンの川淵三郎が選手時代訪れたドイツのスポーツ施設での体験であることは，川淵がよく語っている。[14]

　Ｊリーグの「プロ化」は，スポーツアーバニズム的視点でみれば，民間企業の資金で地域スポーツを充実させるという計画と言える。1970年代のコミュニティスポーツ政策は国予算で実施しようとしたが，「プロ化」は，民間の資金で実施しようとしたと解釈することも可能である。その計画は，1984年のロサンゼルスオリンピックから本格化したスポーツビジネスの活況と行政の仕事を民間に移行するネオリベラリズムの波にも乗り，行政関係者やメディアからは圧倒的に支持を受けた。行政から見れば，自らの予算を使わずに地域を活性化してくれる計画であるし，メディアから見ればプロ野球に変わる新たなスポーツコンテンツとしての期待が大きかった。

　「プロ化」は日本に地域スポーツを再構築するという期待を市民に持たせることに成功し，サッカーを一躍メジャースポーツに押し上げたが，その動きに続こうとする各種目はことごとく「プロ化」に失敗した。

　地域スポーツの再構築を民間企業の資金で行うことは，民間企業と地域双方に充分な理解があった上で，信頼関係を構築する必要がある。民間企業は地域スポーツに投資した資金を回収する必要があるが，地域は利益を地域に還元することを要求する。利害は必ずしも一致しない。そのバランスを適切に保つことに相互の信頼関係が無ければ，民間企業の資金による地域スポーツは成立しない。

しかし，メディアや行政の支持を背景に「プロ化」に賛同しない企業関係者と丁寧な信頼関係の構築をしないまま強引に「プロ化」を実施しようとすれば，実質的な負担を受け持つ民間企業側の反発を招き「プロ化」は頓挫する。サッカーの成功を目にした各種目団体は，こぞって「プロ化」を図るが，多くは民間企業側の信頼が得られぬまま挫折し，苛立ちから民間企業側の無理解を責めるケースが増えた。実業団スポーツは古い，実業団スポーツでは発展できないなどの論旨である。

　バブル崩壊以降，企業の持つ余剰資産を有効活用させる経営が求められていた時代に実業団スポーツへの無理解は，企業が実業団スポーツを廃部させる口実となった。結果として「プロ化」の失敗は実業団スポーツの衰退を進め，拠点としていた貴重な企業スポーツ施設は余剰不動産として処理されてしまう。これが第1章で提示した企業スポーツ施設の減少の一因でもある。

　「プロ化」を押し付けるのではなく，民間企業側が「プロ化」を選択するにはどうしたらいいのか。それには，日本とドイツ，アメリカの置かれた環境，歴史の違いを研究し糸口を探る必要を感じる。

　日本はなぜ，地域スポーツではなく，学校スポーツを選択したのか。

　日本がとった学校スポーツの選択をドイツがとった地域スポーツの選択に変えることは可能なのか。それには，どんな障害があり，どんな方法があるのか。

　Ｊリーグが投げ掛けた地域スポーツの充実によるもっと幸せな国を実現させるためには，それらについて考えていく必要がある。

　日本のスポーツ環境が，アメリカやドイツと異なるのはなぜなのか。前述の大正から昭和初期にかけて，日本にスポーツ施設が計画的に配置され始めた時代から現代に至るまでの間をきちんと振り返って研究する必要を感じている。管見では，研究はまだ少ないようである。それを明らかにすることから，スポーツ関係者と都市計画関係者双方が共有することで，日本のこれからのスポーツ環境整備が始まるのではないだろうか。私はＪリーグが掲げたスポーツ環境を実現させるためにも，スポーツ×アーバニズムの研究をしていきたいと思っている。

03 | 2050年のスポーツ×アーバニズム

1 2050年の地域スポーツの担い手は誰か

　日本のスポーツは，ドイツと違い学校スポーツを中心に展開されたことは述べた。その結果，そもそも日本にはドイツと比べて地域スポーツの担い手が少ないことを認識しておく必要がある。社会課題を解決するために地域でスポーツを行う国では，当然，そのための人的環境が用意される。ドイツではフェラインという非営利団体が担うことになるが，それぞれが拠点としてのスポーツ施設の管理をしているので，財務的にも人的資源を抱える余裕を持つことができる。日本の場合は，スポーツは教育を目的として学校で行われる。地域のスポーツ施設は，社会問題の解決拠点ではないので，スポーツ団体はあくまでも施設の利用者であり，施設の運営者とならなかった。

　最近は，日本でも地域スポーツを育成するために，地域のスポーツ施設の指定管理を地域のスポーツ団体に任せる動きが出てきているが，スポーツを社会問題の解決のために行うという前提はまだ日本では共有されていないので，スポーツ施設の管理費削減や，スポーツ団体の経営力強化という目的で行われることが多い。

　Jリーグが描いたようにプロスポーツが盛んになることで地域スポーツが盛んになることを概念図にすると図6-7のようになるだろう。プロスポーツで稼いだお金を地域スポーツの育成や強化に循環していくという概念である。

　この概念図にドイツの地域スポーツ団体を当てはめると，図6-8のようになるだろう。スポーツでの活動の中で，あまり強化などのスポーツのパフォーマンスと直接関係のない普及活動などで，社会問題の解決にスポーツ組織は関わっている。

　一方で，日本のスポーツ団体は，スポーツをすること自体に教育的価値を強く見出すことになるので，どうしてもスポーツ団体は図6-9のように普及よりも強化を重視する組織になる。これはスポーツを学校で行うことを選択した

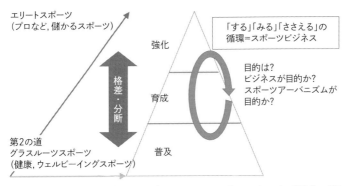

図6-7　エリートスポーツとグラスルーツスポーツをつなぐ強化・育成・普及の循環

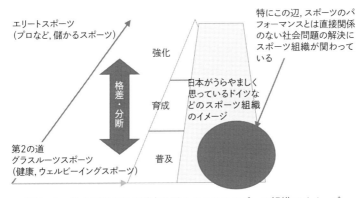

図6-8　社会問題解決に重点を置くドイツのスポーツ組織のイメージ

日本の社会制度上当然のことであり，スポーツ団体を責めることではない。

　大切なのは，この社会制度上の現状を，いかにしてドイツに劣らない地域スポーツ環境に変えていくのかということである。

　2050年に向けた地域スポーツの担い手が，ドイツのようになるためには，現状のスポーツ団体に加えて，スポーツによって社会問題を解決するスポーツアーバニズムが必要とされる（図6-10）。

　これまで民営化と呼ばれていたPPPやPFIなどの手法の多くは，民間企業へ行政の仕事を渡すことであったが，ノーベル経済学賞を受賞したエレノア・

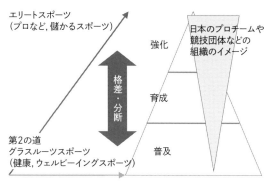

図 6-9　強化に重点を置く日本のスポーツ組織のイメージ

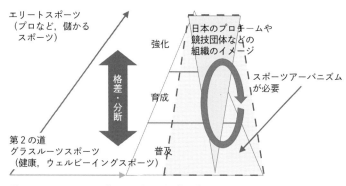

図 6-10　ドイツと日本のスポーツ組織の差を埋めるスポーツアーバニズム

オストロムは，公共財の維持・管理には官や民よりも，コミュニティなどの共同体が担うことが望ましいとしている。公共財である地域スポーツについては，行政（官）や企業（民）ではなく，第3の共同体（共）が担っていくことが望ましい。

　ドイツのフェラインは，まさにこの共同体を法人化したものであるが，日本の政策ではこうした共同体の法人化はまだ発展途上である。今後は，図6-11のように共同体が運営となるような体制化を図っていく必要がある。

　スポーツだけでなく，日本の社会は欧米に比べて官・民の2元型での社会制度が強い。2050年に向けて，ここに官・民・共の3元型での社会を制度化し，

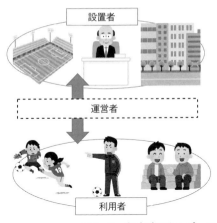

設置者

運営者

利用者

- 設置・管理者（公）と利用者（私）中心の日本

- 運営者（共）の存在が大きい欧米

- エリアマネジメント（などのアーバニスト）とスポーツ（トップチームや総合型地域スポーツクラブなど）が「運営者」（共）として成り立つか。

- 「共」であれば，エリアマネジメントとスポーツチームを別組織にする必要があるのか。

図6-11　都市計画もスポーツも「運営者」の存在がカギ

３本足で立つことが社会の安定につながる。営利領域は民，非営利領域は官というだけでなく，営利領域で得た収益を非営利領域で使う共の仕組みを制度化することが重要になる。

　行政がPPPで民と共を横並びで入札させることは慎重を期したい。どうやってまず共をつくり持続させるかを前提にせず民（企業）に任せてしまえば，営利領域の為に値上げやサービス低下，さらには契約破棄などで，必要な行政サービスが失われる可能性もある。イギリスやフランスでは既にPFIの制度について見直しが行われている。まずは，どうやって地域共同体をつくり育てるか。という視点が必要である。

　スポーツを社会問題の解決のために行う。という認識を持ち，それを行う組織を共同体で組織する。まちづくりで組織されるエリアマネジメント組織などにスポーツを取り入れることで参加者を増やし，関心を強めるというジョセフ・リーの考えを取り入れる組織が増えてくると，日本のスポーツもまちづくりも変わってくるのではないだろうか。

2 2050年へ向けたスポーツアーバニズム

　前述のように，現在日本の公園系統，慰楽系統の原点は1920年代にある。そ

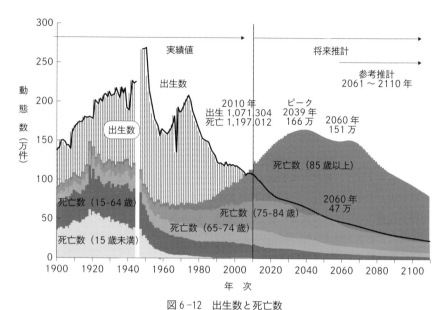

図6-12　出生数と死亡数

出典：厚生労働省「人口動態統計」，国立社会保障・人口問題研究所「日本の将来推計人口（平成24年1月推計）」
　　　［出生中位・死亡中位推計］

れは，1920年代の社会問題を解決するための公園系統と慰楽系統だったとも言
える。1920年代の日本の社会問題は何だったのだろうか。前述したように都市
化は様々な問題を生じたが，もっとも重大な社会問題は，15歳未満の子どもた
ちの死亡数だったのではないか。

　出生数と年代別死亡数のグラフ（図6-12）をみると，1920年代の日本では現
在の2倍近い年間200万人程度の出生数がある一方，15歳未満が年間50万人近
く亡くなっている。単純な計算では，4人に1人が15歳までに亡くなるような
状況である。

　当然，子どもを健康に育てることは社会の急務であり，砂場運動やプレイグ
ラウンド運動もそのひとつとも言える。

　現在はどうだろうか。戦後，医学の発達と衛生環境，栄養状態の改善によっ
て15歳未満の死亡者数は激減した。85歳以上で亡くなる方がもっとも多くなる
時代であり，一方で出生数は年間100万人を大きく割り込むいわゆる「少子高

戦前〜現在

- 幼少年の死亡率低下，体格向上

↓

- 「公園（緑地）系統」
- 「慰楽系統」
- 競技スポーツ（野球・サッカー）

これから

- 高齢者の要介護を減らすフレイル対策
- 災害時を見据えたコミュニティの必要性

↓

- 「公園＋学校＋オープンスペース系統」
- 「スポーツ＆レクリエーション系統」
- ゆるスポーツ（スローピッチソフトボール，ウォーキングサッカー）

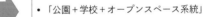

図6-13　課題の変化とソリューションの変化

齢化」が社会問題となる。

　全人口に対して高齢者が占める割合が高くなり，高齢者の健康が社会におよぼす影響が大きくなっていく。高齢者の医療費が増大し，介護が必要になれば働ける世代が介護に回ることになり，労働力も衰退する。高齢者が元気でいられる世の中にしておくこと。そのためには，要介護となる前の「フレイル」段階での適切な対策（適度な運動，コミュニティ社会活動）が必要となる。これを物的環境，人的環境の両方でどう用意できるのか。それが2050年へ向けて日本の重要な社会問題のひとつである。

　都市計画では既に少子高齢化にむけた施策が考えられているが，スポーツも，もっと少子高齢化に向けた施策が必要であるし，「スポーツアーバニズム」は，その両方の施策を踏まえ，計画を考える必要がある。それは図6-13にあげたように，課題の変化とソリューションの変化をまずは見据えることだろう。高齢者も幼児と同様，自宅から遠距離の移動をさせるよりも，自宅の近辺で強度の低いスポーツをして体力を維持しつつ，周辺の人々とつながる機会を提供することが肝心である。

　スポーツといって，すぐに競技スポーツを思い浮かべるのは，100年間，教育としてスポーツをしてきた日本では仕方ないかもしれないが，これからの100年に必要なのは，スポーツといって，ウォーキングフットボールなどの強度の低いスポーツを思い浮かべるようになるように，スポーツの場を整備することではないだろうか。

　政府はスポーツ振興政策の一環として，スタジアム・アリーナ政策を進めている。スポーツの産業化を進めるためにも，観るスポーツのためのスタジアム・アリーナが必要とされているのは重要である。

　一方で，健康・ウェルビーイングに対する振興政策の中でスタジアム・アリーナ政策ほど明確な場所や施設に対する施策は見当たらない。

　TOKYO2020でも指摘されていたように，スポーツが一般社会と乖離して別世界のモノになってしまう可能性もある。

　2020年３月，栃木市内を本拠地とする「栃木シティフットボールクラブ」のメインスポンサーである東京の「日本理化工業所」に対し，市の岩舟総合運動公園の敷地内へのサッカー専用スタジアムの建設を許可するとともに，覚書を締結して固定資産税や土地の使用料を免除した栃木市に対して，市民50人が，2021年５月，「固定資産税や土地の使用料を免除するほどの高い公益性は認められず違法だ」として，市を相手取って税の免除の差し止めなどを求める訴えを宇都宮地方裁判所に起こし，裁判所は2022年１月27日，住民側の訴えを全面的に認めたうえで，固定資産税の免除の差し止めを命じるとともに，土地使用料の免除の違法性を確認する判決を出した。[15]

　図６-７から図６-10を使って説明したように，スポーツが社会問題の解決に役立つスポーツアーバニズムの思想があってこそ公益性が認められ，固定資産税や土地の使用料の免除が認められる。栃木SCと栃木市は住民と裁判所に納得をさせる説明がこの時点でできなかったということなのかもしれない。

　一方で，この一件に対して「ガンバの吹田スタジアムのように，民間で建てたスタジアムを市に寄付して，運営権を獲得する方法を取れば良いのに」という意見もあった。推測するに，その方法に対しては金融機関が建設資金を融資しなかったか，たとえ融資しても金利を高くするなど不利な条件を提示した可能性もあるだろう。吹田スタジアムと同じ方法では建設するお金を用意できなかったのかもしれない。官と民の２元構造を前提としている日本では，共に対する金融システムや，共に対する税制などの法制度が不十分だという認識が行

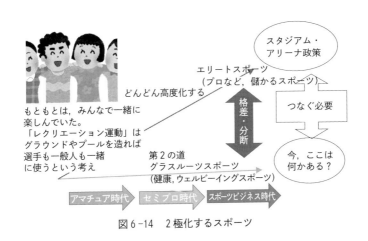

図 6 -14　2極化するスポーツ

政や金融をはじめ関係者には無いのかもしれない。

　また，スポーツを学校で行う選択をし約100年が経過する日本では，スポーツが社会問題を解決するという認識は小さく，教育や個人の健康，あるいはビジネスといった認識の方が大きいというパラダイムに浸かっているのかもしれない。

　今，必要とされるのは，スタジアム・アリーナ政策とあわせて，健康・ウェルビーイングに関する場所や施設に関する施策ではないだろうか。アメリカやドイツの歴史でも，スポーツが社会問題を解決するという部分を中心にやってきたからこそ，スポーツが国民に受け入れられて，文化となっていったのだと言えるだろう（図6-14）。

　それでは，今から高齢者やグラスルーツ向けのスポーツ施設を全国に造るのだろうか。人口も減って税収も減り，既存施設の維持すらままならない行政に新たな高齢者向けのスポーツ施設を造る余力はないかもしれない。

　都心部には，そもそも場所を確保することが難しいかもしれない。

　カギは小学校や中学校をはじめとした学校施設である。

4 15minutes City

少子高齢化やカーボンニュート
ラルなどの様々な21世紀の社会課
題に向けて解決策のひとつとして
示された都市のビジョンが15
minutes City＝15分の街である。
パリでもイダルゴ市長が政策とし
て15minutes City をあげて，自
宅（chez moi）から徒歩または自
転車で15分の距離で，生鮮３品や
日用品を売る商店，病院，学校，
図書館，スポーツジム，劇場，カ
フェなどの飲食店などがあり，大
抵のことができる町にしよう。車
での移動を前提としてガソリンを
燃やして炭素を排出することな
く，老人が元気で，みんなでケア

図 6 -15　自宅から15分で生活できる街

出典：https : // www.paris.fr / pages / la-ville-du-quart-d-heure-en-images-15849

できるコミュニティを造っていこうというビジョンとプランを具体的な絵にし
てみせている（図 6 -15）。

　これらを実現させる具体的な実行例の第 1 例（1er exemple）として，学校の
改造があげられている（図 6 -16）。

　フランスもドイツに似た公園型でのプレイグラウンドを受容しているため，
学校での体育は最小限であり，スポーツは近隣のスポーツクラブで行われてい
る。図 6 -16は，学校をさらに公共スペース，公共施設として活用し，教育だ
けでなく様々な活動のコミュニティセンター化を目指しているようである。

　こうした15minutes City の考えは，パリだけでなく多くの都市で共有され
ている。

　世界の97の都市が加盟する C40は，「だれもが健康的な暮らしを享受できる，

1er exemple : des écoles dont les cours, transformées en jardin, seront ouvertes sur le quartier le week-end et les vacances scolaires.

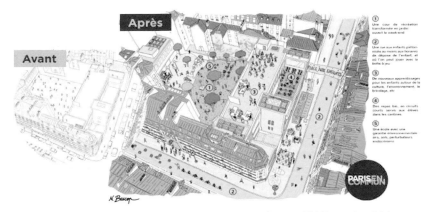

図6-16　15分の街実現のために第1の例としてあげられる学校施設の多目的活用

出典：https://www.paris.fr/pages/la-ville-du-quart-d-heure-en-images-15849

　そして持続可能な都市社会を構築するために協働すること」を宣言して発足した都市連合である。[16]

　2020年4月，C40はコロナ禍後の都市のあり方について「C40 MAYORS' AGENDA FOR A GREEN AND JUST RECOVERY」を発表した。その中でも15minutes City は，「Create 15 minutes city」と題して，ミラノ，パリ，ポートランドの事例を紹介し，そのアクションを推進している。[17]

　パリだけでなく，ミラノでも，学校などの施設について，放課後や夏休みシーズンなどの用途外利用を工夫し，諸施設の複合化を促進している。

　日本でも近年，文部科学省が，「学校施設の在り方に関する調査研究」(2009〜2015年度）を行い，その中で2015年11月20日に報告書「学習環境の向上に資する学校施設の複合化の在り方について〜学びの場を拠点とした地域の振興と再生を目指して〜」をまとめている。報告書では，複合化の効果と課題を以下のように示している。

（1）複合化の効果と課題

〈効果〉

① 施設機能の共有化による学習環境の高機能化・多機能化

　複合化により，単独の学校として整備するよりも施設機能の高機能化・多機能化を図ることができ，児童生徒や地域住民に多様な学習環境を創出するとともに，公共施設を有効的に活用することができる。

② 児童生徒と施設利用者との交流

　学校施設と他の公共施設等が併設されているという特徴を生かし，交流の機会を設けたり，日常的に互いの施設での活動等を目にしたりすることで，児童生徒と地域住民などの施設利用者との交流を深めることができる。

③ 地域における生涯学習やコミュニティの拠点の形成

　学校施設と社会教育施設等との複合施設では，児童生徒の学びの場としてだけでなく，地域にとっても生涯学習の場となるとともに，伝統文化や行事の継承などを通して，地域のコミュニティの形成にも寄与することができる。

④ 専門性のある人材や地域住民との連携による学校運営への支援

　様々な人材が集まるという特徴を生かし，学校の教育活動や課外活動などに専門性のある人材を活用したり，地域住民の協力を促したりすることで，児童生徒により高度な専門知識に触れる機会を創出したり，学校運営への支援が行われたりすることが期待できる。

⑤ 効果的・効率的な施設整備

　学校施設や公共施設等をそれぞれ単体で整備するよりも，複数の公共施設等を複合施設として一体的に整備したり，既存学校施設を活用したりすることにより，域内全体の整備費用の削減や支出の平準化を図ることができる。

〈課題〉

① 地方公共団体内の部局間の連携，教職員や地域住民との合意形成

　学校施設と他の公共施設等との複合化に当たっては，地方公共団体内に

おいて複数の公共施設等関係部局が連携し，域内の公共施設の整備計画や，複合化する各施設の計画，管理・運営の方法等について検討することが必要となる。また，教職員や各施設の関係者はもとより，利用者となる地域住民が，問題意識を持って，自ら主体的に考えてアイディアを出すことで合意形成に至るように進めることが重要である。

② 施設計画上の工夫

学校施設の複合化に当たっては，地域の実情に応じ，以下に示すことなどを総合的に判断し計画することが求められる。

○安全性の確保

学校施設を含めた複合施設においては，児童生徒や学校関係者だけでなく，不特定多数の地域住民が利用することから，児童生徒が安心して学校生活を送れるようにするとともに，地域住民も安心して利用できるように，ハード・ソフトの両面から安全性を確保するための対応策を検討することが必要である。

○互いの施設の活動への支障の緩和

学校施設と他の公共施設等が併設していることで，児童生徒と他の施設利用者との動線の交錯や，互いの音などにより，学校の教育活動や他の公共施設等の活動に支障を及ぼす可能性があることから，各施設の配置や動線，防音性の確保といった施設計画上の対策を図るとともに，互いの施設における利用方法や利用時間等のルールや活動内容について情報を共有して，その対応について検討することが必要である。

○施設の管理区分や会計区分の検討

学校施設を含めた複合施設においては，各施設間の相互利用・共同利用が活発となることから，学校施設と他の公共施設等の専用部分と共同利用部分の管理区分や，施設利用料や光熱水費等の会計区分等の明確化や一元化の可否等について検討することが必要である。

2016年度以降も，「学校施設の在り方に関する調査研究協力者会議」が開か

れ，「新しい時代の学校施設検討部会」などで学校施設に関する調査研究等は進められている。

　日本のスポーツ界も，この世界的な15minutes City の動きにあわせて学校スポーツ施設の地域利用を検討してみてはどうだろうか。

5　学校施設の地域スポーツ拠点化

　日本でも15 minutes City の実現のアクションとして，日本の小・中学校を地域スポーツの拠点とするビジョンを描いてみたい。もともと文部科学省が推進している総合型地域スポーツクラブは，中学校区にひとつとエリアが想定されているが，前述したように，日本はスポーツを学校で行うことを選択した歴史があり，学校にスポーツ施設は揃っているが，地域スポーツを担う人的資源が不足している。学校を地域スポーツの拠点化することで，人的資源を創出することも狙いたい。

　現状の学校のスポーツ施設を地域スポーツの拠点とするだけでも，地域社会にとって大きな好影響があるだろうが，学校のスポーツ施設には無いシャワーなどを整備することで，さらに利用しやすい施設になるだろう。

　また，日本の小学校には，小公園を隣接しているケースも多い。関東大震災後に52か所の震災復興小学校は小公園を併設して造られた東京をはじめ，札幌市や神戸市なども小学校と小公園を隣接して造っていた自治体もある。本来は相互利用を想定していた小学校と併設小公園であるが，監督官庁も違い，様々な理由で現在ではフェンスで仕切られ，別々に利用されているケースや，人口増時代に小学校の校庭に組み込まれてしまったケースもあり，想定されていたような学校と地域の交流は上手く機能しているとは言い難い現況がある。

　校庭と公園の間にあるフェンスを取り払い，一体化して，学校の利用時間とクラブの利用時間を時間と場所で分けて使用する地域のスポーツ拠点としてはどうだろうか。地域のスポーツ拠点とするならば，シャワーやカフェなどがあるクラブハウスも設置したい。

　校庭も公園も広くなって，今よりも色々なスポーツが可能になるし，多くの

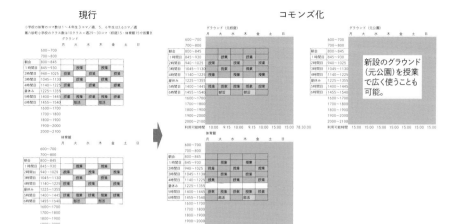

図 6-17　学校のスポーツ施設をコモンズとして利用率を上げる

人が一度に利用することも可能になる。利用する時間については，お互い制限がかかるが，学校の利用は平日の昼間が中心である一方，地域のスポーツ施設の利用は，平日は早朝や夕方から夜間，そして土日祝日が多く考えられる。

　体育館やプールの利用や，トレーニングジムを設置するなどして，利用者の組み合わせを図ることで利用率を上げることができるはずである。かかる費用の一部を民間からの資金導入を図る一方で，利益を地域に還元できる仕組みを考えていけば，実現する可能性はあるのではないだろうか（図6-17）。

6　ニューノーマルライフにあわせたまちづくりとスポーツ拠点

　コロナ禍は，我々のライフスタイルに大きな影響を与えている。特にリモートワークの本格化は，これまでの「通勤・通学」を前提としたライフスタイルを大きく変えるかもしれない。都市計画でも，「住む場所＝1st プレイス」と「働く場所＝2nd プレイス」「遊ぶ場所＝3rd プレイス」の3つのプレイス（場所）を組み合わせゾーニングする方法が早くから考えられてきた。特に「住む場所」と「働く場所」の間に鉄道交通網で通勤・通学する形が東京や大阪などの日本の都市計画が作られてきた。人口増を吸収するために郊外に住宅地を建設した

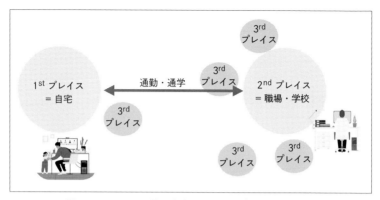

図6-18　コロナ以前＝自宅周辺に3rdプレイスが少ない

「ニュータウン」はその代表例であろう。

　東京などの都市の特徴は，3rdプレイスの場所が2ndプレイス側に偏っていて，1stプレイス＝住宅地の周辺には3rdプレイスが少ないということである（図6-18）。

　コロナによりリモートワークやサテライトオフィスが推進された結果，従来の「通勤・通学」は減少し，生活モデルに変化が生まれる。通勤・通学が減少し，自宅に居る時間が伸びたが，日本の住宅事情は，通勤・通学を前提としていたため家には寝に帰るだけの家も多いし，それほどではなくても，家で家族全員が長時間仕事やくつろぐスペースが無いケースが多い。自宅はただでさえ狭小なのに，リモートワークに侵食される。自宅近辺にくつろぐことができる3rdプレイスの需要が高まる（図6-19）。

　コロナ禍後に魅力的なまちは，自宅から歩いて行けるところに3rdプレイスやサテライトオフィスのある，新たな生活モデルにあわせたまち＝ニューノーマルタウンが魅力となるのではないか（図6-20）。

　このニューノーマルタウン＝自宅から歩いて3rdプレイスを選択できる魅力のあるまちの実現のカギとなるのが，先に述べた15minutes Cityでもカギとされていた地域の小学校を地域スポーツ拠点とすることではないか。

　現在，教員の働き方改革に端を発した学校部活の地域化も，単に指導者の民

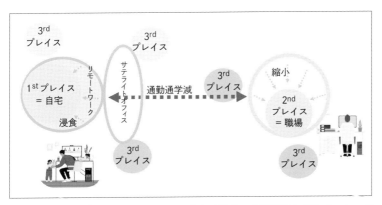

図6-19　コロナ後もリモートワークで変わる社会＝自宅周辺に3rdプレイスが増加する

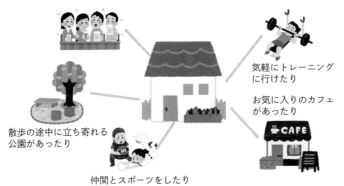

図6-20　ニューノーマルタウン＝自宅から歩いて3rdプレイスを選択できる魅力のあるまち

間派遣という議論に終わらせず，日本に足りなかった地域スポーツを創出し，学校を地域のコモンとして位置づけ，そこにコミュニティを創出することができれば，単なるスポーツの振興ではなく，スポーツを利用した社会問題解決のカギとしてスポーツが存在する国となることができる。

　現在あるものの延長線にフォアキャストで描かれる未来ではなく，我々が求める未来をビジョンに描き，そこからバックキャストすることで実現する未来

として，スポーツが社会問題を解決する15minutes City を，われわれは共有していきたい。

7 2070年のスタジアムタウン

2050年の日本のスポーツは，社会問題解決を目的に，地域の学校を拠点とした，地域スポーツという形であって欲しいと願っている。

そしてその延長線上にある2070年のスポーツと国立競技場の姿は，槇文彦氏がアナザーユートピアで描いた観客席も減らしてしまったスポーツの姿ではない。

ル・コルビジェが，1928年に都市計画について「あらゆる状況において，都市計画ではスポーツ（健康，神経組織の回復，など）が尊重されるべきである，住宅のすぐそばでも運動ができるようにする。」と言及したように，15minutes City において住宅のそばでスポーツができることは当然で，さらにオフィスや学校という 2nd プレイス＝まちなかにおいても，スポーツが身近な存在になる未来をスポーツ界として考えたい。

図 6 -21〜 6 -23は，企業の工場跡地に単なるスタジアムを建てるのではなく，オフィスビルやマンションやショッピングセンターを建てて，その中庭がスタジアムとして機能できるのではないかという考えをアーキボックスの鈴木浩二社長と一緒にスタディしてみたものである。[18] 対象としている場所は実在の場所であるが，そこにスタジアムを建てる架空のプロジェクトである。工場や米軍基地のような広い土地の跡地利用を検討する際に，収益性の悪いスタジアムなどは後回しにされがちである。収益性の良い商業施設やオフィス，住宅などを建設しながら，その中の空間をスタジアムとして利用することで，土地の収益性を高め，スタジアムの建設コスト抑えながら，商業施設やオフィス，住宅などのエリアマネジメントをスポーツコミュニティで行うという付加価値も生み出せるのではないだろうか。

平日は，マンションやオフィスビルの広場や中庭としての空間が，休日の試合開催日にはスタジアムとして使われる。地と図が反転するスタジアムを考え

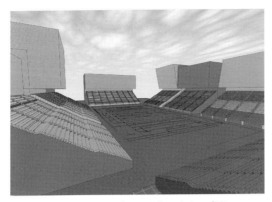

図6-21　スタジアムタウンイメージ図

作成：アーキボックス

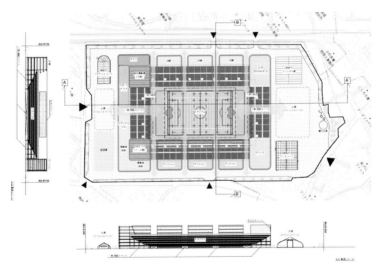

図6-22　スタジアムタウン平面図

作成：アーキボックス

てみようと挑戦したものである。

　従来のようにスタジアムを建てるのではなく，まちの中にスタジアムがある
という概念をスタジアムタウン呼んでみた。スタジアム単体の収益性ではなく，
スタジアムを囲む建築物の収益性を含め，まち全体での収益性や価値でスタジ

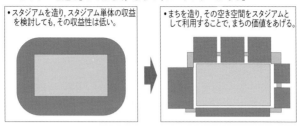

「スタジアムを造る」のではなく、「まちの中にスタジアムがある」

- スタジアムを造り，スタジアム単体の収益を検討しても，その収益性は低い。
- まちを造り，その空き空間をスタジアムとして利用することで，まちの価値をあげる。

スタジアムができるほどの広い土地を，A スタジアムを建設するか？ B そのままマンションなどの開発事業を行うかの二択ではなく，「スポーツ」というソフトをハードと結合させることで，新しい付加価値を生み出すことができる。

図6-23　スタジアムタウン＝新しいスタジアムの概念

アムの存在を考えてみることが必要である（図6-23）。

　こうした地と図が反転するスポーツ施設は，アメリカの大学などでは既に存在するので，日本の大学などでも造られるかもしれない。そして，そういった知見が蓄積すれば，まちなかでもできるはずである。

　2024年のパリオリンピックは，開会式を各国・地域の選手団が船でパリ中心部を流れるセーヌ川を航行して入場行進する計画である。これまでスタジアムを主会場として開会式を行ってきた夏季オリンピックとは異なり競技場で行う場合の約10倍にあたる60万人が一部無料を含む観戦ができる。また，閉会式についてもトロカデロ広場で行われる計画であり，いずれもランドマークを活用して街そのものを競技場に見立てた，大会組織委員会のコンセプトが通底するまさに「まちなかがスタジアムに」という概念をパリオリンピックで観ることを楽しみにしている。

　スポーツが日常生活の場に入り込み，日常と非日常が逆転する。そうしたものが簡単にできるようになれば，新宿の駅前広場でJリーグの試合が開催され，銀座の一角でBリーグの試合が開催される未来が2070年の日本には待っているのではないだろうか。

　2070年の国立競技場は，まちなかに現れる。そんな未来がスポーツ界の考えるアナザーユートピアでありたい。

注

1) https://www.mext.go.jp/sports/b_menu/sports/mcatetop09/list/1415409.htm

「設立以降，スポーツ庁はスポーツを産業としても捉え，国民の消費が「モノ」から「コト」に移行している時代背景や，2020年東京オリンピック・パラリンピック競技大会等，大規模国際大会の開催を機に，スポーツ関連消費・投資マインドの向上が予想されるこの機会を最大限に活用し，スポーツを成長産業化すべく様々な取組を行っています。

　　具体的には，地域の交流拠点化を目指すスタジアム・アリーナ改革やIT産業やヘルスケア産業をはじめとした他産業とスポーツの融合を促進するスポーツオープンイノベーションプラットフォーム（SOIP）の構築，スポーツ産業の持続的発展に不可欠なスポーツ経営人材の育成・活用等を推進しています。」（スポーツ庁「スポーツの成長産業化に対する支援」）

2)『アーバニスト──魅力ある都市の創生者たち』中島直人　ちくま新書　2021年

3) ボストン砂場運動からシカゴプレイグラウンド運動，そしてレクリエーション運動へと1890年代から1930年代までの間にアメリカで拡大発展した一連の動きは，近代スポーツ発展の重要なパーツと考えられる。スポーツ関連の書籍，論文，論考でも数多く取り上げられているが，初期のプレイグラウンド運動は，セツルメント運動の一環として始まっており，都市社会学の研究対象であるし，砂場運動は幼稚園とのつながりが深く教育学でも研究対象とされている。参考とした文献は数多いが，「アメリカにおけるレクリエーション──運動とその意義」川口智久　一橋大学研究年報　自然科学研究第15号　1973年を参考文献としてあげておく。

4)「シカゴ市公園研究の問題と視角」川口晋一　立命館産業社会論集43巻 4 号　2008年
シカゴにおけるプレイグラウンド運動と公園の関係を詳細に研究した論文であり，社会学の立場から書かれているが，プレイグラウンド運動と都市計画思想の 2 つの領域を結びつける論考である。

5)『The Play movement in the united states』Clarence E. Rainwater University of Chicago Press.　1921

6)「アメリカにおける遊び場運動の起源と展開──アメリカ遊び場協会の成立と変質」宮本建市郎　教育学論究第 6 号　2014年
この論文の中で取り上げられている『アメリカにおける遊び場運動とその公教育との関係』The Playground Movement in America and Its Relation to Public Education, Board of Education, U.K. Education Pamphlets, No. 27（London ：HMSO, 1913）は，アメリカのレクリエーション運動を運営者によって 4 分類する報告を1913年に行っていることは注目すべきであり，その後のアメリカのレクリエーション運動の歴史や，ヨーロッパをはじめとした世界各国がレクリエーション運動を受容する形態を分析する手掛かりとなる。特に今後わが国で検討する必要に迫られて

いる「学校部活動の地域化」については，この4分類を認識したうえで，どの型を選択し，どうやっていくのか。を検討する必要がある。

6）「GEORGE D. BUTLER のレクリエーション観とプレイグラウンド・レクリエーション運動の先駆者たち」高橋和敏　レジャー・レクリエーション研究第76号　2015年
7）同上
8）『輝ける都市』ル・コルビジェ　白石哲雄訳　河出書房新社　2016年
9）「ゴールデン・プラン実現の歴史的・社会的条件」関春南　研究年報（一橋大学体育共同研究室）1993年
10）詳しくは第8章参照。
11）『日本公園緑地発達史』佐藤昌　都市計画研究所　1977年
12）『都市の空地政策より見たる学校庭と小公園の関係に就て』北村徳太郎　公園緑地2巻10号　1938年
13）『戦後日本のスポーツ政策　その構造と展開』関春南　大修館書店　1997年
14）『虹を掴む』川淵三郎　講談社　2006年
15）https://www3.nhk.or.jp/lnews/utsunomiya/20220208/1090011619.html
16）https://www.c40.org/　2022年2月9日現在日本では横浜市が加盟
17）https://c40.org/wp-content/uploads/2021/07/2093_C40_Cities_2020_Mayors_Agenda_for_a_Green_and_Just_Recovery.original.pdf
18）鈴木浩二　スポーツ施設に対して知見の深い独立系建築家である。http://www.archibox.co.jp/

（花内　誠）

第 7 章

スポーツが変える都市デザイン

はじめに

　都市は，成長から成熟，そして縮小の時代に入った。人口減少，地域経済の衰退，超高齢社会，頻発する大規模災害，そして，新型コロナウイルス感染症の拡大。社会情勢が変化する中で，都市のデザインのあり方も，新しい時代への対応が求められている。本章では，一見すると「都市デザイン」とは無関係の「スポーツ」によって，公園や広場，道路や街並みなどの都市空間が，2050年の未来に向けてどのように変化していくのかを展望したい。

01 | スポーツと都市デザインの媒介施設としての スタジアム

　まず，スポーツと都市デザインの関係を論じる上で，象徴的なイシューとして取り上げるべき問題がある。それは「新国立競技場問題」である。国立霞ヶ丘競技場の建て替えのため，2012年秋に行われた国際デザインコンクールにおいて，建築家ザハ・ハディドが勝利した。その案は，周辺の駅から競技場へのアクセスのための立体歩廊が整備され，明治神宮の森と競技場をシームレスにつなぐ緑地帯など，都市デザインの視点で見れば評価できる点が数多く盛り込まれていた案だった。

　しかし，その巨大さによる周囲の街並みへの影響，膨大な建設費，コンペ要項への疑問などから，建築家や市民グループによる異議申立てが行われた。そ

写真 7 - 1　市民で賑わうスタジアムの周りの公共空間

　の後 1 年以上，賛否が議論され，縮小案が示されたものの，計画は白紙に戻されたあげく，再コンペが実施され，最終的には，ザハの案と全く異なる大成建設・梓設計・隈研吾のチームによる案が採用された。2021年には，その新国立競技場で東京オリンピックが開催されたわけだが，原案と比較すると，そのスタジアムの印象は，あくまでも敷地内での建て替えプロジェクトという印象にどどまっており，周囲の都市空間の再生を牽引していくような都市デザインプロジェクトとしてのインパクトは弱い。

　一方で，新国立競技場のような巨額の公共投資に頼らずとも，民間事業者が主体となって，市民に寄り添ってスポーツによるコミュニティづくりを展開している事例として，横浜スタジアムの「コミュニティボールパーク化構想」があげられる。当初，都市公園法の建ぺい率の規制の中で，ギリギリの大きさで建設された横浜スタジアムは，公園や周辺の市街地とのつながりに配慮された設計ではなかった。しかし，近年は，**写真 7 - 1** のように，野球の試合が開催される日には，スタジアムの外周の公園や，スタジアムと港をつなぐ日本大通りで様々なイベントが開催され，野球観戦者だけでなく，市民も訪れるウォーカブルなまちとしてエリアマネジメントが推進されている。

　以上のように，スタジアムは，スポーツ観戦のための単一的な機能の建築に

とどまらず，そのデザインやマネジメントの工夫によって，周辺のまちの都市デザインに寄与することのできる媒介的な機能を持ち合わせた都市インフラであると言える。今後，全国各地にある大小のスタジアムの建て替えやリニューアルが行われる際には，これらが地域の媒介施設として再生され，周囲の都市や地域の再生の要になることが期待される。

02 | キャッチボール禁止のまちから，自由にスポーツのできる都市空間への転換

スタジアムよりも，より身近な日常生活において「都市」と「スポーツ」の接点となるのが「都市公園」である。しかし，近年，公園が気軽にスポーツをできる場所になっていない。入り口には，必ず「キャッチボール禁止」の看板が立っている。キャッチボールにとどまらず，「テニス，ゴルフなどの球技」「スケートボードや自転車の乗り入れ」「焚き火，花火，火遊び」，さらには「犬や猫などのペット類を連れての散歩」も禁止されている公園もある。公園は，スポーツどころか，何をするにしても，周りに気をつかわないといけない場になってしまっている。

この問題の根本的な要因は，公園が不特定多数の「みんな」のために存在してしまっていることにある。「みんな」とは市民であり，その維持管理費を負担している納税者であるが，基本的には，顔が見えない。その「みんな」が公平に，安全に利用できることを前提としているため，ある特定の人が，公園を占有することは許されない。当然，許可なしに，物を売ったりして商売をすることも許されない。また，公園の敷地内で事故が起きたら，すべて管理者の責任となる。結果として，立ち入り禁止の安全柵や，禁止ルールの看板があちこちに設置されている。

そのような公園が増えていく中で，禁止ルールの看板が見当たらない公園の事例がある。1つ目は，プレーパークである。従来型の公園のように，ブランコや滑り台などの遊具が設置されているお仕着せの遊び場と違い，子どもたちが創造力で工夫して，遊びを創り出す遊び場である。東京都世田谷区の羽根木

写真7-2　羽根木プレーパークの看板

プレーパークが有名であるが，ここには禁止ルールの看板の代わりに「自分の責任で自由に遊ぶ」という看板が設置されている（写真7-2）。子どもの安全の確保のためにボランティアのプレーワーカーと呼ばれる指導員が置かれているが，彼らは「管理者」ではなく，あくまでも「協力者」である。木の上から落ちて骨折しても，自分の責任であるし，プレーワーカーや行政にクレームを言っても無駄である。その代わり，禁止ルールを気にせず，子ども達は，自由に焚き火をしたり，ノコギリを使って遊具を作ったり，自由に遊んでいる。

　2つ目の事例は，愛知県豊田市豊田駅周辺の7つの広場で実施されている「あそべるとよたプロジェクト」である。あまり利用されていない駅前広場の利用を促進するために，利用者に使い方を提案してもらい，各自の責任で使ってもらう。さらに，これをシステム化し，繰り返し実施するという社会実験である。行政が，商業者やイベント事業者を呼んできて，公共空間を活用した集客イベントを行うという一般的な社会実験とは異なり，あくまでも行政が提供するのは場所だけである。公募で手を挙げた事業者や市民団体が利用料を行政に支払い，必要な機材も設備も基本的には，その利用者が自己負担で実施している。スケートボードの練習やバーベキューなど，公園で禁止されている行為が，豊田の駅前広場では楽しめる。ただし，利用者には，各自責任があることだけは

十分に理解してもらうことを徹底している。それゆえ，万一事故が起きた際には，自分達で全て責任をとらないといけない。それを理解しているからこそ，自分達の活動の自由を増やすことができる。2015年から始まり数年が経過しているが，同じスペースを使う利用者同士が道具をシェアしたり，自発的にゴミを拾うなど，受身だった利用者の意識が当事者へと変化している。

03 | PFIの導入により，利用者が自由に使える公共空間へ

　公園，駅前広場，道路などを使って，自由にスポーツができるまちに転換していくためには，利用者が公共空間を「みんなで使わせてもらう」という意識から，「自分たちが責任を持って使いこなす」という意識に変わっていく必要がある。また，管理者サイドも，「みんなに迷惑がかからないように管理する」という意識から，「利用者が自由に使えるように協力する」という意識に変わる必要がある。

　そのトリガーの１つとしてあげられるのが，民間の資金やノウハウを活用し，公共施設の整備や維持管理を行う手法「PFI（＝Private Finance Initiative）」である。中でも，Park-PFI（パーク・ピー・エフ・アイ）は，2017年の都市公園法改正により新たに設けられた制度で，公園利用者の利便の向上に資する公募対象公園施設（飲食店や売店等）の設置と，それらの施設の収益を活用して，公園利用者が利用できる特定公園施設（周辺の園路や広場等）の整備・改修等を一体的に行う者を，公募により選定することのできる制度である。

　その先進事例として渋谷区の宮下公園のプロジェクトがあげられる（写真7-3）。宮下公園は，JR山手線渋谷―原宿間の線路と明治通りに挟まれた細長い敷地に整備された公園である。1966年に東京初の屋上公園として整備されたが，老朽化などに伴い，再整備が進められ，2022年7月より順次リニューアルオープンした。MIYASHITA PARKと名付けられた全長約330mのインフラ建築には，商業棟，ホテル棟，駐車場が併設している。その屋上が約１万㎡の公園として整備された。屋上には，ビーチバレーコート，スケート場，ボルダリ

写真7-3　MIYASITA PARK のスポーツ施設

ングウォールなど，多目的スポーツ施設が整備され，様々なイベントも開催できる約1千㎡の芝生広場が整備された。

　渋谷区は，30年間の事業用定期借地権を設定し，民間ディベロッパーが，このインフラ建築を整備し，そのうち，公園と駐車場などが渋谷区の施設となっている。また，渋谷区は，民間ディベロッパーと造園会社で構成される宮下公園パートナーズを指定管理者として選定し，緑地やスポーツ施設の維持管理に加え，イベントの企画や誘致も含めたトータルマネジメントを担っている。

　PFIによる公共施設の整備や，Park-PFIによる公園整備は，全国で導入が進んでおり，公共空間のマネジメントに民間のノウハウが導入されることによって，これまでの利用者と管理者の意識は，確実に変化しつつある。未来の公園・駅前広場・道路は，行政が管理する場所から，利用者が自由に使いこなす場所へと転換されるだろう。

04 ウォーカブルシティによって人々の健康増進につなげる都市デザイン

　都市計画・都市デザインの分野では，21世紀に入り，コンパクトシティが標榜され，それに伴い「歩いて暮らせるまちづくり」を目指して様々な施策が講

写真 7 - 4　大阪なんば駅前の交通社会実験の様子

じられてきた。しかし，当初は，言葉や理念だけが先行し，特に，地方都市では車社会から脱却することができず，郊外へのスプロールに歯止めをかけることができなかった。しかし，新型コロナウィルス感染症の拡大の前後から，三密回避もあいまって，屋外での活動が見直され，全国の中心市街地では，人々の健康増進にもつながる「ウォーカブルシティ」が推進されている。

　日本に先行して，海外ではパリ市の15分都市構想をはじめ，ニューヨーク，ポートランド，ロンドンなどで，ウォーカブルシティに向けた都市交通の再編が進められている。一方，わが国でも，大阪の御堂筋・なんば駅周辺・姫路市駅前・さいたま市大宮駅前などで，道路の歩行者天国化，車線の減少による歩道空間の拡充などの社会実験が実施されている（写真7-4）。国土交通省は「まちなかウォーカブル推進プログラム」を示し，2021年7月時点で，ウォーカブル推進都市は314自治体となり，「まちなかウォーカブル推進区域」に指定された都市は52自治体となり，各自治体で，ウォーカブル政策が推進されている。

　そのような中で，富山市・京都大学等は，GPS 端末を使って高齢者の歩数・来街頻度・歩行範囲・滞在時間・消費金額を総合的に捉えた「高齢者交通行動調査」を行っており，その結果から，高齢者の歩行機会が増え，「公共交通は健康によく，中心市街地の活性化に貢献する」ことを客観的・定量的に実証し

写真 7 - 5　南草津駅前の公共空間活用ワークショップ

ている。以上のように，大都市で推進されているウォーカブル政策は，今後，さらに地方都市にも広がり，歩きやすい都市空間に再編され，人々の健康や環境，地域経済やコミュニティの活性化が図られていくことが予想される。

05 | 立命館大学びわこ・くさつキャンパスとその周辺でのチャレンジ

　以上のような動向を踏まえて，私の研究室（立命館大学理工学部建築都市デザイン学科阿部研究室）では，大学のキャンパス（立命館大学びわこ・くさつキャンパス，以下BKC）の周辺のまちを対象として，以下の3つの「スポーツをテーマにした都市デザインの実践的研究」に取り組み始めたところである。

　1つ目は，JR南草津駅前を対象とした取り組みである。南草津駅前のウォーカブルシティに向けたまちづくりは，筆者が副センター長をつとめている草津市のアーバンデザインセンターびわこ・くさつ（以下，UDCBK）が担っている。これまで，ウォーカブルシティの先進事例の学習や，模型を使ったワークショップなどを行い，関係者で議論しながら構想を練ってきた（写真7-5）。その次のステップに向かうために，阿部研究室では，2021年の春に，まちをスポーツの舞台に転換するための課題を把握するために，実際に南草津駅の駅前広場で

写真7-6　南草津駅前の公共空間を使ったスポーツの
実験

試しにスポーツをしてみる実験を行った（写真7-6）。学生から「ウォーキン
グやランニングを楽しもうとしても，車が気になる」「自転車でサイクリング
をしようとしてもバスや送迎の車が危ない」などの問題が指摘された。一方で，
絶対にできないと思っていたが，「歩行者の動線と重ならない場所であれば，
駅前広場でキャッチボールができる」「開店前のお店の前であれば，階段やス
ロープを使ってスケートボードも楽しめる」などの発見もあった。以上の結果
から，南草津駅の駅前広場や道路などの公共空間も，豊田駅の駅前のように関
係者の合意と仕組みさえできれば，学生や市民が，スポーツサークル活動の場
として利用できるシェア空間に転換できる可能性があることが分かった。

　2つ目は，びわこ文化公園（滋賀県）を対象とした取り組みである。びわこ
文化公園もPark-PFIを導入し，2022年度から段階的にリニューアル整備が始
まる予定である。その前段階として，2021年の夏に，周辺の大学（立命館大学，
龍谷大学）と連携してアイデアを出し合うためのワークショップが開催された。
ワークショップでは，大学生（阿部研究室の学生も参加）が，公園内の施設管理者
の関係者にヒアリングを行い，7つの提案にまとめた。そのうちの1つが「ア
クティブスポーツパーク」と名付けられた提案であり，そこには，公園内のラ

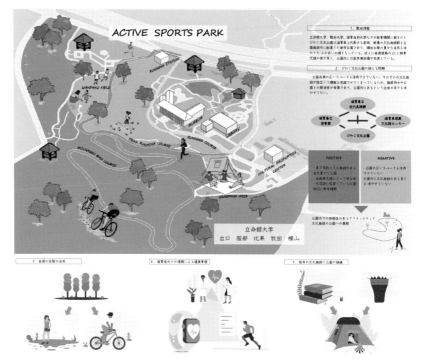

図7-1　びわこ文化公園 WS におけるアクティブスポーツパーク提案

ンニングコース，サイクリング場，トライアスロンなどの本格的な競技場，様々なアウトドアのアクティビティを可能とするキャンプ場などのイメージが描かれている（図7-1）。また，びわこ文化公園の周辺には，2022年に開館予定の滋賀アリーナ，立命館大学のキャンパス(BKC)内の競技場やジムなどのスポーツ施設が存在するため，それらのスポーツ施設をサイクリングやランニングコースでつなぐネットワークの整備も示されている。

　3つ目は，矢橋帰帆島公園（滋賀県）を対象とした取り組みである。矢橋帰帆島は，約40年前に下水処理場の整備のために琵琶湖の一部を埋め立てて整備された人工島である。島の南側は，遺跡の広場，せせらぎの池，大はらっぱ広場，子どもの広場，キャンプ場などの各種スポーツ施設が整備され，市民に親

写真7-7　矢橋帰帆島公園の再生アイデア提案ワークショップ

しまれている公園である。しかし，それらの老朽化が進んでいるため，公園の周辺の地域住民（草津市老上西学区）が，小中学生，近隣の大学の学生とアイデアを出し合いながら，新しいスポーツ公園のあり方を提案するプロジェクトである。2021年の秋にワークショップを開催し，現地を歩いた後，大きな航空写真を囲み，様々な課題とアイデアを出し合った（写真7-7）。2022年度には，それらを提案としてまとめる予定である。

　以上の3つの取り組みを連携させ，南草津エリア全域に散在する既存のスポーツ施設やコミュニティ施設のネットワーク化を図った末に実現するキャンパスシティのイメージを描いてみた（図7-2）。どこでも気軽にスポーツのできるまちになれば，市民や学生の健康的なライフスタイルの実現につながる。その結果として，行政の医療福祉系の財政負担の軽減にもつながり，サスティナブルかつ魅力的なまちへと再生されるはずである。東京大学や千葉大学のある柏の葉キャンパスでは，柏の葉アーバンデザインセンター（UDCK）がウェルビーイングをテーマとしたキャンパスシティとして，ランニングコースの整備やウォーキングアプリの開発など具体的なプロジェクトを実装しつつある。これに遅れることなく，滋賀県，草津市，UDCBK，立命館大学が連携し，南

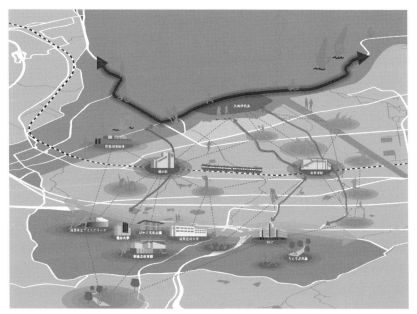

作図：牧田竜明

図7-2　南草津のスポーツネットワークによるキャンパスシティのイメージ

草津エリアにおける「スポーツによる都市デザイン」を推進していく必要がある。

06 ┃ スポーツによって変わる2050年の都市デザイン

　2050年，スポーツによって，まちづくり・地域振興・コミュニティ・ツーリズムなど，都市空間を取り巻く社会環境は，これまでとは全く異なる様相を呈することが想起される。それに伴い，都市空間やそのデザインのあり方も対応が求められるだろう。

　第一に，スポーツによって都市空間のあり方とライフスタイルが変わる。道路空間は，自動車のための高速移動から，人間のための中低速移動（ウォーキング，ランニング，サイクリングなどのスローモビリティ）のための空間となる。エリ

ア内で活動する人々は，スポーツ施設やコミュニティ施設などの地域拠点に備えられた健康チェック設備を介して，健康管理がなされることになる。また，まちじゅうの公共空間がスポーツのためのシェア空間として整備され，市民や学生によるスポーツサークルの活動の場となる。さらに，それらのサークル活動が新しいコミュニティ形成に寄与し，高齢化によって担い手不足の問題が深刻化していた自治会などのコミュニティ活動の再生につながる。また，ワーケーションの普及により，都市の利便性と豊かな自然環境を同時に享受できるエリアが第二の居住地として選択され，みじかな場所で本格的なスポーツが楽しめるライフスタイルが普及する。

　第二に，スポーツによって市民の都市空間に対する意識が変わる。2050年には，市民が主体となって，道路，駅前広場，公園などの公共空間を使いこなすと同時に，デザインする時代が到来する。また，自動運転などの交通システムの変化により，これまでのように1つの駅を中心としたまちの構造から，地域内に散在する複数の拠点（公園，水辺，スポーツ施設，コミュニティ施設）のネットワーク構造に変化する可能性がある。それらの拠点の運営管理を市民主体のまちづくり会社が担うことになる。すでに，ドイツではスポーツが生活に密着し，まちを動かすエンジンになっている。多彩なNPOがクラブを運営し，走りたくなる自転車道や歩道も完備されている。集客イベントだけでなく，マラソン，サイクリングなど健康・余暇の運動も盛んで，地元企業の支援も積極的に行われている。日本では，以上のような役割をまちづくり会社が担うことで，独自の仕組みがつくられることが期待される。

　第三に，スポーツによって都市空間をデザインする方法が変わる。わが国では，未だに，100年前に定められた都市計画法に基づいて都市空間が作られている。固定観念にとらわれて，当面の課題解決だけに終始すると，良かれと思って実施した政策や都市整備が，数十年後に市民の価値観とはズレたものになり，いずれ負の遺産となってしまう。21世紀が到来したのにもかかわらず，未だに，車社会から脱却できず，地球温暖化問題に対して，日本の都市が顔向けできない理由はそこにある。先が見えない時代だからこそ，シナリオプランニングに

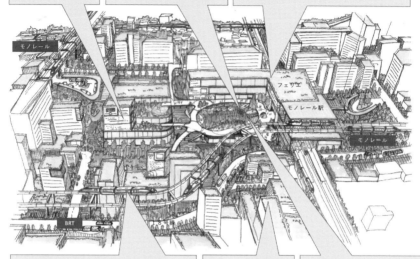

⑥地域情報の発信
暮らしに役立つ情報が、まちのあちこちのデジタルサイネージで発信されている。

①駅前全体が、シェア市場
ロータリーをいろいろなことに使える屋根つきの広場となり、東口は知のシェア、西口は生活用品のシェアのできる場所となる。

④フェリエのオープン化（大学、企業、市民）
フェリエのスペースを利用した大学の研究室や企業の会議室など、駅前にも企業や大学キャンパスの機能が配置され、大学や企業と連携した取り組みが強化される。

③ミニスマートシティ構想
駅を出発し、かがやき通りから大学をまわってパナソニック、また駅に戻ってくる自動運転の循環モノレール。異なる企業の人たちが交流することで、新しい技術が生まれる。人だけでなく、車も技術、知の拠点としての南草津として生まれ変わる。

⑤屋上の自由空間化
ビルやマンションの屋上が市民に開放され、自由に利用できるシェア空間となる。

②東西ロータリーの公園化
東口と西口のロータリーが一体的な公園として整備される。フェリエと駅ビルと西友が立体的につながって、その間には、あちこちにコミュニティのスペースが整備される。

図7-3　UDCBKでのシナリオワークショップで描かれた未来の駅前イメージ

よって望ましい未来を描き，そのバックキャストによるまちづくりを推進することが求められている。UDCBKでは，2020年度に，未来の都市と交通のあり方を見据えたシナリオワークショップを行い，未来の南草津エリアの都市像を描き，バックキャストにより，その実現に向けたシナリオや課題について話し合った（図7-3）。

　今こそ，ウェルビーイングに資するスポーツ関連施設を地域の資源と捉え，それらのネットワーク化を図ることによって市民と学生が共生する「2050年の未来の南草津エリアの都市像」を描き，その実現に向けたシナリオの一歩を踏み出す時である。

参考文献

園田聡「プレイスメイキング──アクティビティ・ファーストの都市デザイン」学芸出版
　　社，2019年

高松平藏「ドイツのスポーツ都市──健康に暮らせるまちのつくり方」学芸出版社，2020
　　年

松中亮治編著「公共交通が人とまちを元気にする──数字で読みとく！ 富山市のコンパ
　　クトシティ戦略」学芸出版社，2021年

（阿部　俊彦）

第8章

ドイツのスポーツ都市
その構造を読み解く

はじめに

　ドイツのスポーツ都市がどのような構造で成り立っているのかを本章では検討する。

　まず「スポーツ都市」とは何なのかを整理しておこう。ドイツには様々な都市コンテストがあるが，スポーツ分野のものでは「ミッションオリンピック」というものが2008-2014にかけて毎年行われていた。同コンテストはドイツオリンピックスポーツ連盟（DOSB/Deutsche Olympische Sportbund）とコカ・コーラドイツ（Coca-Cola GmbH）によるものでドイツ市町村連合（Deutscher Städte und Gemeindebund）が支援。この背景には，DOSB もスポーツ支援を数多く行っていたコカ・コーラ社も，誰もができるスポーツをさす「幅広いスポーツ（Breitensport）[1]」に焦点を移してきた事情がある[2]。したがってコンテストでは都市におけるいわゆるプロスポーツやトップレベルの競技について扱うのではなく，魅力的な余暇活動，熱心なスポーツクラブ，スポーツプロジェクト，アクティブなグループによる自主的な活動を見るものである。

　一方，検索エンジンでスポーツ都市（Sportstadt）のキーワードを入力すると数多くの都市名がでてくる。つまりコンテストとは別にスポーツ都市を「自認」しているケースが多いと考えられる。たとえばニュルンベルク市（バイエルン州，人口約50万人）のホルスト・フォルター副市長は地元紙の取材に対して[3]「スポーツ都市の公式な基準はない。しかしニュルンベルクはトップレベルのスポー

と，草の根レベルの市民スポーツが混在している」（ニュルンベルガーナッハリヒテン紙　2008年5月8日付）と述べ，「だから同市はスポーツ都市といえるのだ」ということを暗に述べている。確かにニュルンベルクにはサッカーやアイスホッケーなどでブンデスリーガのチームがある。それに伴うスタジアムなどの施設もあり，トップクラスの競技に関して充実している。さらに同市の資料によると，289のスポーツクラブがあり，メンバーも11万1842人を数え，一定の質と規模が整ったスポーツ都市ではある。しかし，あくまでも「自認」である。

　これを考えたとき，後述するようにドイツの多くの自治体には「スポーツ都市」といえる側面があることがうかがえる。では，自治体の中でどのようなスポーツ文化があり，どのようなスポーツ組織が活動し，行政を中心とした都市運営にどのように関連づいているのか。あるいはドイツの都市の特徴がどのようにスポーツに影響を与えているのか。そのような構造を見ることで「スポーツ都市」とは何かということを提示していきたい。

　それから，筆者のバックグラウンドも記しておく。本章の視点がどのような経緯によるものか，読者諸氏により理解いただけると考えるからだ。

　筆者はエアランゲン市（バイエルン州，人口約11万人）に家族とともに住むフリーランスのジャーナリストである。ジャーナリストの扱う範囲は一般的にいえば広いが，筆者は自分が住んでいる地域を取材していくような「地域報道」がしたいと考えた。なぜこの町に住んでいるのかは，プライベートな事情によるものだが，拠点を同市に移すと同時に身近な人や組織から取材を開始した。いわば演繹的なアプローチと，自らが地域の「住民」でもあることから参与観察に基づいた洞察を加え，「都市の発展」をテーマにして書籍執筆などを行ってきた。スポーツについては強い関心があったわけではないが，都市内の非営利組織の活動を調べていくなかでスポーツ分野（スポーツクラブ）が多いことに気付いた。これがスポーツと都市について扱うきっかけになり，本章にもつながった。

　その上で本章の結論を記しておく。

1．スポーツは地域社会の一部であり，地域社会のエンジンである
2．スポーツ都市の「都市」とは，国が構想する社会と，スポーツの価値が
交差するところ

以上の2点である。なぜこういう結論に至るのかを以下，述べていきたい。

01 都市にとってスポーツとは何か

1 ドイツにおける「都市」の意味

まずドイツでいう「都市（シュタット／Stadt）」について整理しておく。[6]

このドイツ語はcityやtown，市，町，都市などに直訳できる。しかし，ドイツでStadtと言えば，独自のイメージや意味合いがある。歴史を遡るとStadtは中世のドイツの共同体で市を開く権利などが付された称号であり，それらの権利を「都市法（Stadtrecht）」いう。しかし1935年の市法によって都市／非都市の法的な違いが廃止になった。今日，人口統計によってカテゴライズされている。すなわち連邦建設地域計画局によると，人口10万人以上が大規模都市（Großstadt），人口2万人〜10万人が中規模都市（Mittelstadt），人口5,000人〜2万人が小規模都市（Kleinstadt）という分類である。

それにしても，中世からの歴史は都市の捉え方に強く影響しており，中心市街地といえば，広場なども備わった旧市街地，すなわち中世に作られた都市の発祥地を指す。日常的には「Stadtへ行く」と言えば，中心市街地へ行くことを指す。もちろん，中世都市がそのまま現代の都市のあり方につながっているわけではないが，後述するようにドイツの「都市観」に強く反映されていることが見出せる。

なお本章でいう「都市」は日本でいうところの基礎自治体を指し，1つの経営体の意味で用いている。

　ドイツにおいて，都市にとってスポーツをどのように捉えているのだろうか。その手がかりとしてハンブルク市の資料[7]を用いる。

　ちなみにドイツは16の州で成り立っているが，ベルリンとハンブルクは州と基礎自治体を兼ねた都市州である。またハンブルクは人口規模で言えば２番目に大きな基礎自治体だ。同市は2011年にスポーツ政策を発展させる戦略を策定しているが，ここで示されている次の３点が「都市にとってスポーツとは何か」という問いの手がかりになるだろう。

　　１．都市にとってスポーツ・運動とは，横断的な分野の課題であること
　　２．市民にとってスポーツ・運動とは，市民の健康と生活の質に貢献するもの
　　３．都市のスポーツ・運動はどのように促進していくか，それはスポーツ関係の機関，スポーツクラブ，さらに市や市民が作っていくものである

これは後述するように，ドイツの都市らしさが強く反映されている。

02 ｜スポーツクラブはリビングスタンダードだ

１　スポーツクラブ概観

　次にスポーツクラブについて概観しておきたい。というのも都市の中で大きな存在感があるからだ。ドイツでスポーツクラブは極めて身近なもので，人々にとってリビングスタンダードといっても過言ではないだろう。

　スポーツクラブの組織形態は「登録団体（eingetragener Verein）」と呼ばれる法人で，通常「登録済み（eingetragener）」の部分を省いて，単に「フェライン（Verein）」と呼ばれることが多い。Verein は英語で言うところのアソシエーションである。日本語では「協会，クラブ」という定訳があり，たとえば歴史や合唱などのフェラインは「歴史協会」「合唱協会」と訳されることが多かった。

ただ今日の日本での議論で言えば，NPOと考えると比較的イメージしやすい。またフェラインの名称の末尾に「登録団体（eingetragener Verein）」を省略してe.V. と記述される。

　従って，ドイツではスポーツクラブを「スポーツフェライン（より忠実に発音をカタカナで表記すれば『シュポルトフェルアイン』）」と呼ぶことが一般的だ。しかし，本章では日本で馴染みのある「スポーツクラブ」と表記しておく。

　2017年のドイツオリンピックスポーツ連盟の資料によると，スポーツクラブの数は約9万ある。その歴史は古く，19世紀にまで遡ることになる。日本に目を転じてスポーツ庁の2020年の資料によると全国で3,600程度と少ない。しかし「まだまだ少ない（すなわち遅れている）」と断じるのは妥当ではないと考える。というのも歴史やそれに伴う社会構造，政治状況などを考慮するとスポーツクラブの数を比較することはあまり意味がないからだ。

　むしろ，日本の場合，若者のスポーツ環境という点では学校内での活動を充実させてきた。ただ既存のスポーツの状況を見た時に，多くの問題がおこり，構造的な変化を必要としている。これに対する議論を行うときに，大切になるのが「どのような問いを立てるか」だ。しかし，これまでの日本は海外（特に欧米）には先進事例があると考え，それをコピーするという傾向が強い。だが，なぜその事例が先進的に見えるのか。なぜその事例が成り立っているのか。そういうことをきちんと検討してこなかったように思われる。それゆえにコピーされたものを見ると，広い意味で誤訳・誤読が散見され，「劣化コピー」と映る。外国の事例はコピーを前提にするのではなく，問いを立てるための参照とすべきだ。

　参考までに日本のNPO法人の数とドイツのフェラインの数とを比較するのも少し慎重に見る必要があるだろう。日本のNPO法人の法律成立は1998年，[8)] 20年余りの歴史しかないからだ。ただそれ以前から協会なども存在していたので，非営利の法人が全くなかったわけではない。ともあれ，スポーツクラブの数は日本に比べて，ドイツは圧倒的に多い。そして，その9万のスポーツクラブのメンバーになっているのが，ドイツの人口の約3割の老若男女だ。3割と

いうと案外少ないと思われるかもしれないが，乳幼児や後期高齢者なども含めての数であるため，印象以上に社会の中にクラブ所属者が大勢いると見るのが妥当だろう。また日常的に見ても人々のリビングスタンダードという表現ができると思われる。

2　人々はスポーツクラブで何をしているのか

　日常生活の中で存在感があるスポーツクラブだが，メンバーになっている人々たちはどのようなことを行っているのだろうか。筆者の観察や関係者の取材から整理すると，運動，競争，気晴らし，関与，学習といったことがスポーツクラブの中で展開されていると言えるだろう。以下，各項目について記す。

運動

　通常のトレーニングを指す。サッカーなどのチームスポーツは，ある程度近い年齢のメンバーでチームが組まれている。また，たとえば高齢者向けのヨガといった明らかにターゲットを限定しているコースでも近い年齢層で行われる。一方で柔道やテニスなど個人ベースの競技になると，10代の若者から年金生活の高齢者まで多様な年齢・性別のメンバーが一緒になってトレーニングを行っている。とりわけトレーニングそのものに価値を置いている人たちは，自分の健康や，「気晴らし」という意味が強い。幅広いスポーツ（Breitensport）の典型的な姿である。

競争

　試合などに出場して，勝利や記録に挑む人たちもいる。子どもや青少年のサッカーの試合を観察すると，熱のこもった真剣な試合が展開されていることも多い。また親が子どものチームの応援に熱が入りすぎ，スポーツに求められる「対戦相手への敬意」を払うという点で疑問が生じるようなこともないわけではない。

　しかし，ドイツのスポーツで，試合に出場するといった時に，日本とは基本

的な考え方が異なる点は確認しておくべきだろう。日本に近代スポーツを普及させたのは，イギリスからやってきたフレデリック・ウィリアム・ストレンジだといわれている。当時の高等教育機関であった「旧制高校」では，19世紀末から運動部が次々と作られた。帝国大学の予科としたもので，いわばエリートが通った学校である。その点は，イギリスのパブリックスクールも同様で「勇気」や「男らしさ」がよしとされたため，粗野で野蛮な気質という共通点が見られたという。しかし試合となると，イギリスのパブリックスクールと日本の旧制高校とには差があった。パブリックスクールの選手たちは，自己とゲームを完全に同一化させることはなかったが，日本の場合はゲームに対して「徹底主義」や「没我」の態度やメンタリティがあった。[9]こういう日本の傾向は今日に続いているように思われる。またイギリスの様子はドイツに比較的近いだろう。すなわち競争といった時にドイツの場合，上位レベルの競技者でもそうだが，もう少し競技と自分を相対化して，一定の距離を置いていると考えられる。というのも，「幅広いスポーツ」を見ると，あくまでも余暇時間に自主的に関わるのがスポーツであり，試合に出場するということもその中に含まれるからだ。

　裏を返せば，日本の部活を中心としたスポーツは誰もがトップを狙い，プロフェッショナルを目指すことに偏重している点が散見され，競技団体から言えば，トップ選手の養成を学校に任せているような構造がある。[10]また，競技者本人も競技環境が社会の中でどういった構造にあるのかを自覚することなくトレーニングに集中しているケースも少なくないようだ。卑近な表現をすれば，勝利のための戦士を養成するような巨大システムになっている部分がかなり大きいと言えるだろう。そのため，「筋肉バカ」「脳味噌が筋肉」と言った侮蔑の言葉を競技者に向けて使われることがある。また，指導者による暴力は，閉じられた巨大システムの中で長年，正当化されてきた。近年になって，問題視されるようになり，海外の人権団体にも人権侵害として指摘されている。「競争」は日独のスポーツ文化の違いがよく表れる点である。

気晴らし：おしゃべり，リラックス，余暇

　19世紀にフリードリッヒ・ヤーンによって確立されたドイツの体操（トゥル ネン／Turnen）は，スポーツクラブ文化に強い影響を与えている。その中の１ つが「体操を共にする仲間」という考え方だ。これは現代のスポーツクラブで も踏襲されている。

　言葉尻からいえば，人間関係の距離で変わるドイツ語の二人称が１つの目安 になるだろう。年齢や性別，職業などとは無関係に，クラブのメンバーになっ た時から，お互い親称 Du（ドゥ／君，お前）を使い，ファーストネームで呼び 合う。ドイツ社会では属性によって違いはあるものの，一般的にいえば社交称 Sie（ジ／あなた）から親称に変わるまでは時間がかかる。名前の呼び方も同様 で，英語で言うところの「Mr./Ms. ファミリーネーム」からファーストネー ムに切り替わるのも時間がかかる。こういった点を考慮すると，メンバーになっ た途端，親称に切り替えるという点は，メンバーは平等な関係であることがこ とさら強調されていると指摘できるだろう。日本のスポーツ文化である「体育 会系」では先輩・後輩という上下関係が強調されるが，ドイツのスポーツ文化 と比較すると，人間関係の秩序において全く逆の力が働いていることが指摘で きる。

　こういった平等性やスポーツを共にする仲間の強調は，余暇時間やリラック スのためのコミュニティとして成り立ちやすい条件となっていると言える。

　コントラストを大きくしていえば，日本のスポーツの現場では「まじめ」な 態度であることが求められるが，ドイツのスポーツクラブでは全体的に上機嫌 でリラックスした雰囲気がある。またクラブが自前の施設を持っている場合， 多くの場合がレストランも入っている。そこでパーティや食事会が行われるこ ともしばしばある。

関　与：ボランティア，指導

　クラブに対して何らかの形で積極的に関わっていくということをさしている が，様々なケースがある。具体的な例をいくつか挙げていく。代表的なものは

トレーナーとして，クラブのコースで指導することだろう。多くの競技でトレーナーの資格制度があり，資格取得者がトレーナーとして関わる。クラブから報酬は出るが，一般にそれで生活ができるような額ではない。有償ボランティアという表現が合うだろう。同様に，試合のための審判，柔道などの昇級・昇段試験などでもそれぞれ資格があり，有償ボランティアの形で関わる。別の見方をすれば，個人にとって余暇時間を使った趣味としてのスポーツのあり方も多様なものがあることを示している。

　規模の大きなクラブではフルタイムやパートタイムで職員を雇用しているケースがあるが，多くのクラブの運営はメンバーの無報酬，あるいはわずかな報酬による協力で成り立っている。中枢のボードメンバーや会計に始まり，試合の調整，記録用の写真やビデオ撮影，試合中に生じる簡単な負傷に対応する救急医療係など幅広い。救急医療係などはクラブメンバーや，メンバーの家族の医師が就くケースも見られ，いわゆる「プロボノ」という形になっていることもある。

　もっと手軽な「関与」もある。バーベキューパーティ，食事会などの準備や運営，子どもたちを交えたキャンプの世話係，試合会場の設置の手伝いといったものである。また試合ではケーキなどの軽食とコーヒーなどの飲み物を販売することがあるが，この時の販売係や事前にケーキを焼いて提供するといった関わり方もある。

　このようにクラブの運営上の重要な業務から，簡単に誰でもできる手軽な「手伝い」まで自由意思で関与することができるのもスポーツクラブの特徴である。

学　習：スポーツ技術向上，コミュニケーション通じた学習

　スポーツの学習効果は幅広くある。例えば，トレーニングを通じた技術の向上などがそうであろう。日本の部活などでは，規律や勝利のためにチームワークや集中力を養うといったことが挙げられる。確かにこれらもスポーツによる学習の１つだが，「先輩・後輩」といった人間関係の秩序，「勝利至上主義」といった価値観が大きな日本スポーツの枠組みと考えると，よく噛み合う「期待

される学習」である。

　技術習得やチームワークなどの学習への期待はドイツにもある。また柔道を見ると敬意・勇気・自制心など10項目を「柔道の価値」という形で整理されている。

　他方，スポーツクラブは「デモクラシーの学校」とも言われる。原則的にいえばコースの内容などを自分たちで決めていくようなことが想定されているからだ。こういう観点は日本のスポーツや部活では見出しにくく，スポーツ文化の質的な違いとして映る。

3　リビングスタンダードとしてのスポーツクラブが成り立つ環境

　スポーツクラブのメンバーが，クラブでどういうことを行っているのかを検討したが，確認しておきたいのが，なぜこういった活動が成り立つかという点である。

　特に日本と比較した時に，指摘できるのが個人の可処分時間の多さだろう。OECD（2017年）によると年間労働時間1356時間（ドイツ），1710時間（日本）である。もう少し実感ベースで言えば，ドイツでは金曜日の午後になるとほぼ無人になるオフィスも多い。また有給休暇も取得しやすい。残業した分を使って，早めに仕事を終えるようなことができる職場も多い。日本からドイツに駐在として赴任してきた人の口からは「ドイツには1日が2度ある」という感想を聞くこともあった。こういった様子を誇張した表現をすれば，「仕事は人生の一部であり，全てではない」といった時間感覚や人生観を持っている人が多いと推測できる。

　日本の長時間労働が問題となって久しいが，労働時間短縮を政策とする場合，可処分時間が増えることで，スポーツ活動をはじめ，地域での活動などが増加する可能性がある。そういった社会的なインパクトと一式にした政策として検討してみる必要があるだろう。

03 | ドイツの都市の独自性

1 人口が多ければ都市というわけではない

「ドイツのスポーツ都市」とは何かを見る上で，都市（Stadt）には独自の歴史やイメージがあることに触れたが，ここではもう一歩踏み込んで，都市を発展させる際の考え方や傾向を見ていきたい。都市の定義は，多くの論者も述べているように，それほど簡単ではない。自然条件，権力構造など，様々な要因でできているからだ。そのなかで広く説得力があると思われる共通点として挙げられる定義が「密集」である。

たとえばマックス・ヴェーバーは様々な方法で定義が可能としつつ，都市を分類している。そのなかで，すべての都市に共通しているのが，比較的人口の多い，「まとまった定住」のある集落であるとしている[11]。つまり「密集」である。ヴェーバー以外にも多くの論者が同様の条件を挙げている。例えば中世からの都市史を持たないアメリカの，しかも今日の研究者であるエドワード・グレイザーも次のように述べる。「都市というのは，人と企業の間に物理的な距離がないということだ。近接性，密度，身近さだ。都市は人々がいっしょに働き遊べるようにするし，その成功は物理的なつながりの需要に依存する[12]。」

欧州委員会は密集した状態について，「様々な需要と機会が交差する場所」であり，「経済開発や社会的包括，公衆衛生の向上などの可能性をもたらす」と述べている。さらに都市内には格差や貧困などの問題があることを指摘しつつ，それぞれが独特な文化や建造物を持っているとしている。これがヨーロッパで，一般的に理解されている都市と位置づけている[13]。

このような指摘から，都市の定義として「密集」が大きなカギになっており，言い換えるならば，都市を形成するたくさんの「要素」が集積しているということである。それは建築物や構造物のみならず，人，組織も含まれる。それらが連関性をもち，様々な交流・交換が生じる。これが都市の質を左右するダイナミズムを生み出す。都市とは密集による社会的な有機体といえるだろう。

今世紀に入って，世界的に都市に住む人の数が増加している。都市の拡大，都市人口の増加はドイツでも工業化などを背景に19世紀におこった。着目すべきは，当時「人口が多ければ都市というわけではない」という趣旨の議論があったことだ。ここにドイツの都市発展における「ドイツの独自性」を見ることができるだろう。都市史のユルゲン・ロイレッケをはじめとする議論ではドイツで都市化／都市社会化（Verstädterung/Urbanisierung）の2つの概念が用いられる。[14] これらの概念は完全に分けて考えることはできないが，英語では urbanization だけで，スペイン語やフランス語でも同様だ。概念的には分化された用語はない。都市化は人口増加など量的な発展をさし，都市社会化は質的なプロセスである。すなわち生活様式や行動様式，経済のあり方などを指す。[15] 極端にいえば，「規模よりも質」を見る考え方があったせいか2万人，5万人，10万人といった日独の地方都市をくらべると質的にかなり異なる。そのカギが「都市性」の追求にある。

2 何でも揃っていることが「都市性」である

　人口や空間の拡大による「都市化」に加え，19世紀の都市経営では専門知識を持つ都市官吏らが長期的展望をもとに市電を走らせ，電力を自給する[16]などより積極的に近代的な都市をつくっていった。[17] 都市らしさというのは，卑近な言葉をつかえば「発電所から市街地の樹木までなんでも揃っている」といったものを指すと理解できる。たとえば劇場なども「都市らしさ」の一例と見ることができるだろう。人口11万人のフュルト市（バイエルン州）には1902年に作られた劇場があるが，それ以前からも小さなものがあった。しかし工業化の中で経済成長を伴い，市民がさらに大きな劇場が必要と欲したことが背景にある。[18]

　「なんでも揃っている」のはいわゆる施設などのハードだけではない。多様な社交機会や，任意のグループ，社会的な組織といった人間の関係を結ぶものも揃っていることを指す。ところが，都市には地縁や血縁でつながった「所与の人間関係」が形式的にはない。それは貧困などの困難が生じた場合の助け合いにも出てくる。フランスの社会学者エミール・デュルケームの議論によると，

村の人々は家族の血縁を通して確信される「有機的」な援助が期待できた。しかし，都市は機械的な連帯を通じて行われるようになった。裏を返せば，都市は赤の他人同士の連帯を発展させる必要があった。この赤の他人が知り合う¹⁹⁾きっかけというのは，都市を都市らしくしていくには重要な要素であり，次に見る自治体の文化政策が大きな役割を果たす。²⁰⁾

3 文化政策から見た都市性

エアランゲン市（人口11万人）の長年文化の責任者であったディーター・ロスマイスル博士は同市における文化政策の目的と課題として次の4点を挙げている。

① 市民に対して町の歴史への興味を喚起し，そのためのアーカイブや資料類の解釈をすること

② 芸術を市民に提示できるようにすること

③ 周辺都市との協力関係を文化の面からも進めること

④ 都市性を作り出していくこと

4番目の「都市性」を作り出していくことというのが注目すべき点である。繰り返すが都市の大きな特徴は集積にある。それは建築物と人，職場へのルート，人と人が会うような場所，教育・文化の場所といったものが集積しているかどうかが「都市性」のカギである。こうしたものが集積するなか，出会いとネットワーキングの創出が都市には必要で，それは政治的にも財政的にも支援されるべきとしている。また，中心市街地とは通常，都市の発祥地である。したがって中世の時代からの建築物が残り，歴史に基づいた都市の自己像，ひいては都市のアイデンティティを象徴するエリアである。そして商業施設，広場，文化施設，飲食店などが揃い，しかも歩行者ゾーンにしている自治体も多い。いうなれば絶対的中心といった存在感があり，ロスマイスル博士が挙げている文化政策に対応させると，4番目の「都市性」のみならず，1番目の「町の歴

史への興味を喚起すること」も加わる。スポーツと関連付けると，この中心市街地がマラソンイベントの会場になることがある。もちろん市外からの参加者もいるが，外から人を呼び込むことに注力するというより，市民のためのイベントという雰囲気がある。市外中心地はもともと様々なものが揃う「都市性」の象徴的な場所に，「スポーツ」も加わるかたちだ。「外国人」の筆者の目線で見ると，人々は「都市性」がさらに高まっているという感覚をおぼえているのではないかと感じるのである。

　また出会いとネットワーキングの創出ということに引きつけていえば，フェラインもその役割をはたしている。フェラインは決して地縁・血縁をベースに集まった人間関係ではなく，目的や趣向に応じて，個人が自己決定で加入する集まりである。そして，所属の強制性はなく，いつでも抜けることもできる。エアランゲン市（人口11万人）を見ると，740以上のフェラインがある（そのうち約100がスポーツクラブ）。その隣のヘルツォーゲンアウラッハ（人口約2万3000人）では160以上（スポーツクラブは約40）のフェラインがある。

　これらの数は単純に自分の趣向や目的のために所属できる組織があることを指している。このように見ていくと，スポーツクラブも明らかに「都市性」を具体化するためのひとつであり，都市文化の中のものであるといえるだろう。

　ここで日本に目を転じると，「人口がただ多いだけでは都市ではない」という考え方はあまりなかったのではないか。たとえばベッドタウンと呼ばれる町は，まさに長距離通勤の会社員が「寝るために帰る」だけの町であり，ドイツに見られる都市のイメージとかなり異なる。さらに踏み込めば，日本は第二次世界大戦後，人口増加など量的な「都市化」が起こったところはあるが，「都市社会化」はほぼ起こっていないと見ることもできるだろう。

04 都市は国が構想する社会を実現する現場

1 都市は「価値」によって方向付けされる

　ドイツの都市の独自性は「何でも」揃っていること，そして，それらが有機

的に連関を持っていて，その連関は意識的にも作られている。その中にはスポーツも含まれている形だ。

そんなドイツの都市は，外部から見るとあたかも自律的に有機体であり続けるように見えるが，「どうあり続けるか」というのは，どういう価値を中心に据えているかにかかってくる。例えば戦後のモータリゼーションの時代には，「自動車に優しいこと」が大きな時代の価値で，交通政策では道路拡充に整備に力が入った。都市の市街中心地は歩行者ゾーンになっているところが多いということを先述したが，モータリゼーションの時代には自動車が走れるようになっており，広場も駐車場になっていた。

このように，都市のあり方はその時代の中心的価値が方向付けをする。とりわけ21世紀に入ってからの中心的価値とは「持続可能性」であろう。

さらに，もっと基礎的なところを見ると，ドイツという国がどのような価値に基づいた社会を構想しているかが都市のあり方を決める。それは後述するように，人間の尊厳を核においたデモクラシーである。

すなわち，現在のスポーツ都市とは，「持続可能性」「人間の尊厳を核においたデモクラシー」という価値に沿ったスポーツを展開する都市のあり方と定義づけることができるのではないか。

2 立地要因としてのスポーツ

今日，都市にとってのスポーツとは何か。すなわち都市が，スポーツにどのような価値を見出しているのかという点を見なければならない。

スポーツの狭義の価値としてフェアプレイなどが謳われるが，時代や状況，国・地域によって強調される「価値」は異なる。言い換えれば，スポーツがどのように「利用されているのか」を見ると，その国・地域の社会が見えてくると言ってもよい。かつての共産圏の国であれば，スポーツは国威発揚として使われた。日本のスポーツは「勝利至上主義」と軍隊の人間関係を思わせる「体育会系」という特徴がある。これは質よりも量的な頑張りで，経済成長に向かう戦後の日本の方針と親和性が高い。

ドイツも時代を見ると変遷がある。本章のテーマに引きつけて，都市におけるスポーツの価値の変遷について，エアランゲン市を例に見るが，次の3つの段階で変遷している。[23)]

1．競技志向

　最初は「競技志向」である。もっともあくまでも趣味として，楽しみとして試合に出るという意味で「幅広いスポーツ」としての競技志向である。それにしても競技を重視する傾向が強かった。

2．健康・余暇・教育

　次の段階では「健康，余暇，教育」に移っていく。それはスポーツクラブによるものも大きいが，市も様々な運動と健康のプログラムをつくってきた。中には1970年代から今日まで続いているプログラムもある。

3．消費型市民・社会・立地要因

　3番目が「消費型市民」「社会」「立地要因」という側面での価値に焦点があたる。

　本章ではスポーツクラブの存在の大きさを強調してきた。しかしドイツの傾向を見ると，クラブに見いだされるコミュニティの部分に対して賛成する人ばかりではなく，単純に自分の運動のための環境を求める人も近年，増えている。それを受けてスポーツも消費型市民という観点の議論が必要になっている。それからインクルージョンといった考え方も大きくなってきており，スポーツをさらに社会的に意義あるものにする必要が出ている。そういったものを踏まえたものが「消費型市民」「社会」という側面のスポーツである。

　立地要因とは「ハード要因（インフラ，エネルギー，交通など）」「ソフト要因（文化，都市のイメージ，教育など）」がどの程度整っているかを示す概念だ。経済政策や企業誘致などの議論でよく使われるが，都市の質的なものを表す概念「都市社会化」と符合する。立地要因としてのスポーツを問う姿勢は，ドイツ都市

の独自性をよく表しているといえるだろう。またスポーツクラブ側にも都市の立地要因としての「スポーツと運動」の向上の担い手としての自覚もあるようだ。

3 スポーツは都市を強くする

今日求められる立地要因としてのスポーツとはなにか。スポーツでどのように魅力ある質の高い都市にできるのか。この手がかりになると思われるのがドイツオリンピックスポーツ連盟，ドイツ都市協会，ドイツ都市町協会間の協力協定（2008年）[24]に見る「推奨分野」である。これをベースに筆者の知見も加えると，次のようにまとめることができるだろう。

1．スポーツ施設と都市開発

必要なスポーツ施設は人口動態や人々のスポーツに対する取り組みから導き出される。その点，スポーツ施設の開発プロセスは建築計画，交通，環境，住宅，若者，教育，社会，健康，文化政策の一部で，多岐にわたる統合的な開発政策といえる。こういう発想は「都市性」の創出とも理解できる。また，都市社会化には都市を俯瞰的にみて，全体最適化を目指す視点を見いだせるが，どのようなスポーツ施設がどこに必要なのか，ということを行政が検討する時点で，関連部署とスポーツクラブの関係者が一同に会して会議を行うケースも散見される。いわゆる日本でいう「協働」が極めて自然に行われている。また，ドイツの都市計画には都市全体を俯瞰するような姿勢が強く見られる。1980年代から都市内をできるだけ短距離で結ぼうという議論がある。

2．ボランティアのさらなる活発化

スポーツクラブは多くのボランティアで成り立っている。また自治体のスポーツ政策にもボランティアは不可欠だ。これを推奨するキャンペーンは重要である。また，そういった自由意志で他者や公益のために仕事をすることを顕彰する機会も大切だろう。「顕彰」に着目すると，スポーツクラブによっては

毎年，自由意志でクラブに貢献したメンバーを表彰する機会を設けている。そういった活動がクラブ内のみならず，さらに顕著な場合は，自治体のスポーツクラブ連盟が，さらに顕著な場合は市が表彰する。

3．教育・学習機会の増加

　スポーツは子どもや若者に対する教育や自己啓発の機会でもある。身体能力の発見や発展，あるいは自由に体を動かすことで得られる幸福感や健康が期待される。そのためにも，1番目のスポーツ施設とも関連するが，誰もがアクセスできるような運動や遊び場が重要になってくる。またドイツには日本のような部活はないが，それにしても「学校スポーツ」として授業などが展開される。なんらかの形で学校とスポーツクラブとの協力も必要だ。

　またスポーツクラブは「デモクラシーの学校」ともいわれる。自主的な意見を述べ，他者の意見と交換しながら，妥協点を見つけ，自分たちのスポーツを組み立てていくことが基本的な考え方としてある。他者に敬意を払いながらも相互依存の関係を作っていく実践の場所だ。

　加えて，成人に対しても生涯学習としてのスポーツという役割がある。

4．「競技」の活用

　フェアプレイ，寛容，連帯，コミュニティ，チームスピリット，モチベーションなどのスポーツの基本的な価値は，試合に出るなどの競技を通じて体験できる。特に教育面とも親和性の高い部分であろう。また，トップクラスのスポーツチームやアスリートは，スポーツをする子どもや若者にたいするロールモデルにもなりうる。

　加えて，才能あるアスリートの存在は，都市のイメージに反映され，スポーツ施設の開発や大規模なスポーツイベントの開催をもり立てることにもつながる。なお，こうした考え方は日本の自治体で比較的馴染みのあるものといえるだろう。

5．健康増進

スポーツが持つ健康機能は今日，健康政策といった面でも重要である。健康の概念とは，身体的・精神的なものだけでなく，社会的なものも含む。スポーツクラブは運動による心身の健康を促し，クラブのメンバーとの関係，クラブへの自由意志による貢献などは社会的な健康ももたらす。そういったことは高齢者にとって，健康寿命を伸ばすことにもつながるだろう。

そのために地域レベルでスポーツと健康分野の組織のネットワーキングが必要になってくる。また近年，そのための近隣自治体のネットワークの構築もすすめられている。

6．平等・社会的統合の推進

スポーツクラブじたいが，性別・文化・宗教や社会階層を超えた平等な人間関係を強調するものとして構想されている。一方，ジェンダーや人種差別の問題など，より平等な社会を推し進める必要性がある。

また，外国系の市民との共生という課題を，ドイツの場合は社会的統合という形がとられている。一種の同化政策だが強制性はなく，人間の尊厳を軸にしたデモクラシー社会を理解してもらい，その一員になってもらおうという意味である。[25]スポーツクラブはそのための社会的出会いの場でもある。自治体の中においてはスポーツクラブと，それ以外のフェラインや行政とのネットワーク化がより求められる。

7．環境負荷の低減

野外で行うスポーツは天然資源を活用している。大規模なスポーツイベントの場合，自動車による移動で騒音，排気ガス，エネルギー消費など，日常よりも高い環境負荷がかかる。それだけに新たにスポーツ施設をつくる場合，環境負荷の低い交通手段や接続方法を念頭に考える必要もある。また，施設そのものも再生可能エネルギーや最新の断熱材を使用することで環境負荷の低いものにすることが求められるだろう。それは既存の施設においてもリノベーション

を行うことで環境負荷を下げることができる。

　こういった観点から見たときに，ドイツの建築物の「扱い方」も勘案せねばなるまい。中心市街地に中世からの建物が残っているのと同様，古い建物をリノベーションしながら使い続ける傾向が強い。筆者が知る範囲でも1910年代につくられたスポーツホール（体育館）を2000年代にはいって最新の断熱処理と暖房設備の導入を行っているケースがある。また太陽発電を推進するフェラインと協力して，スポーツ施設の屋上に太陽発電の装置を取り付けるプロジェクトなども行われている。

　ドイツの自治体は，自分たちの町のCO_2の排出量を計測し，シュタットベルケ（電気，ガス，水などを供給するインフラ供給会社）やフェラインなどと協力しながら再生可能エネルギーを推進している。そういう一環のなかにスポーツクラブもかかわっているのがわかる。

4　ドイツが構想する社会とは何か

　ドイツという国は，人間の尊厳を核においたデモクラシーに基づいた社会を構想している。まず人間の尊厳に関することをどこで定義しているのかを見ると，憲法に相当する基本法である。

　　基本法第一条
　　人間の尊厳は不可侵である。これを尊重し，保護することは，すべての国
　　家権力の義務である。ドイツ国民は，それゆえに，侵すことのできない，
　　かつ譲り渡すことのできない人権を，世界のあらゆる人間社会，平和およ
　　び正義の基礎として認める。

人間の尊厳を端的にいえば，誰もが「人間」であり，性別・年齢・出身・人種・性的指向・貧富・宗教などに関わらず，人間として平等であるということである。そのために，お互いに最低限の敬意を持つことが大切になってくる。基本法では，人間の尊厳を尊重し保護することが国家権力の義務としているのである。それゆえに都市にもこの考え方が適用されるのは当然であるし，また本章

でも見てきたようにスポーツクラブにもスポーツを共にする仲間として平等性を強調するなど内省化されているのがうかがえる。また，スポーツクラブ以外のフェライン，企業などあらゆる組織が適用しなければならないのももちろんである。

　それからドイツはデモクラシーの理想形を常に追求し，健全に機能するように務めている。いわゆる「闘うデモクラシー」と呼ばれるものである。これは戦前，当時最先端の民主的憲法といわれたヴァイマール憲法（1919年交付・施行）がナチスの台頭で合法的に無効化された歴史的経験が背景にある。デモクラシーに完成形はないが，裏を返せば脆弱性も含まれる。デモクラシーには意見や学問，表現の自由がつきまとうが，デモクラシーそのものを破壊しようとする自由はない。さらに基礎自治体は政治家と市民の距離も近く，デモ・社会運動や政治的議論が生活の一部である。たとえばバイエルン州も草の根型のデモクラシーを基本においていることを明言している。

　こういうデモクラシーのあり方を見ると，ドイツは「デモクラシークラブ」の国と捉えると，様々な取り組みや考え方に説得力が増す。スポーツクラブが「デモクラシーの学校」と呼ばれるのもそうであろう。また外国にルーツのある市民との共生は「社会的統合」とされるが，いわばデモクラシークラブの一員になってもらおうという考え方と理解できる。そうすると「デモクラシーの学校」としてのスポーツクラブがより際立ってくる。

おわりに
——スポーツは地域社会の一部であり，地域社会のエンジンでもある

　スポーツ都市とはなにか。スポーツが社会の一部になっており，社会のエンジンにもなっているような都市である。

　ドイツのスポーツクラブは都市社会のスポーツサービスを提供しており，生活文化の一部として不可欠な組織であるという考えが読み取れる。これが行政や学校とも連携していくひとつの背景になっていることは間違いないだろう。「社会の一部」としてのスポーツの姿がここにある。そして人々のスポーツ活

動が有機的な社会を作り，そこから，デモクラシーに乗っ取ったアクティビティが出てくる。これは都市の質を高めることにつながり，スポーツが「社会のエンジン」であることも示している。

注

1）「幅広いスポーツ（Breitensport）」は，余暇や楽しみ，気晴らし，健康，体力の維持・向上，コミュニケーションといったようなことを主目的にしたもので，「幅広いスポーツ」も，ある程度概念化されている。ただ，日常の使われ方をみていると，定義はやや曖昧で，トップレベルの競技以外は「幅広いスポーツ」とされている。

2）Coca-Cola GmbH のコーポレートレスポンシビリティの責任者ウヴェ・クライネルト氏のインタビューより。https://www.dosb.de/sonderseiten/news/news-detail/news/den-olympischen-gedanken-auf-den-breitensport-uebertragen（2018年5月31日閲覧）

3）同氏はスポーツ分野の責任者で，「スポーツ大臣」のようなポストを兼任している。

4）ブンデスリーガは「連邦リーグ」のこと。サッカーが代表的だが，他の種目もある。

5）Stadt Nürnberg.（2017）. *Sport in Nürnberg Bericht zum Sportjahr 2017*. Stadt Nürnberg.

6）Heineberg, H.（2017）. *Stadtgeographie*. Bern：utb GmbH. における整理を主に参照している。

7）Zukunftskommission Sport.（2011）. *HAMBURG macht SPORT Eine Dekadenstrategie für den Hamburger Sport*. HAMBURG：Zukunftskommission Sport.

8）ドイツのフェラインは約60万，日本の NPO 法人数は内閣府の集計によると2018年に5万を超えた。

9）デビット・ノッター，竹内洋（2001）「スポーツ・エリート・ハビトゥス」編：杉本厚夫，『体育教育を学ぶ人のために』（ページ：4-23）世界思想社 p10。

10）有山篤利氏（追手門学院大学教授）と高松平藏の対談「オリンピックの代わりに何を考えるべきか？ 第3回『托卵モデル』という日本の構造」で，有山氏が指摘している。https://www.interlocal.org/20200916/

11）M. ヴェーバー 世良晃志郎訳（1968）『都市の類型学』，創文社 p4。

12）エドワード・グレイザー，山形浩生訳（2012）『都市は人類最高の発明である』，NTT出版 p8。

13）欧州委員会地域政策総局（2009）『欧州における持続可能な都市開発の促進 これまでの成果と機会』，欧州委員会 p7。

14）例えば Reulecke, J.（2005）. *Geschichte der Urbanisierung in Deutschland*. Frankfurt am Main: Suhrkamp.

15) (Heineberg, 2017) p31.

16) シュタットベルケ（インフラ供給会社）を持つ自治体は今も多い。電力，水，ガス，地域バス，プールなどを供給する。筆者が住む11万都市のエアランゲン市にもあるが，1858年に創業，ガス供給から始まった。この視点からいうと，東京の電力が福島から供給されているというのは，理解しにくい距離感がある。

17) 森宜人（2009）『ドイツ近代都市社会経済史』日本経済評論社。

18) 高松平藏（2008）『ドイツの地方都市はなぜ元気なのか　小さな街の輝くクオリティ』学芸出版社　p32。

19) Frank, E. (23. 2 2021). *Auseinanderfallende soziale Welten. Politik & Kultur Zeitung des Deutschen Kulturrates*, S. 42.

20) 立法と行政について，「州の文化高権」という原則がある。文化・教育・宗教などに関する権限は州が有している。

21) 2000-2017年までエアランゲン市の教育・文化・青年部門の責任者。「市の文化大臣」のようなポジションであった。

22) Rossmeissl, Dieter. (2017). *Kultur Bildung Stadt*. Erlangen: Stadt Erlangen.

23) 高松平藏（2020）『ドイツのスポーツ都市：健康に暮らせるまちのつくり方』学芸出版社　p198。

24) Deutschen Olympischen Sportbund, Deutschen Städtetag, Deutschen Städte- und Gemeindebund. (2008). *Starker Sport-starke Städte und Gemeinden*. Frankfurt, Köln, Berlin: Deutschen Olympischen Sportbund, Deutschen Städtetag, Deutschen Städteund Gemeindebund.

25) 高松平藏（2021年10月）「外国市民に対するドイツ自治体の考え方は？」『市政』，50-51。

文献目録

Deutschen Olympischen Sportbund, Deutschen Städtetag, Deutschen Städteund Gemeindebund. (2008). *Starker Sport-starke Städte und Gemeinden*. Frankfurt, Köln, Berlin: Deutschen Olympischen Sportbund, Deutschen Städtetag, Deutschen Städteund Gemeindebund.

Heineberg, H. (2017). *Stadtgeographie*. Bern: utb GmbH.

Reulecke, J. (2005). *Geschichte der Urbanisierung in Deutschland*. Frankfurt am Main: Suhrkamp.

Rossmeissl, D. (2017). *Kultur Bildung Stadt*. Erlangen: Stadt Erlangen.

Stadt Nürnberg. (2017). *Sport in Nürnberg Bericht zum Sportjahr 2017*. Stadt Nürnberg.

Zukunftskommission Sport. (2011). *HAMBURG macht SPORT Eine Dekadenstrategie für den Hamburger Sport.* HAMBURG : Zukunftskommission Sport.

エドワード・グレイザー，山形浩生訳（2012）『都市は人類最高の発明である』，NTT出版　p8.

欧州委員会地域政策総局（2009）『欧州における持続可能な都市開発の促進　これまでの成果と機会』，欧州委員会　p7.

桜井健吾（2005）『近代ドイツの人口と経済　1800-1914年』ミネルヴァ書房.

高松平藏（2020）『ドイツのスポーツ都市：健康に暮らせるまちのつくり方』学芸出版社.

高松平藏（2021年10月）「外国市民に対するドイツ自治体の考え方は？」『市政』，50-51.

デビット・ノッター，竹内洋（2001）「スポーツ・エリート・ハビトゥス」編：杉本厚夫，『体育教育を学ぶ人のために』（ページ：4-23）．世界思想社.

M. ヴェーバー　世良晃志郎訳（1968）『都市の類型学』，創文社　p4.

森宜人（2009）『ドイツ近代都市社会経済史』日本経済評論社.

（高松 平藏）

第 9 章
スポーツが変える建築

はじめに

スポーツが建築や都市をつくってきたと言っても過言ではない。

　冒頭から，言い切りによる大胆な発言からはじめたが，すべての建築や都市をスポーツが形作ってきたとは言えないまでも，建築史や都市史を語るうえでスタジアムやアリーナが重要な役割を果たしてきたことは確かであると言える。2050年を望むスポーツの未来を仰ぎ見たときに，スポーツが建築や都市に与える影響は決して少なくないと考えるのが冒頭の宣言の真意となっている。
　本章ではこれまでにスポーツが変えてきた建築や都市について概観するとともに，未来向けたスポーツが変える建築や都市についてふれていきたい。

01 近代スポーツの誕生と発掘されたスポーツ環境

　スタジアムやアリーナに無くてはならないのが観客席スタンドである。では，この観客席スタンドを発明したのは誰だろうか。たとえばイギリスのマッチウェンロック・オリンピアンゲームズは1850年から行われているが，最初期の競技風景をみてみると観客席スタンドのすがたはなく丘陵地に腰かけて競技を観戦する様子がみられる。スタジアムやアリーナに限らず，当時から存在する劇場やコンサートホール，例えば17世紀にシェイクスピアが使用したと言われ

るグローブ座においても，そのほとんどが平場席からステージを見上げる形式であり，桟敷席に最高 5 段程度のひな壇を設けるにとどまる。やはり現代のような数十段に及ぶ観客席スタンドは見られないことがわかる。

　観客席スタンドのルーツをたどると古代ギリシアのオリュンポス大祭に使用されていたスタディオンに行きつく。スタディオンは名前の通り当時の短距離走であるスタディオン走を行う競技場で長さ約180m の直線トラックである。スタディオンは距離の単位で太陽が昇り始めてから昇りきるまでの約 2 分間に歩ける距離を示し，自然崇拝と結び付けた宗教的な背景があったことがうかがえる。一方で古代ギリシアは伝承にもある通り，海の民からの侵攻を避けるため，古代都市デルフォイなどに見られる山岳地の斜面に都市を構えたとされている。そうすると約180m の直線距離を確保するうえではどうしても斜面方向ではなく，山肌に沿う方向にトラックを設ける必要があったことは想像に難くない。この際，トラックからみて山側には斜面があり，観客は斜面に腰かけて競技を観戦することとなる。これが観客席スタンドの起源であり，実際には座りやすいように石で段が設けられて階段状の観客席がつくられるようになるのである。

　世界最古の建築書「VITRUVII DE ARCHITECTURA」（紀元前22〜33）には，観客席の計画についての指南が掲載されており，「一番下の段と一番上の段に直線が引かれた場合，それがすべての段の鼻先に触れるように調整さるべき」，「見物席の段は 1 パルムスより低くなく 1 ペース 6 ディギトスより高くなく，その幅は 2 ペース半より大きくなく 2 ペースより小さくなく定められる。」（森田訳，1979）と記されている。これを現在の単位に直すと，段の高さ：7.39〜40.57cm，段の奥行幅：59.14〜73.93cm となり少々段の奥行きが狭いものの，現在設計されている観客席スタンドの寸法と遜色ないことがわかる。

　その後，古代ギリシアの建築技術は古代ローマに引き継がれる。前述したウィトルウィウスの建築書などが残っており，文化的継承が行われたことがわかっているが，一方でギリシアとローマで異なる点があった。それが土地の形状で，ギリシアの都市のように斜面を持たない古代ローマの都市においては自然地形

を利用することができず観客席スタンドを作るうえでも工夫が必要となるのである。紀元前80年につくられたポンペイの円形闘技場ではフィールドを囲むように盛り土による土手が作られ観客席の石段が組まれている。平地に斜面をつくることは手間のかかることであり、大変な労力が必要な建築であったことがわかる。木造による仮設闘技場の記録があったともされているが、そのすべてが現存しておらず、現在残るのは盛り土を石組みに代えた古代ローマ帝国の残滓であるローマのコロッセオなどの大型の施設のみとなっている。ところが、この大型の観客席スタンドは古代ローマの衰退とともに歴史から消えることとなる。権力と財力をもってつくられたあまりにも不合理な大きさである円形闘技場はその後新しく作られることもなく、また多くの円形闘技場は街をつくるための資材として切り崩されその姿を消すこととなる。中世ヨーロッパに起源をもつ代表的スポーツとしてフットボールがあるが、中世において専用のスタジアムがつくられることはなく、街なかの広場や道を使用して競技は行われている。長いヨーロッパの歴史のなかで観客席スタンドは姿を消し、その歴史は寸断されることとなるのである。

　転機が訪れるのは1800年代に入ってからとなる。1776年、遺跡の発見を機にイギリス人のリチャード・チャンドラーによってオリンピア祭が再現されるなどヨーロッパや北米で古代オリンピックを意識した競技会が行われるようになる。1850年にはじめられたイギリスのマッチウェンロックの競技大会は名称もオリンピア競技祭を冠し、古典に対する興味の高まりがみられる。この背景に1830年のオスマン帝国からのギリシア独立があり、独立にあわせて多くの実業家がギリシアに入って発掘を行っていることが知られている。

　そうしたなかルーマニアの実業家であるエバンゲルス・ザッパスが土に埋もれていたパナシナイコスタジアムをアテネで「発掘」している。パナシナイコスタジアムは5万席規模の大競技場であり紀元前6世紀につくられ紀元140年に大理石で再建されて以来歴史から姿を消していたスタジアムである。発掘後に改修されたこのスタジアムは1859年から1888年まで計4回、ザッパスオリンピックの会場として使用され、大規模な観客席スタンドが改めて日の目を見る

こととなった。その後，パナシナイコスタジアムは第1回近代オリンピックの会場としても使用され，観客席スタンドは近代スポーツにおけるスポーツ環境に無くてはならない存在となるのである。近代スポーツが歴史から姿を消していた建築としてのスタジアムを発掘し，再発見したと言えるだろう。

　その後，万博会場との併設によるスタジアムや木造の仮設スタジアムなど紆余曲折を経ながらもスポーツの会場としてスタジアムは定着してきた。一般に建築の歴史は数百年から長いもので千年以上の歴史のなかで変化してきたものが多い中，ことスタジアムについてはその歴史のほとんどを土の中で過ごし，近代に目覚めてからまだ百数十年しか経っていない歴史の浅いビルディングタイプと言える。まだまだスタジアムの活用方法やあり方については多くの余地を残しており，利用者や運営方法によって更なる変化がありうると考える。

02 | スポーツの未来と拡張されるスポーツ環境

　2050年のスタジアムを想像したとき，スポーツそのもののあり方がスタジアムやアリーナを変化させる可能性は十分に考えられる。例えば競技のルールや技術の進歩は今後もスタジアムやアリーナと密接な関わりを持つだろう。

　陸上競技においてはクォーツ式ストップウォッチと計測機器の進化によってミュンヘンオリンピックまで採用されていたゴールテープとゴールラインの階段式計測台がトラックから姿を消している。現在ではさらにVAR（Video Assistant Referee）や放映・配信用のカメラ，将来的にはLiDAR（Light Detection And Ranging）などの各種センサなどが競技場に持ち込まれており，今後も審判の精度向上や競技の魅力配信に使われていくと予想される。

　スポーツにおけるテクノロジーの導入について，たとえば野球などであればかつてはピッチャー投球の球速表示ぐらいであったのに対し，レーダー技術を転用したリアルタイムでの投球軌道の表示，またバッターの情報と組み合わせて，この打席ではどちらに打球が飛ぶのかといった予想など多くの新しい楽しみ方が生まれている。このレーダー技術は多くのスポーツに採用されており，

野球だけでなく近年のテレビ中継におけるゴルフでの打球表示やテニスでのライン際の判定などにも使われるようになった。ボクシングなどの格闘技では，ダメージの蓄積をヒートマップによって赤く表示させることで，選手がどれだけの苦痛に耐えながら戦っているかを表すなど，誰にでもわかるスポーツ観戦の醍醐味の"見える化"が進んでいるものもある。こうした機器が設置されると同時にスポーツそのものの舞台・環境の役割を担っているスタジアム・アリーナは，従来の単なるスポーツ競技場からまるでテレビ局スタジオのように高機能化による変貌を遂げていると考えられる。

　また2020年に拡大した新型コロナ感染症は，「みんなで楽しむ」「ワイワイ観戦する」といったスポーツ観戦をみんなで行う連帯感や一体感が，改めて価値のあるものであることを実感させた。全員で声援を送る興奮や，一糸乱れぬ応援，それに応えてくれる選手のパフォーマンスにスタジアム全体が息をのむなど，まさに代えがたい価値と言える。スポーツ観戦者の興奮や一体感を伝える技術は従来のテレビ放送など映像や音響を使った臨場感の再現はあるものの，お互いに声を交わし，「みんなで観ている・応援している」といった実感を得ることのできる技術もまた進化を遂げている。NTT が進める遠隔立体映像配信技術「Kirari！」や富士通が進める B リーグの「B.LIVE」など，映像・音響・振動などを総合的に連携させることで，パブリックビューイングに現地での体感をまるごと持ってくる遠隔臨場感に関する技術が生み出されている。

　自身の研究となるが，スポーツ観戦者に注目し，観戦者の興奮や一体感といったエンゲージメントをデータとして見える化し様々なマーケティングに利用できないかとの課題設定を行い，追手門学院大学上林研究室と株式会社ウフル，株式会社 NTT データ経営研究所との共同研究として歓声に注目した見える化技術を進めている。これまでに B リーグや J リーグの試合で実証実験を行い，より一体感を生む観客席の検討やみんなで楽しめるアクティビティ開発のためのフィードバックなどの活用を検討していたが，今後，データ化したエンゲージメントを振動子などの出力装置を使うことで，離れたファン同士で観戦体験を共有できるかもしれない。

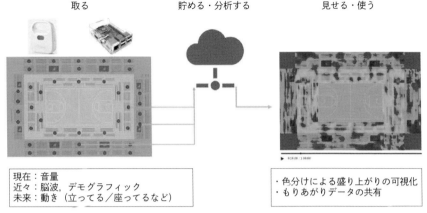

| 取る | 貯める・分析する | 見せる・使う |

| 現在：音量
近々：脳波，デモグラフィック
未来：動き（立ってる／座ってるなど） | ・色分けによる盛り上がりの可視化
・もりあがりデータの共有 |

図 9-1　ヒートマップによる観戦者のエンゲージメントの見える化

　こうした取り組みを進めた背景にはスポーツに関わる共創プラットフォームの存在がある。「Sports Tech & Business Lab.」（NTT データ経営研究所，早稲田大学ほか）は，スポーツチームやスポーツ関連企業とともにテクノロジーに関わる企業やベンチャーを集めたプロジェクト型の共創プラットフォームとなっており，先述の研究プロジェクトもこのプラットフォームから発出されている。

　スポーツ庁がすすめる SOIP（Sports Open Innovation Platform）など官民一体となって共創的取り組みが進められつつある。第 3 期スポーツ基本計画に「つくる」「はぐくむ」スポーツが新しい視点として取り入れられるなど，スポーツのあり方そのものにも変化が生じている。スタジアムやアリーナの将来像を捉えるうえでも，こうした「つくる」スポーツの広がりは無視できないものと考える。

03 ｜「つくる」スポーツとスポーツ共創の広がり

　たとえば新国立競技場では従来のスタジアムにはなかった特徴として，2 〜

4階にわたる外部コンコースなど多くのオープンスペースが多層に重なっている特徴がある。今後これらのオープンスペースをどう活用していくのかを含めた運営計画を立案していく中で、将来的に国民ひとりひとりが関わる、参加するスタジアムが実現できる可能性もあると考えている。2021年度末、新国立競技場はまだ東京五輪後の運営事業者が決定していない。将来にわたり利用されるスタジアムとなるためには、場内のオープンスペースの活用が1つのキーになるのではないかと考えている。

　ファンや市民参加による「つくる」スポーツの場づくりは、少しずつではあるが具体的な事例として実現しつつある。共に創り、共に楽しむスタジアムやアリーナ、こうした「スポーツ共創」の取り組みの萌芽が、国内の随所に表れてきている。先述の新国立競技場の利活用に限らず、2050年を見据えたスタジアム・アリーナのあり方を示していると考えられる。

　「スポーツ共創」について、「共創」とはユーザー参加に比べてより深く対象にコミットする（関わる）ことだといわれる。スポーツ庁2019年度「スポーツ人口拡大に向けた官民連携プロジェクト・新たなアプローチ展開」では官民連携事業として、スポーツ共創事例を取り上げる専門サイト「スポつく（https://spotsuku.jp/)」を立ち上げ、全国で行われているスポーツ共創の実態について紹介するとともに、スポーツ共創の進め方やワークシートをまとめた「スポーツ共創ワークブック（https://spotsuku.jp/wp-content/themes/spotsuku/assets/download/workbook.pdf)」を公表している。多くは、スポーツを通したコミュニティづくりや地域社会をつなげる運動会などのイベントが紹介されており、その後オンラインコミュニティなどに派生している。

　従来、スタジアムやアリーナといったスポーツファシリティはスポーツのルールにのっとった規格に沿った施設に留まっていた。一方でスポーツ共創の施設や舞台となる場所として考えてみたとき、スタジアムやアリーナだけでなく、学校やグラウンド、会議室やスタジオ、はたまた公園や広場に至るまでその場所を選ばないことに特徴がある。環境そのものをも「つくる」対象に巻き込みながら進められる「つくる」スポーツの醍醐味は対象を人々だけでなく環

境そのものをも含めたインクルーシブに絡めとる点にあると言える。これまでスポーツに使われてこなかった場所も含めスポーツ環境としてどう活用すればよいのか，それ自身を「つくる」スポーツで解決しうる可能性を秘めていると考える。

「つくる」スポーツの特徴はこれまでのスポーツの領域を拡張することでより多くの関係者を巻き込む点にある。スタジアム・アリーナの中だけに留まらない多くのステークホルダーとの関係を拡げる。例えば，地域を中心としたスポーツ共創の先駆けのひとつであるアメリカのMLBロサンゼルス・ドジャースの「ドジャース・アクセラレータ」(2015年発足) では地元スポンサーだけでなく起業家やスタートアップ企業を巻き込んだ事業共創プログラムがつくられている。チームが持つデータを使って，スポーツを中心とした様々な取り組みに企業や大学，投資家を巻き込みながら提案を集め，チームと一体となったサービス提供，スタジアム環境整備につなげている。

こうした共創的取り組みについて可能性を読み取り，いち早くチームとして取り組み始めた国内プロスポーツチームのひとつに横浜DeNAベイスターズがある。横浜スタジアムに隣接する「THE BAYS」は，横浜DeNAベイスターズ本社が入るれんが造りの複合的な機能をもったオフィスとなっている。スタジアムのオリジナルメニューが楽しめるカフェやレストラン，グッズショップのほか，ランニングステーションやフィットネススタジオなどチームのスポーツ事業の拠点施設になっており，試合日以外も人々でにぎわっている。

こうしたファンコミュニケーション施設は他チームにもあるが，「THE BAYS」では国内プロスポーツチームで初となるスポーツ共創スペースが設けられており，2017年以降，地域共創の取組を加速している。

特徴的なのは会員制のコワーキングスペースで，ワークスペースといくつかのミーティングスペースが建物内2層にわたって占有している。こうしたコワーキングスペースは近年，都市部でも増えており，ベンチャー企業やスタートアップ企業の交流の場，コラボレーションや新しいアイデアを生むインキュベーション施設として活用されている。「THE BAYS」ではこれらのスペー

スを CREATIVE SPORTS LAB（クリエイティブ・スポーツ・ラボ／CSL）と名づけ，国内初の「スポーツを核とした地域共創拠点」として活動を行っている。2017年の「『超☆野球』開発プロジェクト」を皮切りに，コラボレーション企画を次々と発信し，地域との連携をより強固なものとしている。

04 | 地域プロスポーツクラブが進める 「つくる」スポーツの効果

　スポーツ共創の取り組みについてどのようなことが行われているのか不明な点も多いのが実状ではないだろうか。以下にCSLで行われた2020年第2弾となる「Next Ballpark Meeting #2 試合がなくても楽しめるスタジアム」での取組みについて，例に挙げて「共創」が生み出す効果について考えてみたい。

【Next Ballpark Meeting #2 試合がなくても楽しめるスタジアム
@The BAYS/CREATIVE SPORTS LAB】

　テーマになったのは，新シートが増築された横浜スタジアム全体で，ファンと一緒に「試合がなくても楽しめるスタジアム」にするためにはどんな取り組みが考えられるか，ファンと一緒に新シートのスタジアムツアーも兼ねてワークショップを実施した。横浜スタジアムは2017年から東京五輪に向けた観客席の増設に着手，2019年にライト側ウィング席，2020年にレフト側ウィング席とバックネット裏のスイート席・屋上デッキ席が完成し，この春から供用が開始される状況となっている。また，外野外周には横浜公園に面した空中歩廊が設けられ外部コンコースとして球場全体を一周できるようになり，大きく観客の流れが変わった。CSLでは，スタジアムの内外，試合開催の有無を組み合わせて4つのパターンを掲げ，今回はスタジアム内での試合開催のない日の利用の仕方について40名の参加者とともに検討をおこなう。
　全体の流れとして，まずは世界で行われているスタジアムツアーや試合

日以外のスタジアムの活用について勉強会をおこない，複数の班に分かれてスタジアム見学。新設の観客席以外にも普段は入れないようなバックスペース，マスコミエリアなど新しくなったスタジアムを回り，実際にスタジアムを体験しながらフィールドワークを実施。スタジアムツアーのあと，戻ってきたファンは班ごとに提案を話し合い，アイデアをとりまとめる。出されたアイデアは以下の通り。

- ・豊富なスペースを利用した子ども向けのスタジアム内での職業体験
- ・遠征時のビジター球場でのパブリックビューイングとともに新応援の練習イベント
- ・新設部のオープンスペースを活用したランイベント
- ・記者席を利用した大学のサテライト利用
- ・空きキッチンを利用した料理教室＋新スタジアムメニューの開発
- ・横浜名物の店舗を稼働させて，横浜全体の観光巡りの拠点に

　膝を突き合わせて活発な議論が行われ，まとめたアイデアを各班でプレゼンし，チームやゲストスピーカーが講評を行ってプログラムは終了。

　一見して，視点も内容もバラバラであるようにも見える。一方で共通していることとして，チームに何かをやってほしいといった一方的要望ではなく，ファン自身が参加して，自分ならこう使うといった利用当事者が見える提案が多い点に注目したい。こうしたアイデアを出すワークショップの場合，一般的な顧客サービスにとどまりがちで，その具体的な利用者の姿が見えてこない場合がほとんどではないだろうか。ところがより深く対象にコミットする（関わる）「共創」の仕組みでは，アイデアを出す自分自身が同時に利用者でもあるため，その顧客イメージがつかみやすいともいえる。
　共創的取り組みが，何か大きなカタチとなるかというと，目に見えるカタチではなかなか現れないかもしれない。しかし，横浜公園の公共スペース利用や

エリアマネジメントによるにぎわいづくりなどの高度な官民連携は，行政や
チームの辣腕によるトップダウンな施策というより，市民と共に地域をつくる
草の根的な活動に根ざしたボトムアップによる施策が，結果としてプロ野球を
核としたコミュニティ形成や市民参加による公共サービスの検討につながって
いることがわかる。

　こうした活動をマーケティング手法として捉えた場合，特殊なアイデアに
偏ってしまうのではないかとの懸念があるかもしれないが，例えばペルソナ分
析に代表されるような具体的顧客イメージをつかむマーケティング手法は，よ
り詳細なサービスデザインにつなげている。この際，実在しない顧客イメージ
はむしろ偏った特徴を持ってしまうことがしばしばある。スポーツ共創による
クラブのメリットとして，アイデアのつくり手を利用者が兼ねることで，具体
的な利用者イメージをつかみ，リアリティのあるケーススタディを作ることが
できる点が挙げられよう。

　また別の意見として，こうしたアイデアについて，素人が考えた浅いアイデ
アだと批判する人もいる。こうした考えは大きくは間違っておらず，ほとんど
のアイデアはどこか足りない部分やあと一歩といったものが多いのも確かでは
ある。一方で，実際の現場でのアイデアの出し方はどうだろうか。人にもよる
かもしれないが，何か劇的に素晴らしいアイデアが生まれるケースはまずめっ
たになく，まずは誰しもが考えそうなアイデアをたくさん積み上げることから
始まり，それらを取捨選択することでより良いアイデアになることがほとんど
ではないだろうか。この時，多くのバリエーションを持ったアイデアによる積
み上げがとても重要になる。似通ったアイデアではダメで，違った視点で異なっ
た考えの積み重ねがより良いアイデアを生みだすことにつながる。だからこそ，
より多くの人，より違った視点の人を集めてアイデアを出したほうが合理的か
つ効率的といえるだろう。ひとりひとりの個性，すなわち「独創」性が集まる
中でアイデアが昇華される「共創」の仕組みが「つくる」スポーツの特徴とい
えるかもしれない。

05 「つくる」スポーツの持続可能性と スタジアム・アリーナ

　「つくる」スポーツのもう1つの特徴として，つくり続けることによる持続可能な仕組みがある。スタジアムではないが地域の人々が自らスポーツグラウンドをつくり上げスポーツ環境をつかって持続的な地域の維持・管理をすすめる例が存在する。

　アメリカ・ニューヨークに拠点を持つNGOのlove. fútbolの取り組みでは，子どもたちに安心してスポーツができる拠点を提供しようと世界各国でグラウンドの整備が行われている。貧困地域や荒廃地域など社会的課題を抱える場所にグラウンドを整備することで，スポーツによるコミュニティの再生とスポーツ振興につなげようとする取り組みであるが，その1つの特徴に現地の人々自身がグラウンドを整備するという方針が掲げられている。

　地元でやる気のある人を募り，少しずつコミュニティを広げていき，専門的なアドバイスはするものの，実際に建設からその後の運営まで現地の人々によって行われる。これまでにも提案は行うものの，地元での実行者が集まらなければ撤退することもあるといい，まさにみんなでつくり，みんなで利用するグラウンドとなっている。2018年には上林研究室が協力し，ブラジルのブラジリア・テイモーザにグラウンドが整備された。現地はドラッグがやり取りされるような極めて危険な地域ながら，現地の人々の力により完成している。

　資金や技術といったことが重要であることは確かだが，それ以上にコミュニティと意欲が両方揃わなければ難しく，まずは3人以上，意欲を持つ現地の人に参加してもらえるかが判断の鍵となるといわれる。そして重要な点として，グラウンド整備を完成と捉える到達点がないことが挙げられる。グラウンドの開所式は行われるものの，その後も使い続けるなかで使い方も環境も徐々に手が加えられ常にその姿は変化している。グラウンドと共にコミュニティそのものも変化し，世代を超えて継承される持続可能なスポーツグラウンドとしてエコサイクルを生み出している。

スポーツ環境の持続可能性を考えた場合，国内の身近な例としてスポーツ興行に使用されるスタジアムやアリーナが挙げられる。多くのプロスポーツのホームスタジアムでは必ずオフシーズンにはスタジアムやアリーナの改修工事を行っており，その頻度は通常のオフィスや住宅といった建物とは全く異なるところである。設計計画においても，そうした将来を見越した計画が当初から盛り込まれたものも多く，成長を見越した拡張性がポイントとなる。

　たとえば広島カープの本拠地，MAZDA Zoom-Zoom スタジアム広島（マツダスタジアム）では将来を見越して観客席の周囲にデッキや広場といったオープンスペースが設けられている。これらのスペースは，物販屋台や子ども用遊具など，自由にカスタマイズできるフレキシブルなスペースとして活用され，人気を博した部分については常設化するなど，10年かけて利用者と共に成長するスタジアムとなっている。アクティビティの充実だけでなく増床や設備拡張など，「つくる」ことを通じて新たな体験や価値を生み出していると言えるだろう。

　建築界のノーベル賞ともいわれるプリツカー賞の2016年受賞者，チリ出身の建築家アレハンドロ・アラヴェナは，建築作品の芸術性のみならずその提案の斬新な仕組に評価が集まっている。彼の提案する集合住宅や宅地分譲の計画では，あえて「未完成の住宅」となる半分だけ完成した住宅が家主に引き渡され，残りの半分は住む人々のペースに合わせて少しずつ完成していく仕組みとなっている。住む人々にとって使いやすい住環境を自分自身が考え，自分たちのすみかを住みながら一緒につくり出す建築は，設計プロセスそのものに対する提案として，建築界に一石を投じている。アラヴェナはこうした仕組みを「逐次的デザイン」や「漸進的住宅」と呼んでいる。逐次的とは「その都度に合わせて」という意味，漸進的とは「ゆっくりと少しずつ」という意味である。ただの未完成な建物ではなく，ゆっくりと時間をかけて共につくり上げていく仕組み全体に意味がある提案である（図9-2）。

　これまで，国内のスタジアムやアリーナの計画が公表されるたびに，「ハコモノ」などと批判され，我々の手の届かない公共事業として諦めを持って見守

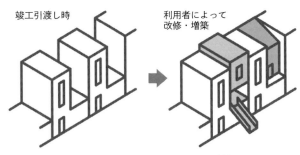

竣工引渡し時　　　　　　利用者によって
　　　　　　　　　　　改修・増築

図9-2　「逐次的デザイン」の建築

出典　キンタ・モンロイの集合住宅（アレハンドロ・アラベナ，チリ　2004）
　　　を参考に模式的に作図

ることが多かったように思われる。「ハコづくり」ではなく「ヒトづくり」が
重要との視点から，地域コミュニティを見直し，スポーツ振興につなげようと
した街づくりの例もたくさん存在している。一方でこうした「ヒトづくり」も
また拠点となるスタジアムづくりにつながるかというと，必ずしもそうした流
れに至らない場合もあるのが実状である。結局のところ，「ハコづくり」と「ヒ
トづくり」をうまくつなげる方法がこれまで議論されてこなかったことに問題
があるようにも思える。アラヴェナの例は，ハコ（建築）とヒト（利用者）をつ
なぐ大きな示唆を我々に与えてくれる。

　住宅とスタジアムを同じものとして考えることはいささか乱暴ではあるが，
例えばスタジアムやアリーナを建設する際に途中まで完成した状態で引き渡
し，残りは地域の人々やスポーツファンが時間をかけながら完成させていくよ
うな仕組みができたらと考えてみたい。多くの人々を巻き込みながら，共につ
くり上げるなかで，アラヴェナの事例は我々にヒントを与えてくれると捉えら
れないだろうか。逐次的デザインにおいてはこれまでのデザインプロセスとは
異なったアプローチが必要となる。

　・共通の価値観を持つこと

- ・より多くの人々を巻き込むこと
- ・専門家が手助けして実現すること
- ・時間を限定しないこと
- ・失敗してもつくり直すくらいの柔軟性を持つこと

　みんなでつくり，みんなで楽しむスタジアムやアリーナができたらどんなにいいかと考える次第である。住宅ですら家族のなかで意見をまとめるのが大変ななか，数千人から数万人が使用するスタジアムではとてもじゃないけど無理なのではないかとの考えになってしまうことも確かであり難しい課題といえるだろう。国内では基本的な考え方として，法規制上，建物は竣工時に完成していることが前提であり，一般的に改修や増改築を行う場合でも，多くの人が関わるような見通しの立たない計画は安全上難しく，さらに多くのスタジアムのように公共施設であればなおさらハードルは高くなる。

　一方で国外の建築事情として，特にヨーロッパにおける建築市場では経年に併せて建築の資産価値が上がるケースが見られる。これは利用者による逐次的な増改築を認めているためで，築年数が多いほど時代の変遷に対応し適切な改修が繰り返されてきたことに他ならず，建築の資産価値として高く評価されるというものとなっている。国内の改修工事の多くは経年劣化を補うマイナスをゼロに戻す改修工事にとどまっているが，ゼロから始めてプラスを重ねる改修工事という考えも十分にあり得る話ではないかと考えたい。コストセンターからプロフィットセンターに転じるスタジアム・アリーナ改革がうたわれたが，産業規模の拡大に留まらない経年の積み上げによる環境価値全体の向上創出が重要ではないかと考える。

おわりに

　スポーツが建築や都市をつくってきたと言っても過言ではない。そして今後も時代とともに変化するスポーツが新しいスタジアムやアリーナそして都市の

©長野県　設計：AS・昭和設計共同体, 2021

図9-3　松本平広域公園陸上競技場

出典：長野県ホームページ「松本平広域公園陸上競技場の整備について」(2021) https://www.pref.nagano.lg.jp/toshikei/infra/toshi/koen/matsumoto-rikujyokyogijyo.html

あり方にまで影響を与えると考えたい。

　2020年ひとつの陸上競技場が提案された。松本平広域公園陸上競技場プロポーザルコンペにおいて採択されたAS・昭和設計共同体が示した陸上競技場は一言でいうなら「スタジアムの解体と公園の融合」と表現するにふさわしいもので，通常，陸上トラックを囲むように設けられる観客スタンドや各種の施設は小さく分けられ，公園の各種機能とを融合する大胆な提案が行われた（図9-3）。

　提案もさることながら設計プロセスにこだわるプロジェクトになっており，基本設計までの過程は全て県のホームページに公開され，県下の陸上関係者を協会から高校・大学の監督，現役の選手に至るまで加わったタウンミーティングは動画配信サイトで公開されるなど，できるだけ多くの人が参加し，繋がりながらともにつくることのできるスタジアムとして計画が進められている。狙いとして，参加を促すことによってスタジアムに関わる県民・市民を育むスポーツ環境の構築がある。

スポーツのあり方がスタジアムを解体し公園と融合させ，人々が垣根を超えて参加するコミュニティの核となるさまは，スタジアムが都市そのものに変容する過程のようであり，そう遠くない2050年を予感させてくれるように思えてならない。まだ誰もみたことのないスポーツと都市の融合に期待したい。

引用参考文献

稲田愿「梯子・階段の文化史」井上書院，2013.

ジュールズ・ボイコフ「オリンピック秘史　120年の覇権と利権」中島由華訳，早川書房，2018.

森田慶一「ウィトルーウィウス建築書」東海大学出版，1979.

スポーツ庁，運動会協会ほか「スポーツ共創ワークブック」2018.

アレハンドロ・アラヴェナ「フォース・イン・アーキテクチャー」土居純訳，TOTO出版，2011.

（上林　功）

2050年のスポーツと都市

パネリスト：
　上林　功（追手門学院大学　社会学部スポーツ文化学専攻　准教授，株式会
　　　　　　社スポーツファシリティ研究所　代表取締役）
　高松平藏（ドイツ在住ジャーナリスト）
　阿部俊彦（立命館大学　理工学部　准教授）
　花内　誠（立命館大学　客員教授）
モデレーター：
　伊坂忠夫（学校法人立命館　副総長，立命館大学副学長，スポーツ健康科学
　　　　　　部教授，スポーツ健康科学研究センター　副センター長）
　　　　　　　　　　　　　　　　　　　　　　　　　　　　　　※肩書は開催時

■伊坂　では，パネリストの先生方，お顔を出していただきまして，いまからパネル
ディスカッション，「2050年のスポーツと都市」をさせていただければと思います。

　打ち合わせをしていませんので，私が得意なのは，突然何でも振っていくことです
ので，私の振りにぜひついてきていただければと思います。それと，関西人なもので
すから，テンポアップしていきたいと思いますので，恐れ入りますが，皆さんも的確
に，手短に，お答えいただければと思います。

総合的にまちを変えていく

■伊坂　まず冒頭，花内さんの方から「スポーツアーバニスト花内」とご紹介をいた
だきまして，この新しい用語といいましょうか，概念を打ち立てていただきました。

　花内さん，そのスポーツアーバニストが一番手掛けたい仕事って何ですか。これが
できたら，俺は「スポーツアーバニスト花内」と名刺に書いても誰も文句を言わせな
いぞ，というのは何ですか。

■花内　難しいな。高松さんとドイツと日本の学校の部活の話をしていたわけですけ
れども，いままさに日本では部活改革が行われようとしています。これをうまく地域
のお年寄りを含めたクラブに変えながら，町を変えていくというのが総合的にできた
ら，本当のスポーツアーバニストになれるだろうなとは思います。

■伊坂　それに向けて，修行中の花内さんに，高松さんからアドバイスをいただきた

いんですけれども。ドイツには部活がないということでありますし，先ほどの話を聞いて，スポーツクラブはデモクラシーの学校であると，まさにいまのような話が通じるのではないかと思うんですが，その点をもう少しご説明をいただいてよろしいでしょうか。

■高松　はい。まずドイツ語で「まちづくり」に直訳できる言葉が見当たらないんです。言い換えれば，独自の文脈がある。一方，ドイツの都市は市民参加やデモクラシーで作られていく。いうまでもなくデモクラシーは国全体の基本的な「方法」です。それが都市づくりにも適用されているんです。だから，「まちづくり」のような言葉は不要なんだ，そういう理解ができると思います。これと同じで，スポーツクラブの運営にも，国の基本的な「やり方」が適用されているかたちですね。

　原理的にいうと，スポーツクラブは同好会のような組織です。自分たちで考えて，意見を言い合って，プログラムをつくっていくとか，トレーニングの内容を決めていくとかというのが，原理的には市民参加ということになってきます。そこが，デモクラシーの学校といわれるゆえんのところですね。

■伊坂　そのときに，年齢構成もやっぱり老若男女おられ，国柄もいろんなところから移民も含めておられるという，そういった集合体の中で，いまみたいなことが起きる，そういう理解でよろしいでしょうか。

■高松　そうですね。ただスポーツクラブといっても創設してから数年というところから，100年以上たっているところまである。メンバーの数も20人，30人というところから，7000人から1万人ぐらいのところまで様々です。規模が大きいとか，創設してから長くやっているところは，ある程度フォーマットが決まっているのが実情です。それでも，「みんなで決めていく自由」のようなものが担保されている。「みんなで決めていくところ」というのは「公共」という概念で考えるとわかりやすい。つまり公共というのは，誰でもチャンスがあるという意味です。皆が平等な関係で関わっているわけですから，自分から手を挙げてイニシアチブを取ってもいいという，そういう自由もあるわけです。

　そのため，例えば小さなサッカークラブとか，大きなクラブの中の小グループの中で，「俺は，これがやりたい」「私は，これをやりたい」ということを言うのは自由という原則論が流れています。その提案に対して皆で話し合って決めていく。そこですね，デモクラシーの学校と言われていわれるのは。

■伊坂　なるほど。ありがとうございます。

■ 誰が公共空間の担い手となるのか

■伊坂 いまの公共の話で，誰もが手を挙げられるという意味で，さっき阿部さんのところで，震災後の復興施設をつくるときに，市民が担い手になって，公共空間をデザインするというお話があったと思います。それに通じるいまの高松さんのお話を伺って，阿部さん，いかがですか。日本の場合，なかなかそういうことができなかったけれど，震災をきっかけにできるようになった，あるいはせねばならないようなことになってきたのではないかと思うんですが。

■阿部 そうですね。変わってきていると思います。高松さんにお聞きしたかったのが，フェライン[1]は，場と関係があるのかどうか。すなわち，どこかの公園に限定をしてやられている活動なのか，それともあまり場所は関係なくやっているのかということです。道路でスポーツをやる人はいないのかと思うのですが，特定の場所や公園，決まった場所を占有したり，借りたりして活動をしているのかどうかを教えてください。

日本でも様々な活動をしているクラブはあるけれど，場所を決めてやっているわけではない。スポーツクラブや団体がまちを使うことによって，運動をしている様子や，活動が常に目に見えていれば，まちに活気が感じられるのですが。あまり日本はそういう例がないので。公共空間が自分たちの場になっていない。わがまちの公共空間という意識が弱い気がしていて。その辺がドイツと違うのかなと思ったのですが。ごめんなさい，僕が質問をしちゃって。

■伊坂 大丈夫ですよ。高松さん，どうぞ。

■高松 活動の場所は，結論から言うとばらばらです。クラブも大きくなってくると，自分たちの施設が欲しいとか，既存施設をさらに良くしようとする。行政や企業，あとは州など，そういったところから資金調達をしていくのが一般的なやり方だと思います。その一方で，学校の体育館など，場所を借りて活動しているところも少なくない。いずれにせよ，クラブとは平等な関係で集まって，何かをするということであり，活動についてはデモクラシーに基づいて決められていくという捉え方でよいと思います。

■伊坂 それでは阿部さん，いまの答えを受けて，公共，それを市民がつくり上げていくということについてのお考えはどうですか。

■阿部 日本もそういう団体はスポーツに限らず重要ですね。例えばキャンパスの隣

1）フェライン（Verein）とは，ドイツ語で「協会」「クラブ」「NPO（非営利活動法人）」を意味する。本シンポジウム内で使われている「フェライン」の多くは，日本語の「スポーツクラブ」と同義で使われている。詳しくは本書第8章参照。

のびわこ文化公園という大きな公園があるんですけど，その公園を使いましょうということを議論しましょうと言ったら，10団体以上の人たちが集まりました。みんな思いがあるんですよね。けれど，自分で責任を持ってやるというよりは，やはり最後は公共にお任せみたいな意識があります。それが変わっていかないと，自分たちがこういうスポーツがしたいから，ここの場所をこう直していこうとか，この施設を使いやすいようにするという話に展開しない。さきほどのルールの話もそうなのですが，どうしても受け身な団体，受け身な市民が多い。スポーツをして怪我したら行政のせいにする。だから行政もルールをつくってしまう。自分たちの責任で場所を借りて利用するのであれば，何か問題が起きてもそのクラブが責任を持つということになる。それと引き換えに，もっと豊かな空間もできるし，あちこちでスポーツができるという構想も実現できるのではないかと思いました。

■ ドイツの「フェライン」に学ぶスポーツとまちづくり

■伊坂　ありがとうございます。上林さんの最後の方のスタジアムのお話の中で，公園と隣接する壁を取り払って，普段は公園に使うといったような場合，いまの阿部さんのお話と通じるところなのですが，その辺の責任体制とか，そのつくり込みのところでのコミュニケーション，公とプライベートのところのつくり込みってどのようになっているのでしょうか。

■上林　例えば，広島のマツダスタジアムも日を限定しながらコンコースをいわゆる一般開放にしています。一方，通常の球場はそれができません。というのが，そもそも開放できるデザインを想定していないからです。マツダスタジアムの場合，もともとまちづくりを念頭に置きながら提案してくださいという話があったので，最初の設計段階で，コンコースに入ってきても観客席に下りられないようにしています。チェーン1つ，ゲート1つでいいんですけれども，ごく簡易な仕組みで立ち入り禁止をコントロールしています。

　そもそもいままでの広場のつくり方やスタジアムのつくり方のなかで，管理のために門扉や，セキュリティーラインの徹底など，厳格な施設管理の原則をずっと引きずっているような気がします。

　ステークホルダーによる管理連携で公共空間を一体的に使えるよという話があるのであれば，オープンな管理を可能にするデザインを新たにつくり出さないといけないのではないのかなと思います。

■伊坂　ありがとうございます。花内さん，スライドの中で慰楽系統と，ソフトとハードの話をされたと思うのですが，まさにその境目をつくるというのは，ソフト面のこ

とが大きいかと思うのです。そういう発想があるとどうしても壁をつくらないといけないという，ハードにも影響を及ぼすことがあるのか，そのあたりいかがですか。日本では100年前からそういうことを考えていた人がいたのに，なかなかそうなっていないことに対していかがでしょうか。

■花内　そうですね。阿部先生と高松さんの話も含めて，いわゆる官と民の二極構造になっている。学校ってそうなんですよね。いわゆる学校側と学生側・生徒側って，生徒は利用者であって，運営者ではないですよね。学校が管理・運営をしているというふうに見えます。

　公園もそういう図式になっているというのが，阿部先生のご指摘だと思います。高松さんがおっしゃっているのは，ドイツは官と民の二極構造ではなくて，要は公と共と私の三極に分かれており，その共の部分をフェラインが官を補って，私との間にあるんだということだと思います。

　このシステムをスポーツでもつくらなきゃいけないし，まちづくりでもつくらなきゃいけない。その「スポーツアーバニスト」と僕が呼んでいる，あるいは「スポーツアーバニズム」というのは，そこをどうつくるかという思想なんだろうというふうに思います。

　アーバニズム，アーバニストでいうと，阿部先生の施設も含めて，エリアマネジメントの話が出ました。上林さんの話にも出ましたが，そこを運営する人たちに，若干お金が生まれるようなつくり方，例えば貸し会議室があって，そこの収入がありますよとか，ちょっと店舗があってそこの収入がありますよだとか，実は，それが非常に重要で，そこで得た利益を，もうからないことにきちんと回せるような仕組みが必要なのだろうと思います。

　これがスポーツフェラインでも，トップスポーツで得たお金を普及や育成にきちんと回せる，選手だけじゃなくて，まちづくりにも回せるという仕組みをつくるというのが，非常に重要なテーマなのではないかと思っています。

■伊坂　ありがとうございます。

　高松さん，いまフェラインの話が出て，いわゆる収益を上げているところが，上げていないところも含めて，全体のフェラインをうまく運営されているという話だと思うのですが，そのことに少し触れていただいて，そういうフェラインがあと30年したら，どんな発展をするのかという，もしイメージがあれば教えていただけますか。

■高松　発展というのは，ドイツのお話ですか。

■伊坂　はい。そうです。ドイツのフェラインが30年後どう発展するのか。

■高松　これは難しいですね。この20年ほどの傾向でいうと，実は，消費者型のスポー

ツ愛好家というのが増えています。スポーツクラブは歴史もあるので，どっちかというとスポーツを基にしたコミュニティという仲間意識みたいなものが強い。それは排除のない仲間意識なので，僕はむしろ歓迎すべきだと思っているのですが，それがうっとうしいと思う人がやっぱり増えているんですね。

　結果的に言うと，そういう人たちは自分でスポーツジムのメンバーになってトレーニングをしたり，あとは自転車やジョギングなど，1人でできるスポーツをしている。そんな状況下，うまくやっているスポーツクラブというのは，会員制のジムのような施設とシステムをつくって経営的にも成功しているクラブもあります。

　そういうところから考えていくと，従来型のクラブの要素と，消費者型スポーツ愛好家に応える部分を融合していくような方向性が1つ見いだせると思います。

■伊坂　まさに，ウェルビーイングでそれぞれが求める豊かさとか幸せの形態の中で，従来型の非常によかったコミュニティがうまくかみ合うようなものから，個人のニーズにも合わせたような，それがうまくベストミックスしていくような方向になるんじゃないかというお話ですね。ありがとうございます。

▐ 自分の居場所を見つけられる空間をつくる

■伊坂　上林さん，いまのお話を聞いて，私，先ほどの遊環構造ですか，非常に面白いなと思っています。それは1つのコミュニティをつくることでもあり，でもスタジアムに行っていてもべつに野球を見ないで全然楽しいこともそれぞれしているなと思っています。個人のそれぞれの特性，あるいは求めているものにもマッチしながら，でも遊び空間の中で，滑り台構造のような見晴らしのいいところがあったり，ああいう遊環構造が，いま高松さんのお話にあったような，全体としてコミュニティづくりとともに，個人のウェルビーイングというか，楽しみとどう合致していくのか，その辺の思想というのか，お考えがあれば教えてください。

■上林　今回，マツダスタジアムの説明をしたときに，大リーグ球場ではなくて，遊具の構造だとお話しました。遊具や公園の構造なんですが，マツダスタジアムが完成した以後も他のスタジアムで失敗した事例が出ている一因として，「スタジアム」をつくっているからと話すことがあります。例えばサッカースタジアムでは，真剣に3時間サッカーを見るためのデザインにしてしまっているんです。広島のマツダスタジアムは一般開放されたコンコースがあると話しましたが，実は，設計時に，当時まちづくり交付金を適用させることもあり，コンコースを申請上，公共的な道路として扱っていたりします。道路がスタジアムのスタンドを一周ぐるっと貫いている構成となっていて，設計をしているときの意識としては，立体的なまちをつくろうとしていた感

覚の方が近いように思います。

阿部先生が挙げてくださった，MIYASHITA PARK など立体化された公園とか，立体化された都市そのものです。都市は多様性を許容できることにもつながります。必ず自分の居場所ができる場所をつくるインクルーシブな場づくりが重要だと考えます。

実際に，自分の席に荷物をぽんと置いて，お気に入りの場所に直行しちゃうみたいな，そういったことがマツダスタジアムでよく見る光景だったりします。自分の居場所が見つけられる場所を提供できるようなスタジアムが必要なのではないかと思います。

■伊坂　なるほど。すてきなお話ですね。

いまの話でいうと，花内さんは「サードプレイス・バイ・スポーツ」や，「ウェルビーイングスポーツ」など言っておられるのですが，いまのお話はいかがですか，花内さん。

■花内　そうですね，僕は横浜の文化体育館再整備に携わった際に，周りのエリアマネジメントも含めての提案をしたのですが，上林先生と上林先生の師匠の仙田満先生も含めて，ずいぶん参考にさせていただきました。

あそこで，いろんなことが実現できればよかっただろうなというふうには思っています。いろいろあって僕も離れてしまったので，その後どうなっているのかは分からないんですけれども。

やはり，ソフトとハードを融合させること。それからソフトの中で，トップスポーツとグラスルーツを循環させること。この２つをかなり意識しないと，いろんなことが実現できません。公園の中で，その２つを意識する運営者が，やっぱり日本にはいないんです。

おそらく公園の禁止事項が増えるのは，運営者がいないからではないかと思うんです。運営者がいる場所では，例えばバーベキューをやったとしても「火の取り扱いに注意してくださいね。終わった後，きちんと片付けてくださいね」とすれば，ある程度可能になるのではないかと。そこで運営というものを取っ払って管理だけをしてしまうという官と民の関係になってしまったことが，日本の公共空間やスポーツが欧米とずいぶん差ができてしまったポイントなのではないかと思います。そこをスポーツアーバニストとしては，やりたいと思います。

阿部先生，「スポーツアーバニスト」って僕は言ってても大丈夫ですか。都市計画の先生たちに怒られませんか（笑）。

■阿部　アーバニストって自分ごととして都市デザインをする人。形をつくったり，

デザインするとか，そういうことでもなくて，場をつくる人，それがアーバニストだと思います。都市に居場所をつくる。必ずしも，ハードをつくらなくても，ソフトとハードを含めて場をつくる人という意味だと思います。スポーツアーバニストは，スポーツを介してきちっとスポーツができる場をつくる。ここでは本当はスポーツをやってはいけないと言われている場所でもできるようにする。それこそ南草津の駅前広場でキャッチボールができるようにするようにマネジメントする。それを実現をするために関与する人がスポーツアーバニストだと思います。30年後には，市民がみんなアーバニストになるということだと思いますので，怒られるかどうか別問題ですが，そのようにいろいろなアーバニストが現れるということでよいと思いました。

　震災の話に少し戻しますと，震災復興のときは，行政は，人手不足でパンクしていたので，道路を復旧したり堤防をつくったり，それで大変だったわけで，行政職員は，日常のまちづくりにまで手も頭もまわりませんでした。なので，おそらく東北では，市民が立ち上がってまちの運営をしていかないといけない，公共施設の管理も自分たちでしていかないといけないという話になり，住民主体の動きがあちこちで生まれたわけです。

　震災時ではない，平時においても，都心のようにいろいろな主体がいるわけではない草津のような地方都市において，誰が運営者になっていくのかというのは，結構，難しいところです。おそらく市民が運営者になりやすいような仕組みがないといけない。公園のPark-PFI（公募設置管理制度）なども，地方都市だと新しい主体が現れないので，結局，もともと公園の管理を任されていた第3セクターみたいな団体が運営していることが多かったりする。もしくは，全国のあちこちの公園を管理している大手の造園会社が運営しているとか。そうではなくて，フェラインのように，志のある市民が集まって，事を始めるようにしないと，地方都市ではスポーツアーバニズムが生まれないのではないかなと思います。

■ 市民の声がまちを変えていく

■伊坂　阿部さん，先ほどの防潮堤に対して，あのようなものがバンと目の前にふさがれるだけではなくて，そこに広場をつくったり，あるいはそれを取り巻くようなものをつくられたりといったお話がありましたが，それは100回を超えるような協議の中で，市民もかなり参加されてやったと思うんです。そのときに，町が諸々持っていた港町の素晴らしい風景をもう一度復興したいという根強い思いがあったのでしょうか。

■阿部　おっしゃるとおりです。むしろそれがないと，たぶん，志が1つにならなかっ

たと思います。堤防の建設自体を，市民が反対して，当初は混乱はしたんですけど，逆にそういうイシューがあったからこそ，最終的に市民の気持ちが統合しました。もともと芝生広場のような空間は無かったわけですが，もともとの岸壁以上に，復興ではもっといろんな使い方ができるといいね。堤防を隠したいという思いだけでスタートしたまちづくりが，結果的に，震災の前よりも質の高いまちに再生することに結びついたと思います。

■伊坂　ありがとうございます。

　上林さん，いまの話を聞いて，市民やあるいはスポーツ施設を使っていた人が，機能的な面や技術的な面を超えた社会的な段階までいった市民が，こんなスタジアムが欲しい，あるいはこんな都市と一体になったスタジアムが欲しいみたいな要望，声をあげ，それがスタジアム，都市づくりにつながったという事例はありますか。世界中でもいいですけど。

■上林　過程を作り出す例として，「love. fútbol」というNGO[2)]を紹介できればと思います。ファシリテーターを送り込んで，地元でサッカーグラウンドをつくりたいという市民を集めながら，クラウドファンディングなども活用しながらグラウンドをつくり上げるプロジェクトを全世界で展開している団体です。

　すごく面白いと思ったのが，社会課題のあるところを選んでファシリテーターを派遣していることです。例えば，女性の社会的地位がとても低い地域に女子サッカーのグラウンドをつくったり，麻薬の交換に使われている砂浜をフットサルのコートにしたりと，刺激的な事例も見られます。

　グラウンドをつくることによって，場所の社会価値を上げ，社会自身を変容させていく取り組みと言えるかもしれません。これが先ほど高松先生もおっしゃったデモクラシーと言いますか，互助的にプロジェクトが進められていきます。逆に言えばやる気のない人しかいなければ，もうその案件はいったん引き揚げたりもします。市民がつくり上げるみたいな面白い活動だと注目しています。

■伊坂　ありがとうございます。まさにそういうスポーツがまちを変えていくし，世の中，社会を変えるという事例を紹介いただきました。

　高松さん，ドイツでは「基本法」による価値を極めて重要にされており，当然それは，クラブの中でも維持されているということですが，いまのお話の中で，そういう価値を大事にするからこそ自分たちの身の回りの公共空間も大事にするんだということがありました。そのあたりについて，ドイツのスポーツフェラインの中で，具体的

---

2)「love. fútbol」については第9章参照。

にどういうふうにお互いの価値を認め合い共有しているのか，ご紹介いただけますでしょうか。

■高松　スポーツクラブは「スポーツを共にする仲間」という意味での平等性が強調されています。わかりやすいのがメンバー間の「呼び方」ですね。ドイツ語の二人称では，「おまえ」という言い方と「あなた」という言い方の２種類あります。「おまえ」のほうは，タメ口のような距離感です。名前を呼ぶにしても，普通ならば「ミスターイサカ（伊坂さん）」，「ミスター　タカマツ（高松さん）」です。しかし，スポーツクラブのメンバーになると，その時から「タダオ」「ヘイゾー」の関係で，「おまえ」という二人称を使う。そういう関係がことさら強調されているというのが，お互いの価値を認め合い，共有する象徴として捉えることができると思います。

■伊坂　なるほど。クラブに入ると，本当に「へいちゃん」「ちゅうちゃん」みたいな感じになるんですね。

■高松　そうですね。実際に学生さんと先生が同じクラブに入っているケースもある。呼び方はもちろん「おまえ」で，「ちゅうちゃん」「へいちゃん」です。

運営者をいかに育てるか

■伊坂　分かりました。

　では，誠ちゃん，次に進ませていただいていいですか。いまのような話の中で，先ほどからお話にあがっているように運営者が大事だけれども，その運営者が出てくるためには，そういう意識を持った市民というか，スポーツに関わる人を増やさないといけないと思います。そのあたりについて，花内さんはいろいろな大学で授業をされていますが，どうやって運営者を育てていったらいいか，お考えはありますでしょうか。

■花内　パネルディスカッション１で，スペインからＪリーグの常勤理事の佐伯さんにお話をいただいた中で，これからスポーツの見方も変わっていくし，学生自体が変わるでしょうというふうに言っておられました。

　それを変えるきっかけが何なのか。自分たちで運営をするということをきちんとやっていく。例えば部活の運営をもっと学生たちに任せる。あるいは大学の運動部もいわゆる指導者による指導だけではなくて，学生たちが運営者として関わる。選手と指導者だけではなくて，学生たちがスタッフとしてもっと他のいろいろな大学スポーツの運営に関わる。

　そういったかたちで大学スポーツに関わった人たちが社会に出たときに，彼らが公園の運営者になったり，いろいろな場所をつくったり，空き家をカフェにしたりとか，

プレイスメイキングをやるような人たちが出てくると，それはまさにアーバニストとなるわけです。そういうふうにしていくということだと思いますね。

　やっぱりそれは，学校の授業というよりは，学校の中でクラブ活動みたいなものが，日本でもっと広く自由にできるようなかたちをどう実現するのかが非常に重要なのではないでしょうか。

■伊坂　ありがとうございます。文部科学省の学習指導要領が改訂され，探究型学習というかたちが備わっておりまして，2030年には，イノベーション，創発人材を大学から送り出すんだということをいまわれわれの目標として進めております。

　上林先生，先ほど，フットボールのスタジアムをつくることでまちを変えていくということをお話されていましたが，逆にそういうファシリテーターを養成するには，どんなかたちでコラボをすると，そういう人たちが生まれるのでしょうか。

■上林　そうですね。私が所属している運動会協会でやっている試みで，運動会の種目を地域の人たちと一緒につくりながら，運動会を企画するということを，スポーツ庁との官民連携で数年前からやっています。

　そのときに，おじいちゃんやおばあちゃん，車いすの人などにも参加していただき，みんなで一緒に考えると，まず絶対に自分のできる競技をつくるんですよね。いわゆるみんなでできるインクルーシブに配慮した運動会競技を学生だけで考えたこともありましたが，こんなものはおじいちゃん，おばあちゃんにはできないよというものが並んじゃったんですよね。いかに参加できる仕組みそのものをつくるのかということが実はすごく重要で，「わし，そんなことできへんわ」みたいなことをいかに軟化させつつ，みんなで一緒にわいわい話が盛り上がるような，そういう場づくりがすごく大事なんじゃないのかなと思います。

■伊坂　ありがとうございます。まさにその場がドイツのクラブであり，老若男女，エリート選手から一般の健康づくりの方までおられる。普段息をしているように当たり前の空間というか，ダイバーシティが当たり前の環境の中で，しかも平等に，先生，生徒関係なく「へいちゃん」「ちゅうちゃん」と言い合える仲間ができている。それは非常にすてきなことだと思いました。

　高松さん，いまのお話を聞いて，そういうアイデアを持ったり，スポーツをさらによくするマインドをどういうかたちで連綿とつないでいけると思われますか。

■高松　「コミュニケーションコスト」という言い方がぴったりくると思うのですが，デモクラシーって実は途方もなく時間がかかるんです。日本の場合，15，16歳の若者が年上の人に何か言ったら，「若造は何も分かってないのだから黙っておけ」「生意気いうんじゃない」というふうに発言を押さえつけられることがある。それに対してド

イツは，手を挙げてとにかく話しなさいという教育が非常に強い。それとセットで，ちゃんと聞く態度もできあがっています。

　だから，時間や心理的な負荷も含めたコミュニケーションコストがかかる。「わいわいいいながら，皆でスポーツ場をつくる」というのは，対話の時間がかかることに耐えられるのかどうかというのが１つの試金石になると思います。ここで大切な考え方は，自分が自由に発言できる権利があるということは，人の意見を聞くという義務もあるということでしょうか。教育の中や社会の細部にわたって，そういう了解をつくっていくというのが，まず大切になっていくのではないかと思います。

■伊坂　はい，ありがとうございます。非常に重要なポイントだと思います。やはりデモクラシーには時間がかかるということですが，その時間を本当に大事に織りなしていきながらすてきなものをつくっていくんだという，それに耐えられるかどうか。いっきにブルドーザーを使って，きれいにするのは早いかもしれませんが，それではたぶん残るものにならないだろうというお話だと思います。

　大学としてどのように関わっていくか

■伊坂　阿部さん，いまのお話にもつながりますが，われわれ大学人として学生を育てるときに，先ほどの上林さんがおっしゃったように，様々な年齢層の人たちの目線でやらないといいものができないと私も思っています。その中で，阿部さんが学生を育てる際に，シナリオプランニングを考えさせる，俯瞰的につくらせるといったときに，何か工夫されているものがございますでしょうか。

■阿部　高松さんがおっしゃったように，とにかく膝を突き合わせて，みんなで話し合うというのが重要ですね。場をつくったり空間を考えるたりするときには，その模型をつくったり，イメージを描いて，地域の皆さんと議論をする。まちの重鎮の方からは，「なんだ，こんなめちゃくちゃな絵を描いて」みたいなことを言われて怒られたりもしますが，でもやっぱり学生なので，温かい目で見てもらいたいところです。一方，学生には，そこで怒られて縮こまってほしくない。何度もいろいろ絵を描いて提案することが大切で，それによって，地域の方々の信頼も得られると思いますので。

　さらに言うと，絵を描くとか，図面を描くのは，建築都市デザイン学科の学生ならではの話ですが，そうではなく，地域のボランティアの皆さんと一緒に公園の草刈りをして，仲良くなって，そこでしか得られない情報を収集する。まちに空き家があれば，それを活用して，新しいコミュニティや交流の場をつくって，まちをだんだん変えていく。模型を作れなくても，学生にまちのコミュニティに参加してもらい，地域を活性化していくことは，どこの学部の学生もできると思います。

■伊坂　はい，ありがとうございます。

■花内　阿部先生がいまいいお話をされましたが，伊坂先生がテンポアップして質問をしてくださるのは良いのですが，僕ら４人は答えるのが精一杯でどうも納得いかないです（笑）。ここからは伊坂先生にも逆に質問を１つしておきたいと思います。このまままとめに入られると，何か負けっぱなしイメージなので。

　いま，阿部先生がおっしゃっていましたけど，阿部先生の発表の中でも立命館のびわこ・くさつキャンパス（BKC）の周りの草津市のスポーツ施設というのか，学校だったり公園だったり，まさに公園系統ですよね。僕は，草津エリアであれば，BKCが中心となって，中でもスポーツ健康科学が中心となって，慰楽系統，スポーツレクリエーションのソフトウェアを考えるべきだと思うんです。それをつくっていくべきだと思いますし，伊坂先生たちは，それをやる気があるんでしょうかというのをちょっと聞きたいなと思います。

■伊坂　ありがとうございます。オフィシャルな答えがいいのか，アンオフィシャルがいいのか分かりませんが。いずれにしましても，立命館大学のびわこ・くさつキャンパスは甲子園球場の約17倍の敷地があって，歩くだけでもけっこうな運動には当然なるんです。

　いま花内さんが言っていただいたように，正面のフロントゾーンにスポーツ施設が集積されていますし，ソフトを生み出す学部や研究科もあります。加えて研究センターもありますので，われわれとしては，ウェルビーイングを総合的に考えるような研究機関であるとともに，それらとハードをいかにうまく組み合わせていくのかを考えています。

　かつ草津市には，14の小学校と６つの中学校がありますので，その敷地もうまくネットワークの中に入れながら，また県立アリーナ，市民体育館などが近隣に集積していますので，そのあたりを，阿部さんのつくっていただいた図にもあったように，いかに面に展開していくのか。若者が元気な大学という場所の周りに，CCRCではありませんけれども，高齢でリタイアされた方に住んでいただいて，大学を活用していただく。また，大学の授業にも出ていただいたり，そんな場に大学をすることができるといいなと思っております。

　そのときには，上林さんに建築のデザインをお願いしたり，阿部さんにいろんなアイデアを入れていただいたり，花内さんには運営者になっていただいたりしたいですね。

3）高齢者が健康なうちに入居し，終身で暮らすことができる生活共同体。

■花内　寮の管理人をやらせてください。

■伊坂　高松さんには，ドイツと日本とやりとりをしながら，大所高所からいろんなアイデアをいただき，ぜひ，今日の4名の皆さんには，われわれのBKCの発展に強く関わっていただいて，30年先までお付き合いいただけるということで，今日のパネリストになっていただいたのかなと思っております。

　　花内さん，そんなところでよろしいですか。

■花内　ありがとうございます。

「スポーツが変える未来」とは

■伊坂　では，まとめに入る前に，最後に今日の感想でも結構でございますし，30年後はこんなかたちで，「スポーツが変える未来」とはこういうものだぞというのを一言ずつ賜って閉じたいなと思っております。

　　では，花内さんからでよろしいですか。

■花内　はい。日本のスポーツ施設は，今どんどんヨーロッパ型に転換しようとしていますけれども，ヨーロッパの人たちから見ると日本の学校スポーツ施設は，本当にうらやましいようで，全ての小学校に校庭があって，体育館があって，プールがあるなんて，そんな素晴らしいところはないというふうに言っています。

　　ただ，日本はこれの利用率が低いんです。子どもたちだけしか基本的には使えない。学校開放がいまひとつできていない。これをもっともっと，高齢者も含めて，プレイスメイキングとして使っていくということが，これから30年間の間に起きることなんだろうなと思います。超高齢化が進んでいる日本が健康長寿社会になるためには，スポーツが非常に重要な役割を果たすというふうに思っています。私からは以上です。

　　スポーツアーバニストをぜひ皆さんも一緒に名乗ってください。よろしくお願いします。

■伊坂　はい，ありがとうございました。

　　では，阿部さん，お願いします。

■阿部　公共空間の活用にはいろいろな可能性があるはずなのですが，スポーツ施設も含めてうまく使われていないのは，市民が受け身になっていて，その場所を使わせて頂いているという受動的な感覚なんです。むしろ，自分たちでそこを占有して使いこなしてやろうという，アクティブに，能動的に場をつくっていくという意識が芽生えないといけません。

　　でも，日本で市民が公園でやっていることって，しょうがなく草刈りをしたり，毎朝同じラジオ体操をしたり，あまり楽しい活動が行われていないような気がします。

高松さんに紹介して頂いたドイツのフェラインのように，もっと楽しくみんなが集まってそこの場所を使いこなそう！ という雰囲気になれば，そんな大きな団体でなくても，小さいアクティブな団体が公共空間につくっていく，扱っていく，担っていくようなことになれば，日本もまだまだ面白い公共空間に変えていくことができると思いました。それをぜひ，南草津のエリアで，市民と大学の学生さんが一緒にやっていければよいと思いました。以上になります。

■伊坂　はい，ありがとうございます。

　では，高松さん，お願いします。

■高松　まず，花内さんの話にもあったように，学校のプールなども含めて，スポーツ資源と位置づけられるものが，地域にたくさんあると思うんです。それらをまず一元的にリストを作って可視化する。その上でどういう形で利用していくのかが，いま日本で必要な作業ポイントだと思います。

　どう利用していくのかといったときに，もしドイツなら，デモクラシーでもって決めていくでしょう。日本はどうかといえば，一応デモクラシーの国です。問題も多いですが，昨今関心を持つ人が増えています。デモクラシーとは何かを学び，実際地域で人々が参加をしながら，デモクラシーの原理で利用方法を確立していけるか。そのためには自由に手を挙げるということと，話をちゃんと聞くということ，その組み合わせをきちんとつくっていけるのかがカギです。そして，既存の地域のスポーツ資源を有効に利用し，なおかつ新たに必要なものも自分たちで考えて作る。そういうことが実現できると考えたいですね。

■伊坂　はい，高松さん，ありがとうございました。

　では，上林さん，お願いします。

■上林　はい，ありがとうございました。

　今日は，スタジアムが開かれるというようなお話をさせていただきましたが，2050年に向けてという話でいきますと，そもそもスタジアムって誰がつくるのかという，おそらく今日，伊坂先生からも問いをいただいた話になると思います。

　スタジアムをつくることは1人の考えでできるものではないと思っています。これは，スポーツという共有できる価値からしてもそうですし，スタジアムの社会，都市における役割からしてもそうだと思うんです。

　今日，例として挙げさせていただいた，「love. fútbol」のように，市民主体でつくるグラウンドは，もうすでに部分的に実現されています。こうした取り組みを拡張して，みんなでつくるスタジアムやアリーナが，もしかしたらできるんじゃないかと考えています。近年国内で広がったコワーキングルームなどに見られるように，いわゆ

る Co-Creation，共創的な試みが，ビジネスシーンにおいても実践的に広まっているのを見ていると，近い将来,建築家や設計事務所いらずのスタジアムもできるんじゃないかと想像する次第です。2050年が楽しみです。ありがとうございました。

■伊坂　はい，上林さん，ありがとうございます。

　本日，素晴らしい4名のパネリストを迎えて，本当にスポーツによって社会が変わる，そのおおもととなる人が大きく変わるというか，発展するということを感じました。

　ヒト・モノ・カネと言われますけども，場ができて，その場の中で人が育てられるということを，30年先には，上林さんがおっしゃったように，そういう人たちがつくるスタジアムをまた見てみたいと思いますので，長生きしたいと思います。

　アメリカ先住民の言葉に，「この土地は，未来の子孫からの借りものである」というものがあります。未来に渡すべき場にどういった都市デザイン，都市空間，あるいは人が集まる場としてのスタジアム，アリーナが備わっていくのか。その中で，どのような発想で社会が動いていくのか，あるいは，それともお互い行ったり来たりの中で，どのように発展するのか楽しみになりました。

　いずれにしましても，素晴らしい4名の先生方のパネルディスカッションで，あっという間の時間でございました。まずは，皆さん，画面の向こうでございますけど，4名の先生方に盛大な拍手をお願いいたします。本日はどうもありがとうございました。

（パネルディスカッション2終了）

アフタートーク

参加者：

伊坂忠夫，花内誠，長積仁，上林功，高松平藏，阿部俊彦，丸朋子（司会）

■一同　チャットコメントも大絶賛でしたね。質問も多くてよかった！

■阿部　伊坂先生のマシンガントークが凄くて。まるで問いの玉手箱みたいで。

■一同　笑

■長積　伊坂先生にやられっぱなしで。

■伊坂　いやー，打合せしていなかったから。

■花内　なんとか最後は一矢報いられたかな。

■一同　爆笑

■長積　2日目のシンポジウムでは，ウェビナーにも関わらずオンラインを通じて参加者の皆さんの熱量を大変感じましたし，パネリストの皆さんの親和性の高さにも驚きました。我々立命館，BKC（びわこ・くさつキャンパス）全体の活性化についても何かご一緒できないものかと……。

　ハードを新たに創ることが難しい昨今，既存のハードに手を加えていくことに，人がどのよう関わっていくのか。上林先生のお話にもありましたように，システムだけ政策だけでもダメで，命を吹き込むことにどうやって人が関与するのか。人とモノ，モノとモノ，そして人と人をどうやってデザインするかが重要ですね。BKCは，1994年に文理融合による最先端科学の英知を結集させる場というコンセプトのもとに開設されました。このBKCを社会実験の場として活用し，学生のみならず，地域住民の人たちがサイエンスを身近に感じることができるような賑わい創造ができないものかと強く感じました。

■阿部　私の専門分野の中だけで，真面目に，防災や交通だけで，まちの問題を解決しようと取り組んでいると，段々としんどくなってしまう。なので，「都市デザイン×○○」のように異なる分野を掛け合わせることが大事で，南草津では○○に「スポーツ」を当てはめると，これまでの都市デザインを変える新たな可能性があると気づきました。ヨイショしているわけではないですよ（笑）。スポーツ健康科学って理系でも文系でもないというところが，同じように，建築や都市の分野とも相性がよいのかもしれません。

■ 都市計画は「まちづくり」か

■長積　高松さんの「ドイツに『まちづくり』という単語はない」は驚きましたね。

■花内　高松さん，「プレイスメイキング」という言葉はどうなんですか？

■高松　う〜ん，区ごとの取り組みはありますが……。「まちづくり」は日本独自のもので，文献ベースだと言葉としては戦後間もない頃に出てくるそうです。それから行政，つまり「お上」が行う都市計画への反発の言葉として発展した。より市民寄りになった現在の「まちづくり」は神戸の震災あたりがきっかけ。こういう理解に基づくと，「町を作る原理はデモクラシー」とされてもよさそうなのに，「まちづくり」という独自の文脈のものができてしまった。しかも「まちづくり」の範囲とは自治体全

4）ここでのまちづくりに関する発言は，渡辺俊一。「まちづくり定義」の論理構造。都市計画論文集46（3）。2011. pp. 673-678。またドイツでも「Machizukuri」を日本独自のものとして捉えた研究がある。

体ではなく，駅前とか商店街など，限られた範囲をさす。これは部分最適の手法です。全体最適の発想が強いドイツから見るとすごく面白い，というか奇妙ですね。

■長積　「街づくり」という言葉は，1962年の名古屋市栄東地区の都市再開発市民運動において初めて使われ，ひらがなで表記する「まちづくり」は，官庁用語として使われ，衰退しつつある地域の再生をめざして住民自らが地域をつくりかえようと物的環境の改善のみならず，目に見えない生活面での改善や生活の質の向上を図るための活動の総称として使われるようになりました。[5]

　まちづくりには，そのまちのために興される「人の公共的な営為」という意味合いが含まれるため，そのまちに住む人々の存在や住民自身の主体的かつ創造的な活動，また生活との密接なかかわりが論じられなければ，まちづくりという言葉だけが一人歩きしてしまいかねません。

■阿部　実は，私の恩師の佐藤滋先生は[6]，「まちづくりとは，地域社会に存在する資源を基礎として，多様な主体が連携・協力して，身近な居住環境を漸進的に改善し，まちの活力と魅力を高め，生活の質向上を実現するための一連の持続的な活動である」と定義しています。なんだか学術的に文字にすると難しそうですが，都市計画の分野では，「まちづくり」も1980年代，90年代，2000年以降と，いくつかフェーズがありますが，変わらないのは，高松さんがおっしゃっていたデモクラシーが基礎にあるということでしょう。ディベロッパーによる儲け主義の開発は，「まち」づくりではなく「街」づくりでしょうか。ちなみにまちづくりの英訳は「Machizukuri」，すなわち，日本固有の概念で，イギリスの著名な学術書でも，英文でも定義がされています。

日本の自治と公園の変遷

■花内　日本の都市計画の草創期は後藤新平[7]が中心人物のひとりでした。彼は「自治」にもすごい文献を残しています。「自治」というと自治会と結びつきやすいですが，彼は日本にボーイスカウトを作っている。僕は，ひょっとすると，ボーイスカウトはアメリカのように子どもが Park and Recreation Department から Park Ranger と成長していく養成機関として，自治のために組織を日本に作ったのではないかと。文献がなかなか出てこないのですが，同じ時期に東京都の公園課長だった井下清[8]もボーイスカウトに関わっている。なので，ボーイスカウトは公園レンジャーの子ども版と

5 ）延藤安弘。まちづくり読本。東京：晶文社，1996年。
6 ）佐藤滋（さとう　しげる）1949–，早稲田大学理工学術院名誉教授，工学博士・都市計画家。
7 ）後藤新平（ごとう　しんぺい）1857-1929，医師，官僚・政治家。
8 ）井下清（いのした　きよし）1884-1973，造園家。

して作られた可能性が高いのではないかと考察しています。井下は「叱られることのない公園」という文献も残しています。禁止事項ばかりでない公園であって欲しいということなんでしょうね。ポイントは都が児童係を作って，各公園で遊び方教室のようなものを展開していたことです。

■上林　後のプレイリーダーのようなものですか？

■花内　そうです。プレイリーダーですね。戦前には，アメリカに留学していた末田[9]ますが，帰国後に児童係として長く活動していたことが文献にも残されています。ですが，その後，高度成長期も含めて日本は今はそういったところに人を配置しないですね。アメリカは1950年代にPark DepartmentとRecreation Departmentを合体させ，今のPark and Recreation Departmentを作っています。ハードだけでなく，ソフトも重要ですね。

■上林　テクノロジーを組み合わせたスポーツの話ですが，超人スポーツ協会の共同代表の方が「自在化」という概念を話しています。身体を自在に動かせるということができる要因とできない要因は何か。東京大学の稲見昌彦先生曰く[10]，身体だけに限ると制限があり，スポーツを通じて環境とルールと身体など，それぞれの自在性と組み合わせれば，もっと総合的に考えられる，と。まさにプレイリーダーの話も，うまくその人がハマることによって，火をおこすといったように自在に遊ぶことができるような仕組みになるのではないでしょうか。

　夢のようなことを言いますが，きっと，みんなで造るみんなのスタジアムってできると思うんです。今は仕組み上，プランナーがいて，コンストラクションの会社がいて，というかたちは仕方ないのですが……。

土嚢でスタジアム建設！？

■上林　実は，知人に土嚢で地道に建築，家を造っている先生（高知工科大学・准教授）がいまして…。

■一同　えぇー…。

■上林　こんな感じで創っちゃうんです。（と，建築事例の画像を全員に共有）

■一同　へぇー！！　これはすごい！　本当に土嚢で？！

■上林　はい，表面に芝を貼ったり，まちを造ったり。じゃあ，これならスタンド造れるやん！　と地元クラブチームに有志で造り始めようと提案した矢先にコロナが……。

9）末田ます（すえだ　ます）1886-1953，女性児童教育者。

10）稲見昌彦（いなみ　まさひこ）1972-，東京大学大学院情報理工学系研究科システム情報学専攻教授。

■花内　あらー。でも，それはめちゃくちゃ面白いですね。

■上林　そうなんですよ，ちょっとずつちょっとずつできていく記録も残せますし，めちゃくちゃ面白いと思って始めていたのですが，頓挫してしまって……。

■花内　じゃあBKCのクイーンズスタジアム，土囊で少し変えましょう。

■長積　スタンドに土囊って，阿部先生に叱られそう（笑）。

■阿部　僕，労働は……，研究室の学生に積んでもらおうかな（笑）

■長積　スタンドに土囊って建築なんですか？

■花内　建築と土木の争いですね（笑）。

■長積　ガイナーレ鳥取の塚野社長がスタジアム建設の際におっしゃっていたことがあります。もともと米子にチームを創った時には，元ゴルフ場の砂地を掘ってできる限り手をかけずに2億円でスタジアムを造る，椅子は神戸ウイングスタジアムがワールドカップで仮設として設置した椅子をもらうんだと。

■上林　いいですね。セルフビルドする時に意外と難しいのが，専門業者に頼まないといけない測量です。最近ですとドローンを飛ばして3D測量ができたりします。そういうものを巻き込みながらやりましょうと。伊坂先生からSociety5.0の話もありましたが，身近な技術で，みんなできてしまうことをサポートするいろんなテクノロジーが出始めているので，それらを組み合わせたらいけるんじゃないの？　という意識があります。デモクラシーをサポートしてくれる技術があるなという印象が強いですね。

ドイツのまちは，官僚×フェライン＝デモクラシーで創られる

■長積　ドイツは政策と連動していて資金も出やすいから，上林先生が言われたような手作り感のものはありますか？

■高松　使われなくなった建築物を意図的に占拠するようなものはベルリンなどに見られたと思います。しかしドイツは都市官僚の系譜が強いことを考えると，手作り感のようなものは作りにくいかと。ただ日本でも学生運動が盛んな時代がありましたが，ドイツでも同様の動きがあった。この世代が草の根型のデモクラシーを強くしました。例えば，日本のリノベーションはドイツでは普通で，もともとドイツは建築自体が古いものに今の価値を付加していくというやり方です。加えて，使っていない工場や発電所をリノベーションして文化施設として使っていくことが1980年代に急激に増えたと理解しています。こういうことを草の根型デモクラシーのやり方で実現してきました。

■上林　連邦議会議事堂のライヒスターク[11)]もそうですよね。

■高松　そうです，相当古い建物だけど，中には最新の技術が入っています。

■花内　都市計画の法律自体が違うんですよね？　許可制なので，全て都市計画でそれが必要かどうかを検討する。スタジアムならば，大きさがこのまちに適正なのかを許可するというスタンスで。

■高松　仕組みからいうとおっしゃる通りです。もう少し町を見ると，例えば「walkable」[12]が日本でも近年，大きなテーマになっている。ドイツの場合は市街中心地を戦後，歩行者ゾーンにしたところが多いです。興味深いのはその転換プロセス。まず市街地は都市の発祥地なので中世の建物がゴロゴロある。それからどの町にも歴史や郷土保護のフェラインがあります。歩行者ゾーンを作ろうとなれば，歴史的景観が活きてきて「歴史の再発見」がおこる。こういう事情から歴史や郷土保護フェラインが歩行者ゾーンに転換しようとする政治的影響力のひとつになります。ここが「まちづくり」でなく「デモクラシー」なんですね。

　スポーツに引きつけると，施設はただ「あるだけ」じゃだめだということがよくわかります。私が住む11万人の町にはアマチュアのサッカーチームがたくさんあって，試合結果が地元紙にも載る。それだけ関心を持っている人が多いということです。だから新聞社が掲載するスコアを送ってくれる有償ボランティアを募ることもある。また人口1000人とか，1500人程度の小さな村にもスポーツクラブが必ずといってよいほど１つあって，サッカー場には地元の事業者の広告がズラリと並ぶ。地元の経済との関連性がよくわかります。クラブ施設にはレストランなどもあるため，これぐらいの規模の村だと，クラブが地域のインフラのようになっている。社会への関与や人々の関係構築など，デモクラシーを動かす苗床になっています。

■花内　地域のスポーツ資源をハードとするならば，それを使うソフトの資源としての Sports Recreation System を各自治体やエリアごとに持つべきでしょう。それがこれからのスポーツアーバニズムだと思っています。その中心になるのが，プロチームなのか，大学なのか……，いろんな中心があるのでしょうね。

■高松　「いろんな中心がある」という前提にたつと，「まちづくり」よりも「デモクラシー」に普遍性がある。スポーツ資源をみんなでどういう風に使っていこうかという議論の様式になっていきやすい気がします。

11）ライヒスターク（Reichstag）議事堂の頂上にあるガラス張りのドームを乗せた改修施設。特徴的かつ斬新なデザインで見学者が多い。

12）walkable「歩く（walk）」と「できる（able）」を組み合わせた造語。「歩きたくなる」「歩くのが楽しい」といった語感をもつ。2020年世界のウォーカブルなまちには，ロンドン，パリ，コロンビアのボコタ，香港が選ばれた。

▓ Co-Creation　新しい価値は誰が生む

■丸　高松さんが発表なさった「スポーツの価値」は，国・地域・時代などによって内実が変わる，つまり，ドイツでは，全ての人々がスポーツを通じて，それぞれに応じた価値を享受できるという地域のエコシステムが機能していますね。まさに，上林先生が最後におっしゃっていた Co-Creation，様々な立場の人々が対話をしながら新しい価値を生み出していくことが叶っているのだな，と感じました。

■上林　面白いことに，曰く「完成直前くらいに『これ（建築物），俺が造ってん』という人がやたらと頻発してくると，それはすごくいい建築になっている」と。

■一同　へぇー，なんだか納得。

■高松　私が住む町に，1980年代に古い発電所のリノベーションで造られた文化センターがあります。それは当時，学生運動をしていた世代が中心になっていた。その世代から10〜15歳下までは「俺たちが造った」と思っています。その感覚とよく似ていますね。

■伊坂　自慢できるようなものが仕上がったってことですね。

■上林　建築は確かにいろんな方々と造るものですから，「仕事でやっただけ」となる建築なども，良い建築だと「あの壁を塗ったのは俺！」となる。

■花内　スポーツビジネスでも，オリンピックをやった，ワールドカップを呼んだのは俺だって言う人は山ほどいる。中には，私に「日本版 NCAA を提案したのは俺だ」って言う人がいて，「へぇー，そうなんですか」って。

■一同　笑

■花内　「地域の」「我々の」「私の」どれでもいい。まさしく Co-Creation に通じますね。

▓ 戦前のスポーツ都市計画

■花内　戦前のスポーツの都市計画って凄かったんです。公園関係の方が携わっているので，農学部や造園関係の方々がスポーツに関わっている。だけども，東大は都市工学科を創る時に，農学部は加わらなかった。そのためにスポーツの都市計画技術が伝えられなかったのかもしれません。都市工学の戦前の文献は農学部にも多くあるんです。

■高松　あくまでも「印象」なのですが，日本の都市計画は建築などの人が関わっていて，都市内部の研究となると社会学の人が取り組んでいるイメージが強い。それに対してドイツを見ると地理学の人もよく目につく。歴史的に見ると，ドイツは都市を俯瞰的に全体最適で造るという発想が強いのですが，地理学からの発想もあるからで

はないか。そのあたりが日本との違いの1つに感じます。上林先生は建築ですよね？

■上林　建築です。ですから，建築と土木は違うと痛感しております……。スタンドは建築，グラウンドは土木と分ける場合があり，見積もりの取り方が違う場合もあります。

■長積　へぇー，公園1つとってもいろんな管轄が入る，縦割り行政ですよね。

2050年スポーツがさらに「変える」未来

■伊坂　高松さん，スポーツは分野を横断すると，ドイツの場合は強くなる。日本は縦割りだからうまくいかない。管理者も運営者も育ってないですね。横串を刺すために成功事例を見習おうだけではうまくいかない。何が問題でしょうか。

■高松　ドイツは職業社会でみんなが専門職です。公務員をみても部署の異動がないためスペシャリストの集団。だからスポーツクラブと行政が組む場合も，所属は違うがスポーツの専門家同士が町に対して取り組んでいる。そういう構造が見いだせます。それからもう1つ，行政の仕事の仕方を見ると，スポーツ部署を縦のラインとするならば，横に教育，建築など他部署がクロスするポイントがある。そうやって横断的なものをカバーしています。

■伊坂　スペシャリストだから蓄積したものが違うでしょうね。

■高松　そういうことだと思います。一方日本は，3年程度で異動するジェネラリストだから，担当者が変わるとゼロベースになってしまう。人事異動に伴う社会的損失は大きいでしょうね。

■上林　担当者によって解釈が変わってしまう…。

■高松　異動の理由に汚職防止などが挙げられますが，それ以上の損失が縦割り行政にはあると思います。

■花内　大学がそれをカバーする役割も果たせるといいですね。

■長積　どの組織も，人や資源，資金を奪い合ってしまう面が有るからでしょうね。

■伊坂　上林さんのお話にあったCo-Creationといいますか，今の若者は地位やお金より，もっと社会的課題にチャレンジしたいという風にこれから変化するのではという期待がありますよね。そうなった時に，30年後にみんなで積んで造った土嚢スタジアムができていたら本当に嬉しいですね。

　2030年SDGsが達成されているとして，その先のさらに20年後はきっとSDGsだけではできないことがたくさんあって，とりわけ環境問題がそうだろうと。そのインパクトを考えながら我々は行動しないといけない，となった時に若者は敏感ですよね。その敏感な若者が新しい学びをして，新しい社会を生んでくれた時に，スポーツがさ

らにどう変わるか，スポーツが若者をどう育ててくれるか，この循環をどう導き出せるかが，これからの大きなテーマですね。
（アフタートーク終了）

（2021年11月12日，オンラインにて開催）

【資料】

立命館大学スポーツ健康科学研究センター　設立10周年シンポジウム

2050年のスポーツを考える

Day 1：スポーツが「変わる」未来

（2021年11月10日，オンラインにて開催）

【プログラム】

開会挨拶
　田畑　泉（立命館大学スポーツ健康科学研究センター　センター長，スポーツ健康
　　科学部　教授）

■イントロダクション　スポーツが変わる未来〜Good future,Bad future
　花内　誠（立命館大学　客員教授）

■講演1　2050年に向けた社会・ひと育成への期待
　山浦　一保（立命館大学スポーツ健康科学部　教授）

■講演2　2050年のスポーツ漫画
　上野　直彦（スポーツライター，漫画原作者）

■講演3　スポーツとバーチャル空間
　萩原　悟一（九州産業大学人間科学部　准教授）

■講演4　スポーツと人権の未来
　冨田　英司（弁護士，同志社大学スポーツ健康科学部　客員教授）

■パネルディスカッション　2050年の選手育成
パネリスト：
　佐伯　夕利子（公益社団法人　日本プロサッカーリーグ　常勤理事）
　萩原　美樹子（バスケットボール女子日本リーグ　東京羽田ヴィッキーズ　ヘッド
　　コーチ）
　星野　明宏（静岡聖光学院中学校・高等学校　校長）
モデレーター：
　伊坂　忠夫（学校法人立命館　副総長，立命館大学　副学長，スポーツ健康科学部
　　教授，スポーツ健康科学研究センター　副センター長）

閉会挨拶
　伊坂　忠夫

※　肩書は開催時

2050年のスポーツを考える

Day 2：スポーツが「変える」未来

（2021年11月12日，オンラインにて開催）

【プログラム】

開会挨拶
　　長積　仁（立命館大学スポーツ健康科学部　学部長）

■イントロダクション　スポーツが変える未来
　　花内　誠（立命館大学　客員教授）

■講演1　都市デザインとスポーツ
　　阿部　俊彦（立命館大学理工学部　准教授）

■講演2　ドイツのスポーツ都市
　　高松　平藏（ドイツ在住ジャーナリスト）

■講演3　スポーツが変える建築
　　上林　功（追手門学院大学社会学部スポーツ文化学専攻　准教授，株式会社スポーツファシリティ研究所　代表取締役）

■パネルディスカッション　2050年のスポーツと都市
パネリスト：
　　上林　功，高松　平藏，阿部　俊彦，花内　誠
モデレーター：
　　伊坂　忠夫（学校法人立命館　副総長，立命館大学　副学長，スポーツ健康科学部教授，スポーツ健康科学研究センター　副センター長）

閉会挨拶
　　伊坂　忠夫

※　肩書は開催時

30年後の大学スポーツへ

大学スポーツコンソーシアム KANSAI 学生部会

はじめに

（1） プロジェクトの背景

　日本の大学スポーツ界は，2018年に（一社）大学スポーツコンソーシアム KANSAI（以下「KCAA」），その翌年に（一社）大学スポーツ協会（以下「UNIVAS」）が設立されるなど，過渡期を迎えている。

　その中で，KCAA 内の学生団体として様々なつながりを広げながら，関西から大学スポーツを盛り上げるべく関西中の大学から集った学生による団体「KCAA 学生部会」により，30年後の大学スポーツの未来に対するメッセージを発信するプロジェクトを行っている。

　本節では，1年間をかけて30年後の大学スポーツの未来に関して議論・検討を進めた結果を紹介する。

　まず，読者の皆様は「大学スポーツ」と言われると何をイメージするだろうか。箱根駅伝・東京六大学野球などの有名な大会においては，会場に多くの観衆が詰めかけ，スポーツ推薦で入ってきた学生が半ばプロ選手のような環境で練習を重ね，そしてニュースで試合結果が報道されることにより年々盛り上がりが増している。そのようなイメージを持たれる方々が多いであろう。

　しかし，本当にそれが大学スポーツのすべてなのか。必ずしもそうとは言い切れないのではないだろうか。当事者である大学生は，どのような世界を見ながら，そしてどのような世界を描きながら大学スポーツに関わっているのだろうか，そして大学生の目の前に広がる大学スポーツの景色とはどのようなものだろうか。大学生の生の声をもとに誰の目にも見えていない大学スポーツの未来像を考察し，未来をより良いものにするための方策を論じていく。

（2） プロジェクトの流れ

　本プロジェクトはシナリオプランニングという手法を用いて行った。プロジェクト全体の流れは図付-1の通りである。今回のシナリオプランニングは，大学スポーツ

図付-1　本プロジェクトの流れ

・体育会と体育会系
・体育会と連帯責任
・大学スポーツとライフワークバランス
・ポストコロナ時代の大学スポーツにおける新入生勧誘活動
・七大戦の未来の姿
・未来の体育会本部と学連について
・大学スポーツを盛り上げようとする学生団体の話を聞こう
・大学スポーツが行われる競技場について
・東京オリンピックと大学スポーツ
・スポーツをしている層としていない層のギャップ
・大学スポーツが「盛り上がっている」とは
・大学スポーツと定期試験
・30年後の大学スポーツと地球温暖化
・30年後の大学スポーツと最新テクノロジー

図付-2　トークテーマ一覧

の未来という不確実なものに対し，未来の姿や起こりうるシナリオを複数想定することで，そのシナリオが迎えるグッドエンドを推進し，かつバッドエンドを避けるためにすべきことを考え，行動に移すことを主眼に置いて行ったものである。

　本プロジェクトは，主に以下の3フェーズに分けられる。

　フェーズ1：大学スポーツもしくはスポーツに対するフリートーク
　フェーズ2：ワークショップを中心としたシナリオプランニング
　フェーズ3：シナリオプランニング結果の考察とアクションの検討

フェーズ1では，大学スポーツやスポーツにまつわる様々な話題を学生やその場に集った社会人で議論し，知見や考えを深めた。毎週1回，1つのテーマに対して90分程度のトークを合計で15回実施し，現在の大学スポーツに対しての理解を深め，かつ未来への思索を行いやすい環境を構築した。トークテーマは図付-2の通りである。

　フェーズ2以降については，第2節以降で詳しく説明することにする。

1．フリートークとワークショップ

（1）　clubhouse でのフリートーク

　2021年の2月から，KCAA 学生部会では clubhouse で15回にわたって大学スポーツの未来について様々な観点から意見交換を行ってきた。

　clubhouse とは音声のみでコミュニケーションをとるソーシャルネットワーキングサービス（SNS）で，ラジオのように配信を行うものである。各個人が配信するためのインスタントルームを作成し，そのルームに入ってホストの話を聞いたり，話しに参加したりするのが基本的な形式である。大きな特徴は，一方的に配信を聞く形式ではなく，だれでも配信に入り，会話が可能である点だ。KCAA 学生部会では，この特徴を活かして，多様なバックグラウンドを持つ参加者とともに大学スポーツの未来についてディスカッションしてきた。

　具体的には，毎週日曜日に大学スポーツの未来を変容し得る要素を様々な観点から15週にわたって洗い出してきた。大学スポーツと学生との関わり方がどう変化しているかや，30年後の大学生活は現在と何が変わっているのか，社会の変化に合わせた大学スポーツのあり方などの視点で，"大学スポーツの未来"に影響を与えるであろう要素を熟考した。

（2）　ワークショップの開催

　clubhouse でのディスカッションをもとに，シナリオプランニングを行ううえで多様な視点からの意見を必要とする2つの段階において計2回のワークショップイベントを行った。2021年10月に行った1回目のワークショップでは，10名程度で大学スポーツの未来を変容し得る要素の棚卸しを行った。2回目のワークショップは2021年12月に開催し，1回目で棚卸しをした要素をもとに，同様のメンバーで30年後の大学スポーツの姿をシナリオとして構想した。ワークショップの詳細については第2節に記載する。

２．シナリオ形成までの事前準備

（１） 未来を変容し得る要素の抽出

　シナリオプランニングを進めるにあたって，まず大学スポーツの未来を変容し得る要素を洗い出す必要がある。これは様々な観点から網羅的に洗い出すことが重要であるため，様々な価値観やバックグラウンドをもった複数人で取り組むことが望ましい。そのため，本プロジェクトではオンラインイベントという立て付けでワークショップを開催した。

　ワークショップでは，５人１チームの２グループに分かれ，30年後の大学スポーツについて考えるために設定したテーマでディスカッションを行った。このディスカッションの内容をもとに，要素を抽出した（図付-３）。

（２） 未来を変容し得る要素の選抜

　そして抽出した要素を，縦軸に「大学スポーツへの想定し得る影響（大小）」，横軸に「実現可能性（高低）」をとり，２×２マトリクスで分類した（図付-４）。さらに図付-４の第１象限にある５つの要素の中から，「部活のレベル感」と「クラブチームとして存続」の２つを想定し得る影響の大きさ，実現可能性の低さの観点から選抜し，本シナリオプランニングで扱うメインの要素として設定した。

　この２つの要素を用いて，図付-４とは異なる２×２マトリクスを作成し（図付-５），それぞれの象限に仮名を付け，シナリオを形成していった。完成したシナリオとそれぞれのシナリオに対するアクションは第３節以降で詳しく述べる。

３．第１象限：レクリエーションクラブ型

（１） シナリオの説明

　第１象限は，大学スポーツがクラブチームとして存続しており，かつ競技レベルはゆるめになっているという想定の象限である。この想定のもと作成したシナリオは次の通りである。

> 企業もしくは総合型地域スポーツクラブが，大学などの学校施設や自治体施設にて，大学生をはじめとした幅広い年齢層による Well-Being としてのスポーツを行っている。

- ・格差（地域・部活間）
- ・クラブチーム化
- ・部活のレベル感の変化（レクリエーション・アスリート）
- ・学年，年代をこえた活動
- ・地域，学校をこえた活動
- ・活動内容の多様化
- ・練習時間の規制
- ・大学生の学業レベルの低下
- ・ミーティングや勉強の時間が増加
- ・「スポーツ＝教育」という価値観の変化
- ・テクノロジーの進化にともなうトレーニングの効率化
- ・大学の入学 or 卒業が難化
- ・少子化によるスポーツ人口の減少
- ・スポーツをする場所の減少
- ・配信技術の向上により見るスポーツとして発展
- ・就職活動の複雑化
- ・サークル活動の発展
- ・部活動の規模によって異なる持続可能性

図付- 3　大学スポーツの未来を変容し得る要素

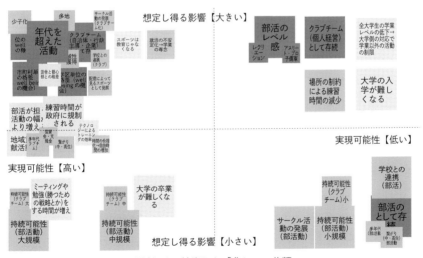

図付- 4　抽出した「兆し」の分類

クラブチームとして存続

| アスリートクラブ型 | レクリエーションクラブ型 |

競技レベルきびしめ　②｜①　競技レベルゆるめ

③｜④

| アスリート部活型 | レクリエーション部活型 |

部活動として存続

図付-5　2つの「兆し」を軸として作成したマトリクス

本シナリオにおいて，2022年現在で広く定義されている大学スポーツという概念は実質的に消滅している。少なくとも，30年後の大学スポーツが現状の運動部活動という形で行われていないケースを想定した上で，本シナリオについて言及する。

（2）　シナリオについての考察

この場合において大学が大きく果たす役割は2つの場「スポーツに触れる場」「コミュニティをつくる場」である。地域におけるスポーツ振興のハブとして大学が存在し，その場に集う人々，大学生を中心とした地域の人々の間でスポーツに触れ合いながらコミュニティを構築する。その結果，このシナリオにおける大学スポーツは，大学生のQOLの向上，そして地域と大学との密接な関係の構築という大きな役割を果たすことになる。またその密接な関係は大学生にとっても，大学周辺地域での就職のきっかけになるなどの良い影響を及ぼすことになる。

日本において高齢化が進んでいる以上，このような全年齢がスポーツに触れられる場を地域のシンボルである大学を舞台に提供，構築することができることは社会全体においても大きな意味を果たすことになる。

一方で大学の存在しない地域においては，地域振興に対し大きな役割を果たすきっかけとなる大学に代わり自治体が同様の役割を果たすと考えている。しかしながらそこに多くの大学生は存在しないので，そのスポーツの中心は大学あるいは大学生の領域から外れて行くことになる。今回定義した大学スポーツから少し離れてしまうが，この形での地域振興も考えられ，大学を用いたケースをひとつのモデルとして場を変えた形で同様の地域振興，スポーツ振興の姿が描かれていくことを期待する。

（３）　学生の役割

　この場合において大学生は，もちろんそのスポーツをプレイする立場として存在するが，その中でもコミュニティの中核としての役割を持つことが期待されている。そしてスポーツをプレイするだけではない役割も同時に担うことが重要であると考える。また，従来の学連や体育会（学友会）本部などに代わり，前述した活動を運営するためのプレイすることにとどまらない学生コミュニティが形成されることになる。

　ここで検討したシナリオにおいてボトルネックになるのが，競技スポーツとシンボルスポーツについての議論を（敢えてではあるが）していないことにある。このことに関しては，今後改めて検討と議論（もちろん我々の勉強も）を重ねていくこととする。

４．第２象限：アスリートクラブ型

（１）　シナリオの説明

　第２象限は，大学スポーツがクラブチームとして存続しており，かつ競技レベルはきびしめになっているという想定の象限である。この想定のもと作成したシナリオは次の通りだ。

> プロチームやプロクラブの下部組織，民間企業，自治体など多種多様な運営主体のもと，それぞれの主体が保有する施設を使って，技能に秀でている大学生世代の者が集まり，リーグを形成している。

　このシナリオにおいて，2022年現在で言うところの大学スポーツという概念はかなり変化しており，部活動という形式では行われていない。そうなると１つの可能性として，大学という法人がスポーツチームを保有するという事例はあるが，スポーツに打ち込みたい者の多くは大学には行かなくなってくる。一方でレクリエーションとしてスポーツを楽しみたい学生は大学というフィールドでスポーツをする態勢が整えられておらず，有志で集まり，自分たちで活動資金を出し合って活動している。「大学スポーツは大学生がスポーツに関わること」と定義するのであれば，この場合の大学スポーツとは，レクリエーションとしてスポーツに取り組む層が主役であると言える。

（２）　シナリオについての考察

　この世界線では，大学生世代のスポーツは盛り上がりを見せており，日本のスポーツレベル自体は向上している。また，地域密着型の経営スタイルをとるチームが現在

よりもさらに増加していることから，拠点となっている地域の活性化にも一役買っている。

　一方で，存在するスポーツチームの多くが都市部に拠点を設けることが問題視されており，地方との様々な格差は広がっていくばかりである。また，レクリエーションとしてスポーツを楽しみたいという学生は場所を追われ，スポーツをする機会が著しく減少してしまっている。

（3）　学生の役割

　よって，アスリートクラブ型の30年後の世界において，大学生はレクリエーションとしてスポーツを楽しみたい層へ，スポーツをする機会と場所を持続的に提供できるよう，大学へはたらきかけ，環境を整備するような活動を行う必要がある。また，スポーツをすることに囚われるのではなく，アスリートとしてスポーツをしている者達を応援する文化の醸成やチームの一員として支える者の存在の発信といったスポーツへの様々な関わり方を尊重する活動も積極的に行っていくことが望まれる。

5．第3象限：アスリート部活型

（1）　シナリオの説明①

　第3象限は，大学スポーツが部活動として存続しており，かつ競技レベルはきびしめになっているという想定の象限である。この想定のもと，第3象限は，シナリオを形成していく過程で相容れない2つのシナリオが完成したため，2つのシナリオに基づいてアクションを考察した。

　　1つ目のシナリオは次の通りである。

> 学生を主役としながらも，民間企業がチームやリーグの運営に参入しており，国立競技場をはじめとした2020東京オリンピックレガシーを活用して，娯楽コンテンツの一環として社会的にも経済的にも発展を遂げている。

　このシナリオにおいて，「する」学生は技能に秀でている者に絞られるが，その影響もあり「みる」学生は試合に熱狂し，注目度が高まっている。「ささえる」学生の関わり方は，大きく変化こそしていないが，枠は拡大しており，2022年現在よりも一層大学スポーツに関わる人口が増加している。

（2）　シナリオについての考察①

　この世界線では，大学スポーツの露出が増え，たくさんの人に注目されているため，大学生未満のアスリートたちにとって国立競技場を中心とした東京都心部の競技施設が聖地として憧れの的となっている。人気に後押しされ，プレイ・練習環境，ガバナンスなどが充実したり，「する」だけでなく「みる・ささえる」方面に携わる学生の数が増加したりと社会的にも存在感を大きくしている。

（3）　学生の役割①

　この状況に対して大学生は，さらにこの流れを大きなものにするために「みる」層を拡大し，「ささえる」層を増やすための発信を中心に行っていくのが良いだろう。大学スポーツを中心に取り扱うメディアとして日本全国に向けて大学スポーツの真実を伝えたり，ファンコミュニティを形成したりといった活動に取り組んでいく。

（4）　シナリオの説明②

　2つ目のシナリオは次の通りである。

> 運動部活動が法人化するなどし，それぞれ部活単位で独立して大学施設を使用しながら活動している。チームには留学生が複数名おり，強化費用が増加し，設備も充実している。

　このシナリオにおいて，大学スポーツに関わる学生は技能に秀でた，スポーツをする者のみに限定される。その影響で，高いレベルで競技をすることが難しい者やそれを望まない部活動は存在しなくなっている。さらに，大学スポーツに対して「する」以外の大学生の関わり方は限りなくないに等しくなり，運動部活動生とそうでない者の溝は極端に大きく深くなっている。

（5）　シナリオについての考察②

　この世界線では，大学生アスリートがより希少でハイレベルになっている。そのため大学スポーツの競技レベル自体は向上し，アスリート1人1人が大学の広告塔の役割を担っている。一方で部活として活動できるほどの戦力がないチームや個人，スポーツをレクリエーションとして楽しみたい学生が肩身の狭い思いをしている。また，スポーツをするのではなく，支える側で携わりたいと考える者たちの居場所もほとんどなくなってしまっている。

（6） 学生の役割②

　これに対して大学生は，部活として活動できるほどの戦力がないチームや個人，スポーツをレクリエーションとして楽しみたい学生へ，第2象限同様スポーツをする機会と場所を持続的に提供できるよう，大学へはたらきかけ，環境を整備するような活動を行う必要がある。また，大学スポーツに支える側から関わることができる様に，自分たちの活動を発信し，仲間を増やしていくことも重要な役割である。

6．第4象限：レクリエーション部活型

（1） シナリオの説明

　第4象限は，大学スポーツが現代に引き続き運動部活動として存続しているが，競技レベルはゆるめであるという想定の象限である。この想定のもと作成したシナリオは次の通りだ。

> 学友会・体育会本部などの管理組織の下に学生有志で集まった組織があり，その有志組織が大学や自治体の施設を活用して，学生のみならず教職員や地域住民を巻き込んで，気軽に運動ができ，楽しく交流を図ることができるコミュニティを形成している。

　このシナリオにおいて，大学スポーツはレクリエーションの色が濃いことから，現在のような運動部活動のような強制力はなく，学生や地域住民が集まりたいときに集まり，一緒になって活動を行っている。そのため，参加者の年齢を問わないのが特徴で，大学スポーツという位置付けながらも well-being を実現するための一翼を担っている。

（2） シナリオについての考察

　この世界において，大学スポーツは大学の枠を飛び出し，大学周辺の地域住民らと共に活動を行っている。そこから大学スポーツによる地域活性化に繋がり，その活動が評価されることで大学へのロイヤルティが上昇したり，地元企業と良好な関係を築くことが出来たりするのではないか。更には，大学スポーツのコミュニティをきっかけに，生涯にわたってスポーツを楽しむ者の人口増加も期待できる。

　一方で，レクリエーションがメインになっているが故に，大学生でプロを目指して活動する者の居場所はなくなるため，大学スポーツそのもののメディア露出が減少する。従って，大学本部としては，運動部活動がただの負債となってしまう可能性がある。

（3）　学生の役割

　よって，レクリエーションクラブ型の30年後の世界において，大学生には各大学に存在する有志団体のサステナビリティを担保するための創意工夫を行っていくことが求められる。具体的には，団体運営ノウハウの共有，年齢や性別の垣根を超えて活動できるようなルール設定，団体間・大学間での連携・交流などがあげられる。

おわりに

（1）　課題

　ここまで，我々がどのような未来をどのように描いてきたのか，様々な方面から話してきた。ただし，この議論では２つの固定観念に囚われてしまっていた。

　１つ目は，大学スポーツをどう定義するかについてである。一般的に認知される大学スポーツの定義とそう大差ないものではあると認識しているが，今回の議論では，『大学スポーツは大学生が「する」スポーツである』と無意識的に設定していたと感じた。しかし，本当に大学スポーツとは，大学生が「する」スポーツに限られるのだろうか。大学生がスポーツに関わるだけで，それは大学スポーツと言えるのではないだろうか。現にそのような学生も一定数存在し活躍している以上，このことを念頭に置きながら議論を進めていかなければならない。

　２つ目に，「する」スポーツに固執してしまっていたことについてである。スポーツを「する」「みる」「ささえる」と分類した場合に，どうしても「する」スポーツのウェイトが重くなってしまうのは致し方ないのではないかと認識している。しかしながら，それだけに拘った議論になることは広く大学スポーツの可能性を考えるにあたって大きな障壁になりうるのではないだろうか。

（2）　KCAA 学生部会の今後の展望

　一方で，プロジェクトそのものは大学スポーツを盛り上げるべく活動する我々にとって非常に有意義なものとなり，今後の活動において大切にする３つの指針を定めることにつながった。１つ目は「発信する」こと，２つ目は「つながる」こと，そして３つ目が「プレイすること以外でかかわる」ことである。どのようなシナリオを描くにあたっても，上記３点は欠かせない要素である。もちろん現状の大学スポーツに対して，各競技団体や学連，体育会（学友会）本部，スポーツにかかわる学生団体など，各々でアプローチ方法は異なるかもしれないが，それぞれがこの３点を意識しながら，そして行動に移しながら活動することが将来の大学スポーツに対して最も重要

なことであり，かつやらねばならないことであるという結論に至った。

　その中でも我々 KCAA 学生部会は，そのモデルケースとなるべく活動を続け，関西をはじめとした日本の大学スポーツが次なるステージへ進むための火付け役とならなければならない。そのような信念を持ちながら，この３点を体現する存在として，大学スポーツにかかわる全ての人々にとっての先駆者として邁進していく所存である。

　１年間にわたる本プロジェクトは，スポーツ，特に大学スポーツに対する思索を繰り返すことで柔軟な思考を身につけることができ，スポーツに関する認識と価値観を大きく変容させる良い機会となった。

　時が経つにつれ大学スポーツの様相は変化する。それに伴い未来に対する思索もその時々に応じたアップデートをしなければならない。さらに，KCAA 学生部会に所属するメンバー個々人の成長，そして団体として成長を続けるべく本プロジェクトは発展的に継続していかなければならない。今後の我々の姿に乞うご期待。というメッセージで本章を締めさせていただく。

謝辞

　最後に，本プロジェクトをはじめるきっかけをくださり，毎週のようにアドバイスやサポートをしてくださった花内誠氏，２度にわたるワークショップの開催と運営に多大なご協力をくださった上林功先生（追手門学院大学），１年間ともに考え，ともに未来像を創り上げてきた KCAA 学生部会のメンバー，そして本プロジェクトに関わってくださった皆様にこの場を借りて深くお礼申し上げたい。

（西田陽良・法花侑希・羽尾裕人）

おわりに

スポーツは拡張している！

　この一言が，これまでスポーツの教育・研究に携わってきた知識・経験，ならびに本書でまとめられた内容・パネルディスカッションを通じて得た「2050年のスポーツ」についての回答である。

　年齢や身体活動力を中心として，するスポーツをイメージすると図1のような分布になる。体力，運動能力は青少年期に向上し，成人後には加齢とともに低下するのが一般的である。そのような状況の中で，競技力を高めるためにトレーニングを積んだアスリート，マスターズアスリートは，相対的に高い身体活動力をもち，高いパフォーマンスにチャレンジをすることになる。言い換えると，この図1は，「する」側の身体資源（身体活動力）により，選択できるスポーツが決定される。一般に，「スポーツ」からイメージされるのは競技スポーツであり，そのイメージがまだ根強く，一部の人（アスリート，関係者）のものとみられているところがある。

　この競技スポーツの「2050年問題」について，パネルディスカッション1で，サッカー，バスケットボール，ラグビーの関係者と議論したが，いずれの登壇者とも，これからの時代背景（テクノロジーの進展，少子高齢化，環境問題など）を受けて，競技のレベル，質ならびにプレイそのものが高度化し多様化していることを語ってくれた。その時に，なぜそうなるのかについての発言で，情報基盤，テクノロジーの活用によってする側の知識・能力が高まるとともに，みる側が従来のような長時間の観戦に耐えられなくなることを指摘してくれた。時代とともに社会が大きく変わることは間違いなく，その中で活用されるシステ

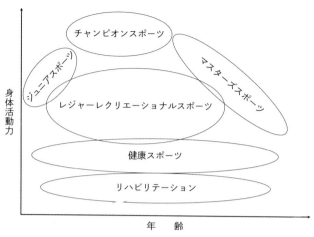

図1　年齢と身体活動力からみたスポーツ

ム，環境などの大きな社会構造によって，スポーツをとりまく環境と関係者の意識は影響を受け，そのような社会環境変化の中で導き出される最適解によってスポーツはバージョンアップすることになる。

　本書の第Ⅰ部は，これから約30年後がどのような時代となるのかを見通しながら，「スポーツが変わる未来」について描いている。未来像を描くのが得意な漫画に携わる上野直彦氏は，1990年はインターネットの時代，2020年はSNSの時代，2050年はメタバースの時代であり，AR，VRが日常となり，リアルとバーチャルの世界を普通に行き来する未来を描き出す。そこは年代，ジェンダー，人種も関係なくアクセスできる自由な世界であり，多くの壁がなく自律分散した社会を実現する中でスポーツを楽しむ未来があることを示してくれた。

　DXからスポーツ組織，ひと，社会を縒いてくれた山浦一保氏は，少子化は現行のルールや形態を変える必要性を示し，その変更により属性混成のチーム活動が多年齢層の体力を維持させ，ウェルビーイングスポーツを盛り上げる基盤となることを示唆してくれた。また，テクノロジーの進歩によって都合の良い時間や空間を自分で選ぶことができ，人を前向きに動機づけ，なおかつ優し

く寄り添う技術が生まれ日常の革新につながる。人の志向がパーソナルな方向に傾き，共感性が時代とともにさらに低下する中で，互いが共感し，共振，共鳴しあえるつながりの場の重要性を示唆してくれた。

　花内誠氏は1992年から2021年までの29年間は「プロ化」の時代であり，競技力の向上，民間資本の導入があり，企業スポーツの地域化が起こったことを述べた。その一方で，スポーツ施設の減少，とりわけ職場スポーツ施設の大きな減少により，グラスルーツやレクリエーションなどのウェルビーイングスポーツの機会が減少していることを指摘し，2050年はウェルビーイングスポーツの拡充，場の提供により，高齢者の健康寿命延伸が図られ，地域コミュニティ全体にも好影響を及ぼすことを示唆した。先の山浦氏の示唆と合わせると，ウェルビーイングスポーツを通じた地域コミュニティの活性化，高度化が社会全体のウェルビーイングを高める重要なポイントになっていると考えられる。

　バーチャルスポーツ（エクサーゲーム）から2050年の未来のスポーツを考えた萩原悟一氏によれば，エクサーゲームは「子どもや青少年の身体活動と健康を促進する"フィットネスの未来"」とアメリカスポーツ医学会で紹介されている。エクサーゲームの強みは個人のニーズに合わせて身体活動継続のモチベーションを向上させることにある。さらにバーチャルスポーツが発展すると誰もがトップアスリートの世界を安全で楽しく体験できることにつながる。そのような従来ではできなかった新しい体験は，新しい認識を生み出し，スポーツの促進と体験を通じて，スポーツ文化を広く理解する者を増やすことにつながるといえる。

　「スポーツを通じて幸福で豊かな生活を営むことは，全ての人々の権利であり……」（スポーツ基本法，前文の一部）にあるように，スポーツを行うことは人権の１つである。冨田英司氏は，この間スポーツ界全体において人権尊重の理念が共有され，人権の価値が見直されてきたと評価している。一方，まだ課題もあることを指摘し，2050年に人権侵害がないスポーツの実現には，① 人権に配慮した独立かつ効果的な通報制度，② 競技横断的で実効性のあるモニタリングシステム，③ スポーツ人権裁判所の創設を提案してくれた。

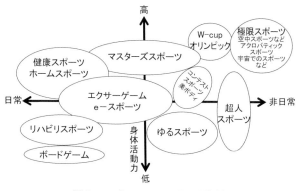

図2　スポーツのひろがり（分布）

　「スポーツが変わる未来」をイメージして，現状のスポーツを含めてスポーツの広がりを図で示した（図2）。日常と非日常の横軸と身体活動力の縦軸の2軸で表現してみた。右上の象限には，極限スポーツを置いてみた。図1にはなかった，超人スポーツ，ゆるスポーツ，エクサーゲームなどが入っている。また，本書で示唆された宇宙でのスポーツも入れてある。この図を眺めてみると，全体の重心は真ん中にあり，すなわちスポーツが広がり幅広い身体活動力に対応して選択できるようになっている。かつ個人，もしくは対人レベルで実施できるものも多い。その意味では，個別最適化により，パーソナルなニーズに合わせて，リアルとサイバーを活用しながら，時間の都合もつけやすく活動できる状況になる。一方で，「みる」も含めて多くの人々と共感，共鳴，共振するようなスポーツ体験には，テクノロジーを含めてさらなる工夫が求められることになり，その意味では地域の中でのコモンズ，サードプレイス形成と地域コミュニティでのウェルビーイングスポーツの実装がより重要になってくる。これについては，本書の第Ⅱ部に盛り込まれている。

　本書の第Ⅱ部は，「スポーツが変える未来」を専門家にまとめてもらった。大学生と市民とで2050年の未来の都市像を考えるワークショップを草津市で行った阿部俊彦氏は，スポーツによって市民の都市空間に対する意識が変わる

ことを述べた。そして，市民が主体となって道路，駅前広場，公園などの公共空間を使いこなすと同時に，デザインする時代が到来しており，市民との共生の中で未来のまちづくりを進める重要性を示した。

　同様に，上林功氏は松本平広域公園陸上競技場の事例（基本設計までのプロセスは全て県のHPに公開，タウンミーティングは動画配信し，できるだけ多くの県民・市民の参加を促してつくりあげる事例）を挙げ，「つくる」プロセスの中により多くの関係者を巻き込むことで，スポーツの共有価値を理解し，共創的な試みを媒介にして，スポーツによる社会変革，そのもととなる人が大きく変わり，発展することを示唆してくれた。

　高松平藏氏はドイツのスポーツクラブから，都市とスポーツ，社会について解説してくれた。ドイツでは，総人口の約30％がスポーツクラブに所属している。スポーツクラブは，スポーツ，運動以外にも，おしゃべり，気晴らし，教育，ボランティアなどの場であり，デモクラシーの学校とも呼ばれており，まさにリビングスタンダードとなっている。ドイツでは，都市にはすべてのものが揃っていなければならない，という考えがあり，その中にスポーツも含まれている。そのためスポーツ・運動は，分野を横断する課題として扱われている。

　花内氏はスポーツアーバニズムについて，「都市計画のビジョンや探究にスポーツが組み込まれ，まちづくりがより発展すること」と説明し，このスポーツアーバニズムがこれからのまちづくりの推進方法になることを提案している。そのためには，建物などのハードだけでなく，システムを動かすソフトも合わせて発展しなければならないことを指摘し，コモンズ，サードプレイス，そして15分ルール（15分以内にアクセスできる運動施設の配置，公共施設，小学校の活用など）を紹介，提案している。さらには，ハードとソフトが十分に発展した2070年には，「スポーツが日常の場に入り込み，日常と非日常が逆転する。そうしたものが簡単にできるようになれば，新宿駅の駅前広場でJリーグの試合が開催され，銀座の一画でBリーグの試合が開催される未来が2070年の日本には待っているのではないだろうか。」というかなり遠目の構想を提示してくれた。

　パネルディスカッション２のアフタートークの中で，若者世代は，社会的課

題にチャレンジしたいという考えを持ち，行動している人が多くいること，とりわけ SDGs や環境問題に対しても非常に熱心に取り組み，これからの未来に向けて共生，共創する活動をしていることが紹介された。そのような方向性の中，付録に収録された「30年後の大学スポーツへ」の試みは，スポーツの今後さらなる発展を願う者として大変心強い取り組みである。シナリオプランニングにて，30年後の大学スポーツを考察するという手法もさることながら，1年間を通してこのテーマを整理し，まとめあげた大学スポーツコンソーシアム KANSAI（KCAA）学生部会には敬意を表したい。

　2050年，スポーツは大きな発展とともに，日常，非日常の中で，大きな拡張と浸透を遂げていると確信している。現行のスポーツそのものもルール，チーム編成の変更も含めてあり方そのものも変わっているだろう。同時に，スポーツに対するイメージ，認識の更新をともなって，「スポーツ」として扱われる内容，範疇は大きな広がりと深さを持っていることは間違いない。それは時代背景（制度，環境，テクノロジー，社会構造など）にともなう大きな流れとともに，その中での個々人の意識，社会の意識の変化によるものである。

　社会の枠組みが変われば，そこで得られる経験，考え方，行動様式は変わる。これからの時代，一層大事になるのは，各個人，組織，社会のウェルビーイングをどう実現するかである。そのような中，スポーツがどのように位置づけられ，未来の形に変わっていくのか。また，変わっていく中で，これまでには実現できなかった多世代が同時に楽しめる，老若男女が境目なく楽しめるウェルビーイングスポーツが大きく発展している可能性はある。チャンピオンスポーツも同様に社会の枠組みや構造によって大きく変わっているだろう。ルールの変更，参加人数の変更，応援スタイルやチームを支えるあり方も変わっているかもしれない。それらは全てスポーツの発展につながっていくだろう。

　このようにスポーツは社会やあらゆる諸活動の影響を受けながら変わり，日常，非日常の中により浸透している存在になっているだろう。同時にそのような浸透を見せたスポーツは，逆に社会を変える存在になっている，あるいは社

会を変えるきっかけを与えていることだろう。社会の中で存在するスポーツ，スポーツによって変えられる社会。まさにスポーツが衣食住と同レベルになっていることを願う。

　「食」を例にすれば，日常の家庭での食事，時折ある非日常のご馳走。これら両方ともに「食」であり，人間にとって不可欠なものである。これまでイメージされたスポーツは，ある特定の人が行うもの，あるいは体力レベルが高い人が行うものと思われがちであった。しかしながらスポーツが拡張し浸透した世の中では，スポーツはまさにすべての人のものであり，衣食住と同様にかけがえのない，手放すことのできないものになるだろう。スポーツが生きる基盤であるとともに，生きることを実感させ，充実させ，各個人のウェルビーイングとともに社会全体のウェルビーイングを高める存在となることを願う。

　2050年には，スポーツが社会にフィットし，また社会がスポーツにフィットして，ウェルビーイングの基盤となっていることを期待している。その実現を確認する意味でも，本書を座右に置き，みなさんとともに30年後を目指した健康づくりを大切にしたい。

　最後になるが，本書の執筆の労をおとり頂いた筆者のみなさん，パネルディスカッションにご登壇頂いたみなさん，KCAA 学生部会のみなさん，ならびに関係者のみなさんに，心より感謝を申し上げたい。また，出版に際して，いつも丁寧なサポートを頂いた晃洋書房の吉永恵利加さんにもお礼を申し上げる。

　本書を手に取って頂けたみなさんと，「2050年のスポーツ」について意見交換や議論できる機会が持てることを楽しみにしている。

　2022年4月

伊　坂　忠　夫

《執筆者紹介》（＊は編著者，掲載順，［ ］は執筆・掲載箇所）

＊花 内　　誠（はなうち　まこと）［はじめに，第1章・第6章・パネルディスカッション1，2］
株式会社電通スポーツ事業局シニアディレクター兼パブリックスポーツ課長。
一般社団法人スポーツと都市協議会（旧アリーナスポーツ協議会）理事（2013年〜），立命館大学客員教授（2020年〜）。

電通スポーツ局にて，ゴルフ（宮里藍），野球（サムライジャパン），バスケットボール（2リーグ統合）等を担当後，2016年文部科学省「大学スポーツ振興に関する検討会議」にて，「スポーツ産学連携＝日本版NCAA」を提案。現在，スポーツアーバニストを志さし，東京大学工学系研究科にて都市工学を学んでいる。

山 浦 一 保（やまうら　かずほ）［第2章］
立命館大学スポーツ健康科学部教授

広島大学大学院生物圏科学研究科修了。博士（学術）。公益財団法人集団力学研究所，中央労働災害防止協会，静岡県立大学経営情報学部を経て，現職。専門は，産業・組織心理学，社会心理学。著書として『武器としての組織心理学』（単著，ダイヤモンド社，2021年），論文「Perceived goal instrumentality is associated with forgiveness: A test of the valuable relationships hypothesis」（共著，*Evolution and Human Behavior*, 41（1），pp. 58-68，2020）など。

上 野 直 彦（うえの　なおひこ）［第3章］
AGI Creative Labo 株式会社 CEO，日本ブロックチェーン協会事務局長

兵庫県生まれ。スポーツジャーナリスト，漫画原作者。早稲田大学スポーツビジネス研究所・招聘研究員。日本ブロックチェーン協会（JBA）事務局長／ブロックチェーン企業 ALiS アンバサダーや Gaudi クリエイティブディレクターなど数社でアドバイザー。また NFT コンテンツ開発を手がける。サッカー漫画『アオアシ』取材・原案協力，『スポーツビジネスの未来　2021-2030』（日経BP）などが重版。NewsPicks で「ビジネスは J リーグを救えるか？」連載。Twitter アカウント @Nao_Ueno

萩 原 悟 一（はぎわら　ごいち）［第4章］
九州産業大学人間科学部准教授。

米国アーカンソー州立大学大学院修了（M. S. Sports Administration），国立大学法人九州工業大学大学院生命体工学研究科脳情報専攻短縮修了（博士（学術））。国立大学法人鹿屋体育大学大学院准教授を経て，現職。その他，株式会社リトルソフトウェア執行役員を務める。スポーツ庁長官賞など受賞。

冨 田 英 司（とみた　えいじ）［第5章］
弁護士・同志社大学スポーツ健康科学部客員教授（スポーツ法）

大阪大学人間科学部卒業，京都大学大学院法学研究科（法科大学院）修了後，2011年大阪弁護士会登録。2013年から公益財団法人日本スポーツ仲裁機構（JSAA）仲裁人・調停人候補者を経て，2017年には同機構（JSAA）理解増進専門職員，平成29年度スポーツ庁委託事業「スポーツ競技団体のコンプライアンス強化委員会」委員を歴任。公益社団法人ジャパン・プロフェッショナル・バスケットボールリーグ（B. LEAGUE）・コンプライアンスグループ所属，一般社団法人大学スポーツコンソーシアム KANSAI（KCAA）理事。

阿部俊彦（あべ　としひこ）[第7章，パネルディスカッション2]
立命館大学理工学部建築都市デザイン学科准教授

　早稲田大学理工学部建築学科卒業，同大学院修了，博士（工学）。LLC SMDW一級建築士事務所を共同設立。気仙沼内湾地区の復興まちづくり，地方都市の地域活性化まちづくり等に関わる。日本都市計画学会計画設計賞・論文奨励賞，日本建築学会作品選集入選，都市住宅学会長賞，これからの建築士賞，グッドデザイン賞など受賞。現在，アーバンデザインセンターびわこくさつ（UDCBK）副センター長などを兼務。

高松平藏（たかまつ　へいぞう）[第8章，パネルディスカッション2]
ドイツ在住ジャーナリスト

　京都の地域経済紙を経て，1990年代後半から日独行き来し，2002年からエアランゲン市（バイエルン州，人口11万人）に拠点を移す。地方都市の発展をテーマに執筆。奈良県出身，1969年生まれ。著書に「ドイツの地方都市はなぜクリエイティブなのか」（学芸出版社，2016年）など。スポーツ分野に「ドイツのスポーツ都市」（学芸出版社，2020年），「ドイツの学校にはなぜ『部活』がないのか」（晃洋書房，2020年）。個人サイト：インターローカルジャーナル https://www.interlocal.org/

上林　功（うえばやし　いさお）[第9章，パネルディスカッション2]
追手門学院大学社会学部スポーツ文化学専攻准教授，株式会社スポーツファシリティ研究所代表取締役。

　建築設計事務所にてスポーツ施設の設計・監理を担当。2014年に独立，2017年に博士（スポーツ科学）Ph.d. のち現職。「スポーツ消費者行動とスタジアム観客席の構造」など研究と建築設計の両輪にて実践。早稲田大学スポーツビジネス研究所招聘研究員，慶應義塾大学大学院メディアデザイン研究所リサーチャー，日本政策投資銀行スマートベニュー研究会委員，一般社団法人運動会協会理事，スポーツテック＆ビジネスラボ　コミティ委員など。

＊伊坂忠夫（いさか　ただお）[パネルディスカッション1，2，おわりに]
学校法人立命館副総長，立命館大学副学長，立命館大学スポーツ健康科学部教授，一般社団法人大学スポーツコンソーシアムKANSAI会長。

　1992年立命館大学理工学部助教授。1999年博士（工学）。2003年理工学部教授。2010年よりスポーツ健康科学部教授，2019年より現職。研究分野は，応用バイオメカニクス。文部科学省COIプログラム「運動の生活カルチャー化により活力ある未来をつくるアクティブ・フォー・オール拠点」の研究リーダー。主な著書として『スポーツサイエンス入門』（共編著，丸善，2010年）など。

佐伯夕利子（さえき　ゆりこ）[パネルディスカッション1]
ビジャレアルCF。WEリーグ理事。

　スペインサッカー協会ナショナルライセンス。UEFA Proライセンス。2003年スペイン男子3部リーグの監督就任。04年アトレティコ・マドリード女子監督，育成副部長。07年バレンシアCF強化執行部に移籍，国王杯優勝。08年ビジャレアルCFと契約，U19やレディース監督を歴任。18〜22年Jリーグ特任理事，常勤理事。著書『教えないスキル──ビジャレアルに学ぶ7つの人材育成術』（小学館新書，2021年）。

萩原美樹子（はぎわら　みきこ）[パネルディスカッション1]
一般社団法人東京羽田ヴィッキーズ女子バスケットボールクラブ　ヘッドコーチ。日本スポーツ少年団　副本部長。

　1996年アトランタ五輪（7位入賞），97年〜WNBAにてプレー。2002年より女子バスケットボール日本代表アシスタントコーチ，早稲田大学バスケットボール部女子部ヘッドコーチを歴任し，2015年より日本バスケットボール協会専任で女子U14〜U19世代の発掘・育成・強化に携わる。2005年早稲田大学第二文学部卒業，15年同大大学院スポーツ科学研究科修了。21年より現職。

星 野 明 宏 （ほしの　あきひろ）[パネルディスカッション1]
東芝ブレイブルーパス東京・アドバイザー

　立命館大学卒業，筑波大学大学院（修士）修了。ラグビーU17日本代表監督（2015年，2016年）ラグビーU18日本代表監督（2017年），2019ラグビーワールドカップ静岡県特別アドバイザー。静岡聖光学院中学校・高等学校校長（2019年〜2022年）。著書『凡人でもエリートに勝てる人生の戦い方』（すばる舎，2014年）。

西 田 陽 良 （にしだ　ひいろ）・法 花 侑 希 （ほっか　ゆうき）・羽 尾 裕 人 （はお　ゆうと）[付録]
KCAA学生部会　会員

　KCAA学生部会は，一般社団法人大学スポーツコンソーシアムKANSAI（通称KCAA）内に設立された学生団体である。「Future First〜大学スポーツの未来を作る，大学スポーツで未来を作る〜」というビジョンのもと，関西から大学スポーツを盛り上げるべく，多様な学生達が活動している。主な活動内容として，大学スポーツに関わる人たちのコミュニティ形成，様々なスキルアップのためのイベント企画・運営などがある。

ASC 叢書　4

2050年のスポーツ
スポーツが変わる未来／変える未来

2022年6月30日　初版第1刷発行	＊定価はカバーに表示してあります

監修者	一般社団法人 スポーツと都市© 協議会
編著者	伊 坂 忠 夫 花 内 　 誠
発行者	萩 原 淳 平
発行所	株式会社 晃 洋 書 房

〒615-0026 京都市右京区西院北矢掛町7番地
電話　075 (312) 0788番㈹
振替口座　01040-6-32280

装丁　尾崎閑也　　　　印刷・製本　亜細亜印刷㈱
ISBN 978-4-7710-3641-3